AF544349

Helmut Ortner

# VOLK IM WAHN

1. Auflage 2022




**www.editionfaust.de**

Lektorat: Regine L. Strotbek, Frankfurt
Satz: Uwe Adam, Adam-Grafik, Freigericht
Druck: TZ-Verlag & Print GmbH, Roßdorf
Printed in Germany
ISBN 978-3-949774-04-1

Helmut Ortner

# VOLK IM WAHN

## Hitlers Deutsche oder
## Die Gegenwart der Vergangenheit

Dreizehn Erkundungen

editionfaust

»Der deutsche Täter war kein besonderer Deutscher.
Was wir hier über seine Moral zu sagen haben,
trifft nicht auf ihn speziell,
sondern auf Deutschland insgesamt zu.«

*Raul Hilberg*

»Es gibt kein Recht zu gehorchen.«

*Hannah Arendt*

»Nein, das vergangene Geschehen
ist keineswegs abwesend in der Gegenwart,
nur weil es vergangen ist.«

*Alfred Grosser*

# INHALT

# *PROLOG*

## DIE GEGENWART DER VERGANGENHEIT

Herbst 2021. In zahlreichen deutschen Großstädten versammeln sich selbsternannte »Querdenker«, um das Ende der Corona-Pandemie auszurufen beziehungsweise zu fordern. Esoteriker marschieren neben Hooligans, Regenbogenfahnen flattern neben Reichskriegsflaggen. »Wir sind das Volk«, rufen sie, alle ohne Maske, ohne Abstand – weder zum Nachbarn noch zu den Hunderten von Alt- und Jungnazis, die unter Parolen und Flaggen von »Pegida«, des »Dritten Wegs« und der AfD mitmarschieren. Eine neue deutsche Volksfront trifft sich hier, die sonst kein Elend und keine Armut auf der Welt auf die Straße treibt, die sich aber nun unterdrückt fühlt und zum Widerstand aufruft. Gegen die »Merkel-Diktatur«, gegen Bill Gates, George Soros und allerlei finstre Verschwörungen reicher Pädophiler, die im Hintergrund angeblich die Fäden ziehen.

Neben rechtsradikalen Plakaten und antisemitischen Spruchbändern sind Leute zu sehen, die sich als KZ-Häftlinge kostümieren, um sich als die wahren Erben, als Kämpfer gegen »Diktatur und Faschismus« auszugeben. Manche haben sich gelbe Sterne an ihre modischen Anoraks geheftet, auf denen *Ungeimpft* oder *Jesund* steht. Selbsternannte »Kämpfer der Freiheit« beanspruchen, Opfer zu sein. Sie fühlen sich vom Staat reglementiert und verfolgt. Dabei haben sie mit keinerlei staatlicher Repression zu rechnen. Sie skandieren »Nie wieder!« und »Wehret den Anfängen!«. Volksfeste des kollektiven Wahns.

In Hannover vergleicht sich eine junge Frau auf einem »Widerstandsfestival« mit der von den Nazis ermordeten Sophie Scholl. »Ich fühle mich wie Sophie Scholl, da ich seit Monaten hier aktiv im Widerstand bin«, verkündet sie unter dem Beifall der Querdenker-Gemeinde. Das war sogar der *New York Times* einen Beitrag wert. Im Artikel hieß es, die Rede dieser Frau sei das jüngste Beispiel von Anti-Corona-Demonstranten und Verschwörungserzählern, die ihren Protest mit der Unterdrückung und Ermordung der Juden durch die Nazis gleichsetzten. Man fühlte sich in Zeiten zurückversetzt, als sich der nazikontaminierte Hitler-Durchschnittsdeutsche gerne selbst als Regimegegner und Widerstandskämpfer eingestuft sehen wollte. Nun wollten allerlei querdenkende Menschen sich selbst den Status eines Widerstandskämpfers anheften. Eine bizarre Wahrnehmung der Wirklichkeit. Auf grässliche und beschämende Weise wird der Nationalsozialismus verharmlost.

Bei einer Veranstaltung zum 20. Juli erinnert Bundesarbeitsminister Hubertus Heil in der Gedenkstätte Berlin-Plötzensee an das Attentat auf Hitler. Wehrmachtsoffizier Claus Schenk Graf von Stauffenberg und seine Mitstreiter hatten versucht, den Diktator mit einem Bombenattentat zu töten und das NS-Regime zu stürzen. Die Widerstandskämpfer scheiterten und wurden hingerichtet. Der SPD-Politiker hat nun, 77 Jahre nach dem Attentat, eine wichtige Botschaft: »Der Missbrauch des Widerstands gehört längst zum geschmack- und geschichtslosen Narrativ eines bestimmten politischen Milieus in Deutschland.«

Nicht allein verschwörungsbewegte Querdenker sind damit gemeint. Spätestens seit dem Einzug in Landesparlamente und den Bundestag hat das Rechtsmilieu eine parlamentarische Bühne und ein öffentlichkeitswirksames Podium, auf dem kalkulierte Tabubrüche und gezielte Provokationen – etwa Björn Höckes Gerede von einer »erinnerungspolitischen Wende um 180 Grad« oder Alexander Gaulands »Vogelschiss«-Verharmlosung der Nazi-Diktatur – regelmäßig und absichtsvoll erfolgen. Im November 2021 beendet Höcke eine Wahlkampfrede mit den Worten: »Alles für Deutschland.« Weil es aber strafbar ist, diese Formulierung im Rahmen einer Rede auf einer Versammlung zu verwenden, da es sich hierbei um eine Losung der NS-Organisation SA handelt, hebt der Thüringer Justizausschuss die Immunität des AfD-Fraktionschefs auf. Hintergrund ist ein

Begehren der Staatsanwaltschaft Halle aus dem Nachbarbundesland Sachsen-Anhalt. Der dortige Grünen-Vorsitzende Sebastian Striegel hat Strafanzeige gegen den AfD-Mann erstattet. Der reagiert darauf bei Facebook wie folgt: »Dass mich ein antideutscher Grüner wegen dieser Passage angezeigt hat, verwundert mich nicht – der Selbsthass treibt wundersame Blüten.« Die Wortkonstruktion »antideutsch« gehört wie die Verwendung des Begriffs »Volkswiderstand« zum rhetorischen Arsenal der Rechten: gegen die »Impfdiktatur«, gegen die »Lügenpresse«, gegen die »Altparteien«, gegen das »System« – vor allem aber: »für Deutschland!«.

Was geht da vor, wenn sich Ewig-Gestrige und Verblendet-Heutige – beide frei von jeder historischen Bildung – als Demokratieretter und Widerstandskämpfer aufspielen? Historische Demenz, Ignoranz oder böse Absicht? Wohl eine trübe Melange aus allem.

Ortswechsel – ebenfalls im Herbst 2021: In Brandenburg an der Havel schleppt sich ein bald hundertjähriger Greis, mühsam gestützt auf seinen Rollator, durch die Flure des Gerichtsgebäudes. Eine mitleiderregende Szene. Seinen Kopf will er hinter einer blauen Mappe verstecken. Dann endlich, nach vielen anstrengenden Minuten, setzt er sich – und schweigt. Der Prozess beginnt mit Verzögerung. Die Staatsanwaltschaft wirft dem Mann Beihilfe zum grausamen und heimtückischen Mord in 3.518 Fällen zwischen 1942 und 1945 im Konzentrationslager Sachsenhausen vor. Seinen Dienst tat er, damals als Zwanzigjähriger, beim SS-Wachbataillon. Heute ist der Mann einhundert Jahre alt. Sein Verteidiger wiederholt ihm flüsternd einige Ausführungen des Staatsanwalts. Geplant sind 22 Verhandlungstage, die sich bis Anfang 2023 hinziehen werden. Verhandelt wird nur zwei Stunden am Tag. Der gesundheitliche Zustand des Angeklagten ist fragil. Es soll dennoch zügig vorangehen.

Der hundertjährige Josef S. ist nicht der einzige betagte Angeklagte, der von seiner Vergangenheit am Lebensende eingeholt wird. Im letzten Sommer stand der 93-jährige ehemalige Wachmann Bruno Dey in Hamburg vor Gericht und wurde der Beihilfe zum Mord in 5.232 Fällen für schuldig befunden, weil er von August 1944 bis April 1945 SS-Wachmann in Stutthof gewesen war. Er erhielt wegen seines Alters zur Tatzeit eine Jugendstrafe von zwei Jahren, die zur Bewährung ausgesetzt wurde. Vor wenigen Wochen sollte beim Landgericht Itzehoe gegen Irmgard F. verhandelt werden, 96 Jahre alt und einst Sekretärin des Lagerkommandanten, ebenfalls im Konzentrationslager Stutthof. Sie ist der Beihilfe zum Mord in mehr als 11.000 Fällen angeklagt. Laut Anklage soll sie zwischen Juni 1943 und April 1945 bei der systematischen Tötung von Gefangenen Hilfe geleistet haben. Die alte Frau war vor Prozessbeginn mit einem Taxi aus dem Pflegeheim geflohen, ehe sie von der Polizei in Haft genommen wurde. Jetzt saß sie – schützend mit Tuch und Schal verhüllt – auf der Anklagebank.

Der Prozess gegen Irmgard F. war nur ein weiterer Prozess gegen KZ-Bedienstete, in dem es nicht darum ging, der Angeklagten vorzuwerfen, selbst gemordet oder Morde befohlen zu haben, sondern darum, dass sie durch ihre Arbeit im Lager dazu beigetragen habe, die Mordmaschine in Gang zu halten. Eine Reihe weiterer Verfahren bei den Staatsanwaltschaften in Erfurt, Hamburg, Weiden sowie bei der Generalstaatsanwaltschaft Celle steht an. Die Vorwürfe lauten jeweils auf Beihilfe zum Mord in einer Vielzahl von Fällen.

Diese Prozesse sind Beleg einer skandalösen Verspätung. Die Frage drängt sich auf: Wie lange soll man die Unterlassungen und Versäumnisse noch nachholen? Jahrzehntelang waren Verfahren nicht eröffnet oder beinahe routinemäßig eingestellt worden. Bestraft werden sollte nur, wer einer Beteiligung an ganz konkreten Morden überführt wurde. Es fehlte durchweg an gesetzgeberischen Signalen. Es fehlte das »Wollen«, NS-Täter, als diese noch keine Greise waren, vor Gericht zu bringen. Persönliche Schuld verschwand so im Dickicht von Beweisakten, Gutachten und Verteidigerstrategien.

Erst nach dem Urteil gegen John Demjanjuk, einen Wachmann, der als »ukrainischer Hilfswilliger« im Vernichtungslager Sobibór tätig war und 2011 in München verurteilt wurde, ist die Justiz nach jahrzehntelanger Untätigkeit wieder aktiv geworden. Wer als kleines Rädchen beim großen Massenmorden der Nazis dabei war, der kann seither auch ohne konkreten Tatverdacht wegen Beihilfe zum Mord angeklagt werden. Mord verjährt nicht.

Ein Hundertjähriger auf der Anklagebank? Können er und die anderen greisen Täter und Täterinnen begreifen, was sie an Schuld auf sich luden, als sie als junge Menschen bereit waren zur Teilnahme an einem Jahrhundertverbrechen? Kann die Justiz nach Jahrzehnten diese Verbrechen noch sühnen? Kann ein Gericht jemanden angemessen bestrafen für die Beteiligung an einem kollektiven System der Barbarei – dafür, am »reibungslosen Ablauf der Tötungsaktionen« teilgenommen zu haben? Vor allem aber: Kann den Opfern und ihren Hinterbliebenen überhaupt Gerechtigkeit, späte Wiedergutmachung widerfahren? Sind diese viel zu späten Anklagen und Prozesse tatsächlich mehr einer moralischen Symbolik als juristischer Rechtsstaatlichkeit geschuldet?

Der Berliner Journalist Ronen Steinke plädiert dafür, auch nach Jahrzehnten die Anklagen strafrechtlich zu verfolgen. »Es bedeutet nicht Härte, wenn man heute die grundlegendste rechtsstaatliche Regel, dass dieses Verbrechen mit der höchsten Strafe geahndet wird, mit vielen Jahren Verspätung doch noch ernst genommen sehen möchte«, so Steinke in einem Kommentar in der *Süddeutschen Zeitung* (vom 16. November 2021). Dieser Argumentation hatte die langjährige *Spiegel*-Gerichtsreporterin Gisela Friedrichsen zuvor in der *Weltwoche* (vom 20. Oktober 2021) vehement widersprochen: Den Stutthof-Prozess lehne sie entschieden ab. An einer

Sekretärin nachzuholen, was über Jahrzehnte vertuscht wurde, ähnele eher einer Selbstanklage der Justiz als ernstzunehmender Strafverfolgung.

Keine Frage: Die Nichtverfolgung von NS-Verbrechen ist beschämend, eine skandalöse Verweigerung von Strafverfolgung, eine konsequente Strafvereitelung im Amt. Dafür gehörte die Justiz auf die Anklagebank. Einige Zahlen: In den drei Westzonen und der Bundesrepublik wurde von 1945 bis 2005 insgesamt gegen 172.294 Personen wegen strafbarer Handlungen während der NS-Zeit ermittelt. Angesichts der monströsen Verbrechen und der Zahl der daran Beteiligten ist dies nur ein winziger Teil. Das hatte seine Gründe: Im Justizapparat saßen anfangs dieselben Leute wie einst in der NS-Zeit. Viele machten sich nur mit Widerwillen an die Arbeit. Auch politisch wurde auf eine Beendigung der Verfahren gedrängt, dafür sorgten schon zahllose Amnestiegesetze.

Zu Anklagen kam es letztlich gerade einmal in 16.740 Fällen – und nur 14.693 Beschuldigte mussten sich tatsächlich vor Gericht verantworten. Verurteilt wurden schließlich nicht mehr als 6.656 Personen, für 5.184 Angeklagte endete das Verfahren mit Freispruch, oft aus Mangel an Beweisen. Die meisten Verurteilungen – rund sechzig Prozent – beinhalteten geringe Haftstrafen von bis zu einem Jahr. Ganze neun Prozent aller Haftstrafen waren höher als fünf Jahre – vor dem Hintergrund eines der größten Verbrechen in der Menschheitsgeschichte eine empörende Bilanz.

Kann persönliche Schuld verjähren? Nein, sagt Alfred Grosser, denn »das vergangene Geschehen ist keineswegs abwesend in der Gegenwart, nur weil es vergangen ist«. Der Respekt vor den Hinterbliebenen verpflichtet uns, die Schuld und die Schuldigen zu benennen, solange es noch möglich ist. Die Verbrechen von damals sind zu gewaltig, um heute zu sagen: Jetzt soll endlich einmal Schluss sein. Wann aber ist die Vergangenheit wirklich vergangen?

Ob es denn »notwendig« sei, heute noch über die nationalsozialistische Vergangenheit zu schreiben, wurde ich in den zurückliegenden Jahren immer wieder gefragt. Von Bekannten, die der Meinung sind, diese Vergangenheit sei inzwischen tatsächlich vergangen. Von Freunden, die argumentieren, auch eine so belastende Geschichte wie die unsere dürfe einmal zu Ende sein. Ich wies sie darauf hin, dass die meisten Deutschen – und es handelt sich hierbei keineswegs vor allem um die ältere Generation – noch immer nicht wahrhaben wollen, was ihre Väter und Großväter zwischen 1933 und 1945 angerichtet und zugelassen haben. Und ich versuchte an Beispielen zu zeigen, welche kollektiven und individuellen Anstrengungen unternommen – und unterlassen! – wurden, um der belasteten Geschichte zu entkommen. Dafür erntete ich häufig Unverständnis samt den bekannten Rechtfertigungen: Nicht alle seien Nazis gewesen, nicht alle hätten Schuld auf sich geladen, nicht allein die Deutschen Verbrechen begangen.

Die eingeübte Tonalität des Schlussstrichdenkens. Sicher: Am Tag null nach Hitler gab es auch hierzulande Menschen, die Scham und Trauer empfanden über das, was in den Jahren zuvor geschehen war. Doch Tatsache ist, dass schon damals weit mehr Menschen, gerade der Katastrophe entkommen, das Erlebte und Geschehene verdrängten, statt es im Bewusstsein der Verantwortung als eigene Geschichte anzunehmen. Ein Volk auf der Flucht vor der eigenen Vergangenheit. Damals – und heute?

Will die Nachkriegsgeneration, der ich angehöre und die, um den ehemaligen deutschen Bundeskanzler Helmut Kohl zu zitieren, mit »der Gnade der späten Geburt« gesegnet ist, nun endlich einen Schlussstrich unter eine belastete Vergangenheit ziehen? Ist sie, die politisch und moralisch schuldlose Generation, nun endgültig entlassen aus der Auseinandersetzung mit der NS-Diktatur und ihrem Erbe? Oder beginnt nicht die Verantwortung nachfolgender Generationen bei der Frage, ob sie sich erinnern wollen?

Die Befreiung der Deutschen von ihrer Vergangenheit gehört zur Gründungsgeschichte der Bundesrepublik, sie begleitet die Anfangsjahre der Nachkriegszeit. Erst die politische Zäsur der 1960er Jahre sorgte für einen Paradigmenwechsel. Die Zeit war reif für neue Fragen hinsichtlich alter Wirklichkeiten: Anerkennen die Deutschen nun, was sie zwischen 1933 und 1945 angerichtet haben? Sind sie bereit, ein klares Bewusstsein dafür zu entwickeln, was geschehen war und wer dafür Verantwortung trug? War es nur eine verbrecherische Führungselite (in einer im Ganzen doch anständig gebliebenen Nation) oder gar allein Hitler, der große, »dämonische« Verführer? Dieser Mythologie, den Legenden von der sauberen Wehrmacht, vom »Nichtwissen« und »Nicht-dabei-gewesen-Sein«, wollten gern viele glauben. Geschichtsverleugnung und Geschichtsumdeutung hatten Hochkonjunktur – und alle beteiligten sich daran. So verloren sich der Schrecken und die Einzigartigkeit, die der Zivilisationsbruch des Holocaust und der Vernichtungskriege bedeuten, im kollektiven Verdrängen und Vergessen. Der nationalsozialistische Wahn wurde zur austauschbaren Metapher für das Böse, persönliche Schuld relativiert. An Hitler waren vor allem Hitler und »die anderen« schuld. Dominiert wurde die Nachkriegszeit von einem »kommunikativen Beschweigen« (Hermann Lübbe) der Schuldgefühle. Zu fest – und zu bequem – war die Sichtweise von einer skrupellosen Machtelite und einem angeblich verführten Volk etabliert. Hitlers Deutsche exkulpierten sich selbst.

Im Jahr 1948 wurde das Waschmittel Persil mit einer Zeichentrickreklame, in der ein Marine-Matrose schmutzige Pinguinbäuche wieder strahlend rein wäscht, beworben. Immer mehr Pinguine springen daraufhin an Bord und rufen im Chor »Persil – Persil – Persil!«. Dabei recken sie die Flügel wie weit ausgestreckte Arme. Mit stolzgeschwellter Brust defilieren sie schließlich in Reih und Glied an Land, zu Marschmusik singend: »Ja, unsere weiße Weste verdanken wir Persil!« Ein kleiner Reklamefilm als Beweis, dass die Deutschen ihren Humor nicht verloren oder aber bereits wiedergefunden hatten – und eine Metapher, die veranschaulicht, wie das Adenauer'sche Persilscheinwesen funktionierte.

Wenige Jahre nach Kriegsende war aus einem Volk von Jublern und Mitläufern ein Volk von Reinwäschern und Reingewaschenen geworden. Die Täter fühlten sich frei von Schuld und vom Schicksal entschuldigt, und die Mehrzahl der Deutschen tat es ihnen gleich. Empfanden sie, die Opfer und Täter zugleich waren und so viel Leid über andere Völker gebracht hatten, nicht so etwas wie Scham? Oder nahmen sie sich nur auf der Verliererseite wahr? Ein »entnazifiziertes« Volk mühte sich, das zu vergessen, was es verschwieg: seine Bereitschaft zur Teilnahme an einem System der Barbarei. Das Geflecht der Lebenslüge vieler Deutschen in der Adenauer-Republik bestand aus Verdrängen, Vergessen, Verleugnen.

Die meisten Deutschen wollten vom Holocaust, dem nationalsozialistischen Völkermord an mehr als sechs Millionen europäischen Juden, von der »Aktion T4«, der tausendfachen Ermordung Behinderter und »unwerten Lebens«, von den Massenerschießungen der Einsatzgruppen, die hinter den einmarschierenden deutschen Truppen für die »völkische« Flurbereinigung mordeten, also von Kriegsverbrechen, von Verbrechen gegen die Menschlichkeit, von schuldhaften Täterbiographien, kurz: vom moralischen und zivilisatorischen Desaster Hitler-Deutschlands, nichts mehr wissen. Aus der Politik gab es hierzu keine zwingenden Gesetzesvorgaben. Unter diesem Eindruck zeigte vor allem die Justiz nur wenig Neigung, ehemalige NS-Täter zur Verantwortung zu ziehen, zumal dort bekanntlich eine besonders starke personelle Kontinuität aus der NS-Zeit anzutreffen war. Die Bereitschaft, in NS-Strafsachen zu ermitteln und zu handeln, ging nahezu gegen null.

Nicht anders war es in der damaligen sowjetischen Besatzungszone, der späteren DDR. Dort wurde die nationalsozialistische Vergangenheit per Parteibeschluss doktrinär entsorgt. Zum Gründungsmythos des Arbeiter- und Bauernstaates gehörte der verordnete »Antifaschismus«. Noch lebende »Faschisten« wurden der Parteilogik gemäß allesamt im Westen geortet – oder auf dem stillen Dienstweg lautlos integriert und politisch exkulpiert. So konnten auch in der DDR ehemalige NS-Parteigänger und Funktionseliten wieder Karriere machen. Voraussetzung war nun eine robuste antiwestliche, sozialistische Grundeinstellung.

Auf den folgenden Seiten geht es um Täter, Komplizen und Zuschauer. Um Fanatiker, Mitläufer, Wegseher, Denunzianten, Karrieristen und Opportunisten – kurzum: um Hitlers Deutsche. Es geht um Schuld und Sühne, um Versagen und Feigheit.

Wo es Täter gibt, gibt es Opfer. Wo es viele Täter gibt, gibt es viele Opfer. Die Aufsätze und Texte in diesem Band befassen sich immer auch mit deren

Lebensgeschichten und Schicksalen, mit deren Mut, Verzweiflung und Widerstand. Ein umfangreiches Kapitel dokumentiert exemplarische Todesurteile gegen Nazi-Gegner. Urteile als stumme Zeugen einer gnadenlosen Justiz.

Dreizehn »Erkundungen«, selektiv und doch exemplarisch. Bei den Recherchen habe ich mit vielen – vielleicht den letzten – Zeitzeugen gesprochen. Mit Menschen, die vor dem Volksgerichtshof standen, zum Tode verurteilt waren und allein deshalb überlebten, weil das Kriegsende der Vollstreckung zuvorkam. Mit Menschen, die als Richter Nazi-Gesetze anwandten, erbarmungslose Urteile sprachen, nicht selten mit tödlichen Konsequenzen für die Verurteilten. Mit ehemaligen KZ-Wächtern und Parteifunktionären, die – so mein Eindruck – nicht selten mit dieser Vergangenheit trotzdem gut leben konnten. Sie sahen sich oftmals als Opfer einer »schicksalhaften Zeit«. Eine nur schwer erträgliche Selbstgefälligkeit.

Mit der Entfesselung des Zweiten Weltkriegs und dem Holocaust begingen die Nazis beispiellose Verbrechen. Das Bekenntnis »Nie wieder«, das die nachfolgende Generation moralisch dazu anhält, »Lehren« aus der NS-Diktatur zu ziehen und dafür zu sorgen, dass sich diese Menschheitskatastrophe nie mehr wiederholt, galt in der Nachkriegszeit lange als Mahnung. Es hat auch in der Gegenwart Gültigkeit.

»Im Umgang mit dem Nationalsozialismus haben die Deutschen manches geleistet, sie sind aber auch vielen

Illusionen erlegen. Heute droht eine Vergangenheit, die umso häufiger beschworen wird, je weniger man von ihr weiß, den Blick auf die Gegenwart zu verstellen«, konstatiert Per Leo.

Im Hinblick auf die neue Leichtfertigkeit sind die nachfolgenden »Erkundungen« für die Gegenwart gedacht: Gegen das Vergessen! Denn nicht das Vergessen, sondern die Erinnerung macht uns frei.

*Helmut Ortner*
*im Frühjahr 2022*

# 1

## DIE ZWEITE KARRIERE DES ROLAND FREISLER

Freitag, 17. November 1944. Ein geschlossener Kastenwagen bringt die 21-jährige Margot von Schade gegen zehn Uhr morgens vom Berliner Untersuchungsgefängnis Moabit hinüber in die Bellevuestraße – zum Volksgerichtshof. Schweigend sitzt sie zwei Frauen gegenüber: der 23 Jahre alten Barbara Sensfuß und der vierzigjährigen Käthe Törber. Für alle lautet die Anklage auf »Wehrkraftzersetzung«. In wenigen Stunden beginnt die Gerichtsverhandlung. Was hat man mit ihnen vor? Was erwartet sie? Am Vormittag erst hatte man Margot von Schade und den beiden anderen Frauen mitgeteilt, dass an diesem Tag der Prozess stattfinden würde. Jetzt, auf der Fahrt durch die Berliner Straßen, die sie nur skizzenhaft über dem Rücken des Fahrers durch die Frontscheibe wahrnimmt, fühlt sie sich elend. Und allein. Sie denkt an ihre Familie: die Mutter, den Stiefvater, die Schwester. Wo sind sie jetzt? Sie hat Angst.

Eine Stunde später: ein großer Saal, die Wände kalkweiß. Vor dem Richtertisch drei Stühle – die Stühle für die Angeklagten. Daneben, links und rechts aufgereiht, uniformierte Wachbeamte. Sie wirken einschüchternd: »Hier gibt es kein Entrinnen« spricht aus ihren Gesichtern. An der Stirnseite des Saals, unübersehbar – von der Decke bis zum Boden – eine blutrote Hakenkreuzfahne. Davor, auf einem schmalen Sockel, die Bronzebüste Hitlers.

Margot von Schade starrt wie hypnotisiert auf das riesige rote Tuch. Es wirkt bedrohlich auf sie. Sie blickt kurz in die Zuschauerbänke.

Eine anonyme Masse. Braune und schwarze Uniformen. Sie nimmt dumpfes Stimmengemurmel wahr. Alles bleibt schemenhaft, unwirklich. »Aufstehen« – der militärische Kommandoton eines der Wachbeamten durchdringt den Gerichtssaal. Schlagartig herrscht Ruhe. Die Tür an der Seite des Richtertischs geht auf. Das Gericht tritt ein. Rote Roben, rote Baretts, graue und schwarze Uniformen – die Beisitzer. Vorneweg der Vorsitzende: Freisler. Sie schaut ihm direkt ins Gesicht. Ihre Blicke treffen sich für einen Moment. Er sieht kurz auf seine Armbanduhr. Die Verhandlung beginnt.

Margot von Schade verfolgt das Tribunal wie in Trance. Später, sie weiß nicht mehr, wie viel Zeit mittlerweile verstrichen ist, schreckt sie hoch.

»Angeklagte Schade! Aufstehen!« Freislers schneidende Stimme ist unüberhörbar. Punkt für Punkt verliest er die Anklage. Nein, er liest nicht – es erhebt sich ein einziges Gebrüll. Nach dem »gemeinen und hinterhältigen Attentat vom 20. Juli auf unseren Führer«, führt er voller Pathos und mit theatralischem Gestus aus, habe sich die Angeklagte öffentlich zersetzend geäußert. Nachdem die Sondermeldung über »die wundersame Errettung des Führers« über den Rundfunk verbreitet worden sei, habe sie abfällig bemerkt: »Pech gehabt …« Damit nicht genug. Die »verbrecherischen Offiziere, die den Anschlag ausführten«, seien, so habe die Angeklagte öffentlich behauptet, »nicht feige gewesen, sondern hätten im Gegenteil Mut gezeigt«. Ein Raunen des Entsetzens geht durch die Zuschauerreihen. Es schwillt an, als Freisler mit vor Empörung bebender Stimme ein Wort aus der Anklageschrift zitiert, das jedem strammen Nationalsozialisten geradezu als Ausbund der Verkommenheit erscheinen muss: »Scheiß Gefreiter« habe dieses verkommene Mädchen den Führer tituliert – »unglaublich«! Freisler gerät außer sich.

Sein fanatischer Blick ist auf Margot von Schade gerichtet. Sie schaut zu Boden. Wie soll sie gegen diesen geifernden Monolog ankommen, wie sich Gehör verschaffen? Wie verteidigen? Schafft sie es einmal, die Worttiraden Freislers zu durchbrechen, wird sie nach wenigen Sätzen barsch zurechtgewiesen. Gibt es denn hier im Saal niemanden, der mir hilft? Wo ist denn meine Verteidigerin? Margot von Schade fühlt sich ohnmächtig. Ausgeliefert. Allein gelassen.

Schon vorhin, bei der Vernehmung der beiden Mitangeklagten, die hier aber als Belastungszeuginnen gegen sie auftraten, hatte sie so viel sagen wollen. Erzählen, wie es wirklich war. Schildern, was tatsächlich geschah, damals, nach dieser Rundfunkmeldung am 20. Juli. Doch Freisler hatte ihr das Wort entzogen. Da saßen nur wenige Schritte von ihr entfernt die beiden Frauen, die einst ihre Vertrauten waren und die nun alle Schuld auf sie abwälzten. Sie wollten ihre Haut retten, sonst nichts. Margot von Schade spürte, dass bei diesem Tribunal jede Denunziation willkommen war. Es sollte ein Lehrstück sein für alle Zuschauer im Saal, damit sie sehen und erleben konnten, wie es jemandem ergeht, der sich außerhalb der »Volksgemeinschaft« stellt. Wie im Zeitalter der Hexenverfolgung, dachte sie. Und ich bin hier die Hexe. Freigegeben zum Verbrennen …

Irgendwann, sie war längst müde geworden und konnte diesem makabren Schauspiel nicht mehr folgen, vernahm sie die monotone Stimme ihrer Verteidigerin. Ihr Schlussplädoyer klang routiniert, gleichgültig. Aber war es überhaupt »ihre« Verteidigerin? Nein, ihr Vertrauen hatte diese Frau nicht. Wie auch? Gerade einmal – und nur wenige Minuten lang – hatten sie vor diesem Prozess in der Haftanstalt miteinander gesprochen. Diese Anwältin wusste nichts von ihr, wollte nichts von ihr wissen. Für sie war es ein »Fall« wie viele andere, den sie routiniert und verfahrensgemäß erledigte, ein Aktenvorgang. Nichts sonst. Als Pflichtverteidigerin war sie vom Gericht engagiert worden. Und sie tat hier ihre Pflicht, wie man es von ihr erwartete.

Jetzt, wo das kalte Tribunal dem Ende zugeht, spürt Margot von Schade, wie sehr sie in Gefahr ist. In den vergangenen Stunden musste sie erleben, wie ihre beiden Mitangeklagten vom Gericht als »verführte«, aber »im Kern« doch redliche Volksgenossinnen behandelt wurden; wie deren Verteidiger entlastende Argumente vortrugen, ja sogar Freisler verständnisvolle Worte für das Verhalten der beiden fand.

Ganz anders bei ihr. Von Beginn an schlug ihr die gereizte Ablehnung Freislers entgegen. Warum nur? Weil sie adliger Herkunft war? War nach dem 20. Juli jeder Mensch, der in seinem Namen ein »von« trug, bereits ein Mitverschwörer von Stauffenbergs? Traf sie die ganze Härte Freislers, weil sie in ihren Antworten jene Einsicht vermissen ließ, die er von ihr reumütig erwartete?

Gedanken wie diese gingen ihr durch den Kopf. Hatte nicht Freisler vorhin mit zynischer Attitüde gesagt: »Das ist die Familie, die Umgebung, der die Angeklagte entstammt«? Hatte er nicht mit gespielter Entrüstung gegeifert: »Sage mir, mit wem du verkehrst, und ich sage dir, wer du bist.« Alles war gegen sie verwendet worden, selbst der Brief, den ihre Schwester Gisela ihr in die Zelle geschickt hatte und der selbstverständlich von den Beamten abgefangen und sogleich zum Belastungsmaterial genommen worden war. In diesem Brief hatte Gisela von einer geselligen

Runde berichtet … getanzt hätten sie, getrunken … Freisler sah darin nur einmal mehr den Beweis für eine dekadente familiäre Herkunft, die alles war, nur nicht so, wie sie in diesen schweren Zeiten einem guten Deutschen anstand. Diese junge Margot von Schade, diese aufmüpfige Göre, die sich erdreistet hatte, den Führer in »schamlosester Weise öffentlich zu beleidigen«, die durch ihre zersetzenden Äußerungen das Misslingen des Attentats sogar bedauerte – an dieser niederträchtigen Person musste ein abschreckendes Exempel statuiert werden.

Das Gericht zog sich zur Beratung zurück. Ist nicht alles schon längst entschieden? Bedrückt, eigenartig erregt sitzt Margot von Schade auf ihrem Stuhl. Die Zeit scheint stehenzubleiben. Sie fühlt sich wie in einem Vakuum.

Irgendwann, Margot von Schade hat jedes Zeitgefühl verloren, betreten Richter und Beisitzer wieder den Saal. Die Urteilsverkündung. Freislers schneidende Stimme ist unüberhörbar:

»Angeklagte Sensfuß – Aufstehen! Freispruch! Angeklagte Törber – Aufstehen! Freispruch!«

Hoffnung keimt in ihr auf. Wenn die beiden Mitangeklagten freigesprochen werden, kann eigentlich auch ich mit einer Gefängnisstrafe davonkommen …

»Angeklagte von Schade – Aufstehen!«

Ihre Augen schauen nach vorn: rote Robe, rote Fahne … die Büste des Führers … »Wegen Wehrkraftzersetzung, Feindbegünstigung, defätistischer

Äußerung und Landesverrat verurteile ich Sie zum Tode!«

Todesurteil? Für mich? Das kann nicht sein. Ich bin keine Kriminelle, keine Mörderin.

Todesurteil? ... Während Freisler die Begründung des Urteils verliest, bemüht sie sich, die ungeheure Tragweite des Richterspruchs in ihrem Bewusstsein zu verarbeiten. Todesstrafe? Soll es plötzlich zu Ende sein? Wegen leichtfertiger Sprüche in einer geselligen Runde? Die beiden Bekannten waren doch auch dabei, haben gelacht, Späße gemacht.

Warum werden sie freigesprochen? Warum soll ich getötet werden? Todesstrafe für mich? Unmöglich! Sie sucht das Gesicht ihres Stiefvaters. Sie weiß, dass er unter den Zuschauern ist. Ist es wahr? Stimmt es? Soll ich, muss ich sterben? Soll dieser 17. November wirklich mein Schicksalstag sein? Wartet nur noch das Fallbeil auf mich?

Margot von Schade, die heute Margot Diestel heißt, hat überlebt. Das vorzeitige Ende des »Tausendjährigen Reichs« hat ihr das Leben gerettet. Zur Hinrichtung war es infolge des russischen Vormarsches nicht mehr gekommen. Als Todeskandidatin hatte sie die Luftangriffe in ihrer Gefängniszelle, die qualvolle Verlegung von Berlin in das Gefängnis im sächsischen Stolpen überstanden, dorthin, wo ein mutiger Wachbeamter in den letzten Kriegstagen den Befehl verweigerte, die Insassen vor dem Eintreffen des herannahenden

Feindes zu erschießen. Stattdessen stellte er – die russischen Truppen standen bereits unmittelbar vor der Stadt – Entlassungsscheine aus: »Margot von Schade wird mit dem heutigen Tage entlassen.« Stempel, Unterschrift, Datum. Es war der 3. Mai 1945. Vier Tage später unterzeichnete Generaloberst Jodl in der westfranzösischen Stadt Reims die deutsche Kapitulation. Der Krieg war zu Ende.

Viele Jahre später begann Margot von Schade – eine der wenigen Davongekommenen – ihre Lebensgeschichte aufzuschreiben. Ihre Jugend, die Denunziation, die Verhaftung, das Todesurteil am Volksgerichtshof, den zermürbenden Leidensweg durch die Gefängnisse, die ständige Todesangst – davon wollte sie eigentlich nur ihren Enkelkindern erzählen. Sie sollten erfahren, was sich zugetragen hatte in Deutschland.

Margot Diestel sieht sich rückblickend nicht als Widerstandskämpferin – nein, das war sie nicht. Aber sie hat schon in jungen Jahren erkannt, was die Herrschaft der Nationalsozialisten in Deutschland und der Welt anrichtete. »Als einundzwanzigjähriges Mädchen in der dennoch friedlichen Stadt Demmin, manche Dinge wissend, viele ahnend, angefüllt mit Ekel gegen dieses verbrecherische System und so versehen mit einem frechen Mundwerk. So als lebten wir im tiefsten Frieden, als gäbe es keine Denunziation, keine Gestapo und keine Konzentrationslager – so rieb ich jedem meine Meinung unter die Nase«, erinnert sie sich. Ihre Unbekümmertheit sollte ihr beinahe das Leben kosten – im Namen des Deutschen Volkes. Die Urteilsbegründung, ein Dokument einer Terrorjustiz:

IM NAMEN DES DEUTSCHEN VOLKES!

In der Strafsache gegen die Bereiterin Margot von Schade aus Demmin, geboren am 27. März 1923 in Burg Zievrich (Krs. Bergheim a. d. Erft), wegen Wehrkraftzersetzung hat der Volksgerichtshof, 1. Senat, auf die am 30. Oktober 1944 eingegangene Anklage des Herrn Oberreichsanwalts in der Hauptverhandlung vom 17. November 1944, an welcher teilgenommen haben:

als Richter: Präsident des Volksgerichtshofs Dr. Freisler,
Vorsitzer Landgerichtsdirektor Dr. Schlemann,
SA-Brigadeführer Hauer,
NSKK-Obergruppenführer Regierungsdirektor Offermann,
Stellvertretender Gauleiter Simon,
als Vertreter des Oberreichsanwalts: Landgerichtsrat von Zeschau

für Recht erkannt:
Margot von Schade hat die Meuchelmörder vom 20. Juli verherrlicht, das Misslingen des Mordanschlages auf unseren Führer bedauert, unseren Führer aufs Niedrigste verächtlich zu machen gesucht und in schamloser Selbsterniedrigung mit einem Russen sich »politisch« unterhalten.

Für immer ehrlos wird sie damit mit dem Tode bestraft.

Gründe:
So gibt sie zu, dass sie sich zum Attentat geäußert habe: »Pech gehabt!«, Pech gehabt nämlich, dass der Mordanschlag nicht glückte!!!

Das allein streicht sie aus unserer Mitte aus. Denn wir wollen nichts, gar nichts mehr gemein haben mit jemandem, der mit den Verrätern an Volk, Führer und Reich, die uns durch ihren Verrat unmittelbar in Schande und Tod geschickt hätten, wenn sie Erfolg gehabt hätten, sich solidarisch erklärt.

Margot von Schade hat aber, und das mag als Vervollständigung des Bildes ihrer Verworfenheit festgestellt werden, diese ihre gemeinen Äußerungen auf der Grundlage einer durch und durch verräterischen, ehrlosen Grundeinstellung getan.

Kein Wunder, dass sie, wie sie selbst zugibt, als sie und ihre Kameradinnen zum Gemeinschaftsempfang der Führeransprache gingen, das mit den Worten mitteilte:

»Herr Hitler spricht!« Der Zorn und die Scham muss doch jedem darüber hoch kommen, dass ein deutsches Mädchen sich, im Jahre 1944, so ausdrückt.

Wer in so schamloser Selbsterniedrigung als Deutsche derartige Gespräche mit einem Bolschewisten führt, wer derartig den gemeinsten Verrat unserer Geschichte verherrlicht, wer so unseren Führer verächtlich zu machen sucht - der beschmutzt dadurch unser ganzes Volk. Wir wollen mit jemandem, der mit der Treue seine Ehre, seine ganze Persönlichkeit derart atomisiert, für immer zerstört hat, aus Gründen der Sauberkeit nichts mehr zu tun haben. Wer so um sich Zersetzung verbreitet (§ 5 KSSVO), wer sich so zum Handlanger unserer Kriegsfeinde bei deren Bemühungen, in unserer Mitte Zersetzungsfermente zu entdecken, macht (§ 91 b StGB.), der muss aber auch mit dem Tode büßen, weil wir die Festigkeit der Haltung unserer Heimat, überhaupt unseres um sein Leben schwer ringenden Volkes unter allen Umständen schützen müssen.

Weil Margot von Schade verurteilt ist, muss sie auch die Kosten tragen.

gez.: Dr. Freisler, Dr. Schlemann

Über ein halbes Jahrhundert später. Steinhorst, ein Dorf in der Nähe von Hamburg. Ich sitze der Frau gegenüber, die damals in Berlin von Freisler zum Tode verurteilt worden war.

Wie fühlt sie sich heute beim Lesen ihres eigenen Todesurteils? Spürt sie Wut, hat sie Rachegefühle? »Nein«, schüttelt Margot Diestel den Kopf, »nur Lähmung und Enttäuschung. Fast alle Richter des Volksgerichtshofes kamen ja nach dem Krieg wieder in Amt und Würden. Keiner wurde zur Verantwortung gezogen oder verurteilt, und das ist deprimierend.«

Sie hat recht. Außer ein paar lästigen, aber ohnmächtigen Mahnern drängte im Nachkriegsdeutschland niemand darauf, sich mit den Mordtaten und Unrechtsurteilen der NS-Justiz auseinanderzusetzen. Am wenigsten die Justiz selbst.

Nur ab und an gab es Juristen, die sich nicht an den Korpsgeist hielten. Der ehemalige Berliner

Justizsenator Gerhard Meyer gehörte zu dieser seltenen Spezies. In seiner Amtszeit wurde ein später (und letzter) Versuch justitiabler Vergangenheitsbewältigung im Oktober 1979 durch den Generalstaatsanwalt beim Kammergericht Berlin unternommen. Gegen 74 noch lebende ehemalige Angehörige des Volksgerichtshofs, darunter elf Richter, 48 Staatsanwälte und fünfzehn ehrenamtliche Richter, wurden die Ermittlungen wieder aufgenommen. Doch schon zu Beginn war klar: Es ging nicht um die Feststellung, dass fast alle der am Volksgerichtshof erlassenen Todesurteile nichts mit unabhängiger Rechtsprechung zu tun hatten, sondern darum, dass sie schlicht nur eines waren: Verbrechen.

Sieben Jahre später, im Oktober 1986, wurden die Ermittlungen gegen die Juristen des Nazi-Todestribunals endgültig eingestellt. Damit stand fest, dass alle 5.243 Todesurteile, die Hitlers Volksgerichtshofrichter gefällt hatten, ungesühnt bleiben.

Meyers Nachfolger, der CDU-Mann Rupert Scholz, hielt die Tatsache, dass es kein Verfahren gegen diese ehemaligen Richter geben werde, für »nicht befriedigend und sehr bedauerlich für jeden, der an Gerechtigkeit glaubt«. Schöne, beruhigende Worte für etwas, was eine deutsche Schändlichkeit ist, an der Politik und Justiz gleichermaßen beteiligt waren.

Der Volksgerichtshof – eine gnadenlose Todesmaschinerie der Nazis, eine Waffe bei der Verfolgung der Gegner des totalitären Systems. Von 1942 bis 1945 fällten die fanatischen Richter im Durchschnitt zehn Todesurteile am Tag. »Der Volksgerichtshof wird sich stets bemühen, so zu urteilen, wie er glaubt, dass Sie, mein Führer, den Fall selbst beurteilen«, schrieb der Präsident des Volksgerichtshofs, Freisler, an Hitler.

Freisler, dessen schneidende Stimme, dessen drohende Gebärde noch heute Frau Diestel manchmal im Traum verfolgen, ihr den Schlaf rauben, so als sitze dieser geifernde, schreiende Herr über Leben und Tod noch immer über Menschen zu Gericht. Ein gnadenloser NS-Jurist, der zu den herausragenden Wegbereitern der Nazi-Unrechtsjustiz gehörte. Eine »deutsche« Karriere: Roland Freisler, Dr. jur., zunächst Rechtsanwalt in Kassel, bereits 1925 NSDAP-Mitglied, ab 1932 Mitglied des Preußischen Landtags; nach der Machtergreifung der Nationalsozialisten zunächst als Ministerialdirektor, später als Staatssekretär im Preußischen Justizministerium und Mitglied der NSDAP-Fraktion im Reichstag. Ein fanatischer Nationalsozialist, der schon 1934 seine Vorstellungen eines nationalsozialistischen Volksgerichtshofs formulierte.

In einem Aufsatz der Zeitschrift der Akademie für Deutsches Recht veröffentlichte er dazu seine Vorstellungen: »Binnen vierundzwanzig Stunden [...] muss die Anklage erhoben sein [...], binnen weiterer vierundzwanzig Stunden muss das Urteil da sein, und sofort muss der Verbrecher seine Strafe weg haben [...] Die Zeit der mildernden Umstände als Regel muss vorbei sein«.

Nach der Auflösung des preußischen Justizministeriums im Zuge der »VerReichlichung der Justiz« war Freisler am 1. April 1934 als Staatssekretär ins Reichsjustizministerium übernommen worden. Und auch hier galt er rasch als absoluter Garant nationalsozialistischer Gesinnung. Er leitete nun das Referat für jenes Rechtsgebiet, an dem der Partei besonders gelegen war – das Strafrecht. Dazu kamen die Organisation des Justizwesens und – Freislers große Herausforderung – der Volksgerichtshof. Die Nationalsozialisten ordneten die Rechtsprechung völlig den Zielen ihrer Politik unter. Schritt für Schritt wurde das immer noch gültige Bürgerliche Gesetzbuch substantiell geändert und seines ursprünglichen Inhalts beraubt. Besonders das Strafrecht wurde unter dem Vorwand, die Interessen von Volk und Staat zu schützen, zu einem nationalsozialistischen Kampfrecht.

Immer in der vordersten Kampffront dabei war Staatssekretär Dr. Freisler. Unermüdlich brachte er zu Papier, was ihm für die Verteidigung der »heiligsten deutschen Werte« juristisch und ideologisch notwendig schien. Sein besonderes publizistisches Anliegen galt dabei immer wieder dem Volksgerichtshof. Für ihn war klar: Dieses Gericht hatte die Führungsrolle innerhalb der gesamten deutschen Justiz zu übernehmen. Das Durcheinander, wie es für die Justiz vor 1933 charakteristisch gewesen sei, schrieb Freisler vor allem der Orientierungslosigkeit zu. Das sollte nun ein Ende haben.

Im Volksgerichtshof sollte der Führungsgedanke in besonderer Weise verwirklicht werden, als exemplarisches Beispiel für alle nachgeordneten deutschen Gerichte. Der Präsident eines jeden Senats müsse der Führer sein, dessen Anweisungen von den Berufs- und Laienrichtern ohne Gegenfragen zu befolgen seien. Nur auf diesem Wege sei eine »germanische« Verhandlungsform möglich, eine Vision, die er in einem 1935 erschienenen Aufsatz mit dem Titel »Einiges vom werdenden deutschen Blutbanngericht« entwickelte. Der Richter allein trage die Verantwortung, seine Aufgabe sei es, das Verfahren so rasch wie möglich durchzuführen. Den Laienrichtern billigte Freisler allenfalls eine beratende Funktion zu. In einem »germanischen Gerichtsverfahren« seien dennoch alle Beteiligten, vom erfahrenen Richter bis zum jungen Anwalt, »Soldaten des Gesetzes«.

Dr. Roland Freisler sah sich selbst als »politischen Soldaten«. So titulierte er sich in einem Brief, den er am 15. Oktober 1942, als er das Amt des Volksgerichtshofspräsidenten übernahm, an Hitler sandte. Mit Freisler begann die wohl blutrünstigste Ära des Nazi-Tribunals. Sie währte bis zu seinem Tod am 3. Februar 1945.

Dieser 3. Februar 1945 – der Tag, an dem die amerikanische Luftwaffe ihren bisher schwersten Angriff auf Berlin flog, bei dem 700 Bomber, begleitet von Jagdflugzeugen, über 3.000 Tonnen Sprengstoff auf die Stadt abwarfen – brachte mehr als 20.000 Menschen den Tod. Sie wurden Opfer eines grausamen Krieges, der nun dorthin zurückkehrte, wo er begonnen hatte: in das Machtzentrum des Nationalsozialismus. Eines der Opfer: Roland Freisler.

Über sein Ende kursierten lange Zeit drei Versionen. Die erste stammt von Fabian von Schlabrendorff, jenem Mann, der als letzter Angeklagter vor Freisler stand und den Krieg überleben sollte. In einem Buch erinnerte er sich später an den 3. Februar 1945: Kurz nach Beginn der Hauptverhandlung gegen ihn seien die Alarmsirenen ertönt. Man habe sich in den Keller des Gerichtsgebäudes begeben. Der Präsident mit den Akten in der Hand und seine Beisitzer hätten in der einen Ecke des Schutzraumes gestanden. In der anderen habe er sich selbst mit der Bewachungsmannschaft befunden. Da sei plötzlich das Gebäude von einer schweren Bombe getroffen worden. Ein Deckenbalken sei durchgebrochen und habe Freisler erschlagen.

Nach der zweiten Version soll Freisler während einer Autofahrt vom Reichsjustizministerium zum Volksgerichtshof von einer Bombe getroffen worden sein.

Die dritte und wahrscheinlichste Version beschreibt folgenden Ablauf: Oberstabsarzt Dr. Rolf Schleicher war gerade auf dem Weg zum Reichsjustizminister Thierack, um dort wegen eines Todesurteils für seinen Bruder Rüdiger Schleicher, den Ministerialrat im Reichsluftfahrtministerium, zu intervenieren. Freisler hatte am Tag zuvor diesen sowie Klaus Bonhoeffer, den Bruder des Pastors Dietrich Bonhoeffer, zusammen mit

Friedrich Perels und Hans John zum Tode verurteilt. Wegen des Bombenangriffs musste Schleicher unterwegs im U-Bahn-Tunnel am Potsdamer Platz mit vielen anderen Fahrgästen warten. Bei ihm waren seine Schwägerin und deren Tochter. Sie wollten wegen des Todesurteils gemeinsam mit Oberreichsanwalt Lautz sprechen. Als der Bombenhagel nachgelassen hatte und die todbringenden Staffeln endlich abgezogen waren, wurde nach einem Arzt gerufen. Schleicher meldete sich, und man führte ihn auf den Hof des nahegelegenen Volksgerichtshofs. Dort zeigte man ihm einen »hohen Prominenten«, der beim Versuch, über den Hof zu laufen, von einem Bombensplitter getroffen worden war. Doch der Mann lebte nicht mehr. Schleicher bückte sich und blickte dem Toten ins Gesicht.

Es war jener Mann, der tags zuvor seinen Bruder zum Tode verurteilt hatte: Roland Freisler. Er weigerte sich, einen Totenschein auszustellen, und verlangte, zum Reichsjustizminister vorgelassen zu werden. Als er schließlich mit ihm sprechen konnte, gab sich Thierack sehr bestürzt über den Tod Freislers, versprach aber Schleicher, zunächst die Vollstreckung des Todesurteils an seinem Bruder aufzuschieben. Nach Einreichung eines Gnadengesuchs, so machte er ihm Hoffnung, solle das Urteil nochmals geprüft werden.

Doch alle Bemühungen sollten vergebens bleiben. Wochen später, in der Nacht vom 22. auf den 23. April 1945, wurde Rüdiger Schleicher mit weiteren sechzehn Todeskandidaten von einem Erschießungskommando des Reichssicherheitshauptamts hingerichtet. Unter ihnen Bonhoeffer, John und Perels.

Freisler, der Mörder in Robe, war tot. Drei Tage später, am 5. Februar 1945, schrieb Reichsjustizminister Georg Thierack einen Beileidsbrief an die trauernde Witwe, an die »Sehr verehrte Frau Freisler«:

*»Mit tiefer Erschütterung habe ich von dem schweren Schicksalsschlag Kenntnis erhalten, der Sie und Ihre Familie getroffen hat. Mitten aus rastloser Tätigkeit, unmittelbar vor neuen schweren Aufgaben stehend, ist Ihr Gatte abberufen worden.*

*Die Größe des Verlustes für die Justiz wird bereits in den wenigen, seitdem verflossenen Stunden offenbar.*

*Ein Mensch voller Ideen, ein nimmer müder Arbeiter, ein von der Größe der deutschen Sendung, von der Gerechtigkeit und von dem Sieg der deutschen Sache zutiefst überzeugter Nationalsozialist und ein getreuer Gefolgsmann des Führers ist mit ihm aus unserer Mitte gerissen worden. Es liegt gewiss eine besondere Tragik darin, es bedeutet zugleich aber auch Symbol für die Erfüllung dieses kämpferischen Lebens, dass Ihr Gatte an seiner Wirkungsstätte gefallen ist, zu der er aus einem besonderen Verantwortungsgefühl als Präsident des seiner Führung anvertrauten höchsten politischen Gerichts noch während des Angriffes geeilt war.*

*Indem ich Ihnen, sehr verehrte Frau Freisler, das Beileid der deutschen Justiz ausspreche, darf ich Sie zugleich auch meiner persönlichen Anteilnahme versichern. Möge*

*Ihnen der Gedanke, dass Ihr Gatte in Ihren Söhnen fortlebt, die Kraft geben, Sie zu trösten.*

*Heil Hitler! Ihr sehr ergebener …«*

Es folgte die Unterschrift Thieracks. Die am selben Tag vom Presseamt des Reichsjustizministeriums verbreitete Pressenotiz, versehen mit der Aufforderung an die Redaktionen, »von weiteren Kommentierungen der vorstehenden Meldung und eigenen Zusätzen durch die Zeitungen Abstand zu nehmen«, umfasste nur wenige Zeilen. Unter dem Titel »Dr. Roland Freisler gefallen« wurde kurz und bündig gemeldet:

*»Bei dem Terrorangriff vom 3. Februar auf die Reichshauptstadt ist der Präsident des Volksgerichtshofes, NSKK-Brigadeführer Dr. jur. Roland Freisler, gefallen. Dr. Freisler, der im 52. Lebensjahr stand, war Mitglied der NSDAP seit dem Jahre 1925 und Träger des Goldenen Ehrenzeichens der Partei. Er gehörte dem Deutschen Reichstag an und war Preußischer Staatsrat. Weitesten Kreisen des deutschen Volkes war Dr. Freisler als ein unermüdlicher Vorkämpfer für ein nationalsozialistisches deutsches Recht bekannt.«*

Das Urteil des Nürnberger Militärgerichtshofs nannte Freisler »den düsteren, brutalsten und blutigsten Richter der gesamten deutschen Justizverwaltung« und rechnete ihn mit Himmler, Heydrich und Thierack zu den Männern, »deren desperate und verabscheuungswürdige Charaktere der Welt bekannt« seien.

Dieser Beurteilung soll nicht widersprochen werden. Nur: Nach 1945 wurde Freisler zum Sündenbock der deutschen Justiz und zu ihrem Alibi zugleich gemacht. Die überlebenden NS-Juristen benutzten die Dämonisierung Freislers, um ihre eigene Schuld auf seinem Rücken abzuladen.

So durften sie sich als Juristen fühlen, die in schweren Zeiten nur ihre Pflicht getan hatten, so wie es das Gesetz nun einmal vorschrieb. Und es war ihnen möglich, sich mehr als Verführte, als Opfer, denn als Täter und Mithandelnde zu sehen. Ihr schlechtes Gewissen, sofern sie eines hatten, ließ sich damit beruhigen, und ihre Schuldgefühle konnten sie auf andere übertragen. Ein fanatischer Blutrichter wie Freisler eignete sich als Projektionsfigur besonders gut.

Freislers Mord- und Richterkollege Hans-Joachim Rehse überlebte das Ende des Krieges. Als Angeklagter stand er 1968 vor dem Bundesgerichtshof. Eine Verurteilung scheiterte jedoch an formaljuristischen Finessen, denn er wurde »als Mitglied eines Kollegialgerichts« qualifiziert, das »bei der Abstimmung nach dem damals geltenden Recht unabhängig, gleichberechtigt, nur dem Gesetz unterworfen und seinem Gewissen verantwortlich« gewesen sei.

Sein Fall wurde an die Vorinstanz zurückverwiesen. Rehse, der an 373 Urteilen, darunter über 230

Todesurteilen, beteiligt war, starb, bevor das Verfahren rechtskräftig abgeschlossen werden konnte.

Ihm erging es wie allen anderen Juristen des Nazi-Todestribunals: Keiner der 106 Berufsrichter und 179 Staatsanwälte des Volksgerichtshofs ist je verurteilt worden, ebenso wenig irgendeiner der Tausenden von Sonder- oder Kriegsrichtern. Sie alle konnten nach dem Krieg mit Verständnis bei ihren Richterkollegen rechnen.

»Der Richter, der ein Todesurteil fällt, kann sich dadurch nur dann strafbar machen, wenn er das Recht beugt. Dies setzt voraus, dass er bewusst und gewollt Verstöße gegen das Verfahrensrecht oder das sachliche Recht begeht«, urteilte der Bundesgerichtshof und stellte damit den braunen Todesrichtern einen Blankofreispruch aus. Wer gestand schon, »bewusst« und »gewollt« Recht gebeugt zu haben? Keiner fühlte sich schuldig, also wurde niemand angeklagt.

Warum also die öffentliche Empörung des Berliner Justizsenators Scholz, als 1986 die Vergangenheit des Volksgerichtshofs endgültig zu den Akten der Geschichte gelegt werden sollte? Warum Verwunderung darüber, dass die Ermittlungen der Berliner Justiz – 1979 von Scholz' Vorgänger Meyer nachhaltig gefordert und gefördert – nun mit Straffreiheit für die Angeklagten endeten?

Hatte man nicht einen Rehse-Prozess? Gab es nicht schon damals einen Satz im freisprechenden Urteil, in dem behauptet worden war, beim Volksgerichtshof habe es sich um ein »unabhängiges, nur dem Gesetz unterworfenes Gericht« gehandelt?

Das absurde Urteil des Berliner Landgerichts von 1986 knüpfte nur an die obszöne Logik der Nachkriegsjustiz insgesamt an. Gab es je ein Interesse daran, die Verantwortlichen der NS-Justiz zur Rechenschaft zu ziehen? Bis 1960 zeichnete sich die Justiz durch Trägheit und Gleichgültigkeit aus, wenn es darum ging, sich der Vergangenheit ihrer blutbefleckten Kollegen anzunehmen.

Nach der Gründung der Bundesrepublik wären Verfahren wegen Totschlag noch möglich gewesen. Doch die Verjährungsfrist dafür lief 1960 ab. Nun war nur noch eine Strafverfolgung wegen Mord möglich, doch diese setzte voraus, dass der Angeklagte die Tat »aus niedrigen Beweggründen« begangen hatte. Einem NS-Richter, der darauf bestand, nur »gültiges Recht« angewandt zu haben, war dieses Motiv nicht nachzuweisen.

Tausende wechselten schnell ihre braune Gesinnung und amtierten rasch wieder in deutschen Gerichtssälen als Richter und Staatsanwälte. Selbst die wenigen früheren Kollegen, deren anrüchige Vergangenheit zu unliebsamer öffentlicher Kritik führte, durften mit der Fürsorglichkeit des neuen Adenauer-Staates rechnen: Bei vollem Pensionsausgleich entließ man sie in den Ruhestand.

»Der Niedergang des Rechts wurde nicht verarbeitet, sondern vergoldet«, schrieb der *Spiegel*-Redakteur Rolf

Lamprecht. Justiz und Politik arbeiteten Hand in Hand. Sie taten so, als ob nie etwas geschehen wäre.

Frau Diestel schüttelt den Kopf, wenn sie darüber nachdenkt, wie deutsche Vergangenheit verdrängt wurde – und wird. »Wer von den jungen Menschen weiß von dieser Katastrophe, wer sagt es ihnen?«, fragt sie.

Das Schicksal hat es gut mit dem lebenslustigen Mädchen Margot von Schade und der aufrechten Frau Diestel gemeint. Sie hat spät, aber nicht zu spät, wenigstens auf ganz private Weise Wiedergutmachung erfahren. Mit staatlicher Wiedergutmachung hat sie in diesem Land nicht rechnen können. Sie war Opfer, nicht Täter. Und staatliche Fürsorge galt – und gilt – hierzulande mehr den Tätern als den Opfern.

Monate später, im Juni 1991. Ein ruhiges, vornehmes Wohnviertel in München, dicht am Nymphenburger Kanal. Ein moderner Wohnblock, elf Wohnungen. Im Erdgeschoss links an der Wohnungstür ein schlichtes Pappschild: Russegger.

Keiner der Nachbarn weiß, dass die alte Dame Marion Freisler ist, die Witwe des ehemaligen Volksgerichtshofpräsidenten Roland Freisler. »Eine sehr zurückgezogene Frau, sie spricht kaum mit jemandem«, gibt mir eine Hausbewohnerin Auskunft. Auch mit mir spricht Frau Russegger nicht. In einem Brief hatte ich sie Wochen zuvor um ein Gespräch gebeten. Wie denkt sie heute über das erbarmungslose Wirken ihres Mannes, wie hat sie ihren beiden Söhnen den Vater erklärt?

Das wollte ich sie fragen und vieles mehr. Mein Brief blieb unbeantwortet. Jetzt im Frühsommer bin ich nach München gefahren. Ein letzter, freilich erfolgloser Versuch.

Bei meinen Recherchen war ich auf Presseberichte aus dem Jahr 1958 gestoßen. Eine Berliner Spruchkammer, die letzte in Deutschland, hatte damals eine Sühnegeldstrafe von 100.000 Mark über den Nachlass Freislers verhängt. Diese Summe entsprach dem Wert zweier Grundstücke in Berlin, die seit Kriegsende unter Treuhandverwaltung standen und die Freislers Witwe als ihr Eigentum beanspruchte. Jahrelang hatte sie um die Rückgabe der Häuser mit der Begründung gekämpft, sie seien von ihrer Mitgift gekauft worden. Die Berliner Spruchkammer kam dagegen zu dem Schluss, dass es sich um Erwerbungen aus Freislers Einkünften zugunsten seiner Frau gehandelt habe. Sie stützte sich dabei auf die Tatsache, dass die sich über Jahre erstreckenden Ratenzahlungen für die Grundstücke mit den Terminen der Gehaltszahlungen für Freisler und den Etappen seiner Karriere zusammenfielen. Nachforschungen hatten überdies ergeben, dass Frau Freisler von Hause aus mittellos war.

Nach viereinhalbstündiger Verhandlung, der sie mit der Begründung, »sie könne keine Anstrengungen vertragen«, fern geblieben war, wies die Kammer die Berufung der damals in Frankfurt am Main lebenden Witwe Freislers, alias Frau Russegger, ab. Die Geldstrafe, die in gleicher Höhe bereits am 29. Januar 1958 von der

Berliner Kammer verhängt worden war, entsprach dem Wert der zwei Grundstücke, und diese wurden nun statt des verhängten Sühnegelds eingezogen.

Etwa dreißig Jahre später, im Februar 1985, kam die Witwe, genauer ihr Rentenfall, erneut in die Schlagzeilen. Diesmal ohne eigenes Zutun. Damals hatte der bayerische SPD-Landtagsabgeordnete Günther Wirth publik gemacht, dass Frau Russegger nach dem Krieg nicht nur die übliche Witwengrundrente aus dem Dienstverhältnis ihres kurz vor Kriegsende bei einem Bombenangriff in Berlin umgekommenen Ehemannes bezog, sondern darüber hinaus seit 1974 eine sogenannte Schadensausgleichsrente, gewährt vom Versorgungsamt München mit der Begründung, es müsse unterstellt werden, dass Freisler, hätte er den Krieg überlebt, »als Rechtsanwalt oder Beamter des höheren Dienstes tätig geworden wäre«.

Aufsehen erregte damals vor allem die aberwitzige Argumentation, denn nur mit dieser Überlebenstheorie konnte der Witwenanspruch auf quasi entgangene Einkommens- oder Rentenanteile überhaupt begründet werden. Wie auch immer: Die bayerischen Sozialbeamten konnten – »aus rechtsstaatlichen Gründen« – »nicht die Auffassung vertreten«, dass Freisler im Überlebensfall »zum Tode oder zumindest zum lebenslangen Freiheitsentzug verurteilt worden wäre«. Vielmehr erschien ihnen »ebenso wahrscheinlich«, dass der höchste Nazi-Richter »in seinem erlernten oder einem anderen Beruf weitergearbeitet hätte, zumal eine

Amnestie oder ein zeitlich begrenztes Berufsverbot ebenso in Betracht zu ziehen« gewesen wäre.

Wer solche Bescheide »erfinden, ausformulieren und absegnen« könne, so kommentierte damals die *Süddeutsche Zeitung*, der müsse »das Gemüt eines Metzgerhundes haben«. In beinahe allen großen deutschen Zeitungen löste der »Münchner Rentenfall« heftige Diskussionen aus. »Wie kann überhaupt jemand Kriegsopfer sein, der den Krieg gewollt, gefördert und verlängert hat?«, fragte erzürnt Franz-Josef Müller, ein Münchner Sozialdemokrat, der 1943 im Alter von achtzehn Jahren als Mitglied der Widerstandsgruppe »Weiße Rose« selbst vor Freisler gestanden hatte und von ihm zu fünf Jahren Gefängnis verurteilt worden war.

Vierzig Jahre nachdem der Volksgerichtshofpräsident mit dem »Dritten Reich« zugrunde gegangen war, polarisierte der Fall der Freisler'schen Rentenzahlung exemplarisch die Meinungen über den Umgang mit der NS-Vergangenheit. Ein Leserbriefschreiber der *Süddeutschen Zeitung* fand es »beschämend, dass es Leute gibt, die nichts anderes zu tun haben, als vierzig Jahre nach Kriegsende in alten Rentenbescheiden zu wühlen«. Mit seiner Meinung stand er keinesfalls allein.

Robert M. W. Kempner, nach dem Krieg amerikanischer Anklagevertreter in den Nürnberger Prozessen, meldete sich in derselben Zeitung ebenfalls zu Wort: »Die Witwe erhält außer der Kriegsopferversorgung und der Schadensausgleichsrente noch eine Witwenrente aus der Sozialversicherung«, schrieb er und brachte in seinem ausführlichen Leserbrief weitere brisante Details an die Öffentlichkeit: »Freisler«, so fuhr er fort, »hat jedoch niemals Sozialversicherungsbeiträge gezahlt, denn er erhielt ja sein hohes Richtergehalt. Eine Witwenpension konnte sie offensichtlich nicht erhalten, da eine solche nicht gewährt wird, wenn ein Beamter sich unmenschlich verhalten hat. Dies ergibt sich aus den Bestimmungen über Artikel 131 des Grundgesetzes. In solchen Fällen aber wird eine Versorgung nur dann gewährt, wenn der Arbeitgeber, also der Staat, für den Betroffenen nachzahlt. Für Freisler müssen, da die Witwe Sozialversicherung erhält, also erhebliche Summen vom Staat nachgezahlt worden sein.« Am Ende seiner Zuschrift kritisierte Kempner die Tatsache, dass Freisler in der Rentenfrage seiner Witwe als Gerichtspräsident eingeordnet wurde, und führte aus, seiner Meinung nach hätte dieser »nur als Totengräber der deutschen Justiz, also mit dem normalen Gehalt eines auf Friedhöfen beschäftigten Totengräbers, eingestuft werden müssen«.

Durch die heftigen öffentlichen Reaktionen aufgeschreckt, wies der damalige bayerische Arbeits- und Sozialminister Franz Neubauer (CSU) seine Beamten an, die Rentenentscheidung zu korrigieren. Eine Rücknahme des zweifelhaften Bescheides sei jedoch »aus rechtlichen Gründen nicht mehr möglich«, teilte er später auf einer Pressekonferenz mit. Dafür, so ordnete der Minister an, solle die Kriegsopferrente so lange von Erhöhungen ausgeschlossen werden, bis der umstrittene

Schadensausgleich aufgezehrt sei. Trotz Schlagzeilen, Leserbriefen und heftigen Debatten – so ungewöhnlich war die Affäre um die Rentenzahlungen an die Witwe Freislers keineswegs.

Dass sich Hinterbliebene von NS-Größen nach dem Krieg Versorgungsansprüche und Entschädigungen beschafften, mochte vielen grotesk, ja geradezu zynisch vorkommen, doch die Regularien des Bundesversorgungsgesetzes bargen auch für sie eine bürokratische Nische. Davon profitierten schon in den 1950er Jahren Lina Heydrich, die Witwe des SS-Obergruppenführers und »Endlösungsstrategen« Reinhard Heydrich, die Töchter von Hermann Göring und Heinrich Himmler sowie die Witwe des Franken-Gauleiters Julius Streicher, die ihren Mann für seine frühere selbständige Tätigkeit als Herausgeber des NS-Hetzblattes *Der Stürmer* rentennachversichern ließ und 46.000 Mark herausholte. Dr. Ernst Lautz, Oberreichsanwalt am Volksgerichtshof und verantwortlich für unzählige Todesurteile, erhielt nach dem Krieg zu seiner Pension eine Nachzahlung in Höhe von 125.000 Mark, und dem Staatssekretär in Hitlers Justizministerium, Dr. Curt Rothenburger, in Nürnberg zu sieben Jahren Haft verurteilt, wurden neben seiner ansehnlichen Pension von monatlich über 2.000 Mark gar 190.726 Mark nachgezahlt.

Neuartig am Fall Freisler aber war, dass dabei nicht nur die grundsätzlichen Kriegsopferrechte und früheren »Verdienste« geltend gemacht wurden, sondern ein bis zum Rentenalter künstlich verlängertes Berufsleben eines Nazi-Verbrechers. Die Argumentation mochte absurd sein – und dennoch: Vieles, beinahe alles sprach für die Richtigkeit der Auffassung der Münchner Beamten. Zwar gehörte Freisler unzweifelhaft zu den herausragenden Massenmördern des NS-Systems, denn in der Zeit seiner Präsidentschaft von 1942 bis 1945 und zum Teil unter seinem persönlichen Vorsitz verkündete der Volksgerichtshof durchschnittlich zehn Todesurteile pro Tag. Freilich: Nur wenn Freisler nach Kriegsende den Alliierten in die Hände gefallen und unter die Hauptverbrecher in Nürnberg geraten wäre, hätte die Chance für ein gerechtes Urteil über ihn bestanden.

Doch selbst im Nürnberger Juristenprozess wurden die Angeklagten lediglich zu Freiheitsstrafen verurteilt, die dank einer großzügigen Begnadigungspraxis keiner der Verurteilten voll absitzen musste. Von der bundesdeutschen Justiz war sühnende Gerechtigkeit gegenüber den früheren Richterkollegen ohnehin nicht zu erhoffen. Bereits in den 1950er Jahren hatte der Bundesgerichtshof mit einer zweifelhaften Rechtsprechung einen Schlussstrich unter die Vergangenheit gezogen, indem er allen NS-Richtern ein doppeltes Rechtsbeugungsprivileg zuerkannte: Ein Richter darf danach wegen Mord oder anderer schwerer Verbrechen nur verurteilt werden, wenn er zugleich der Rechtsbeugung für schuldig befunden wird. Dafür war bei den NS-Juristen der Nachweis des direkten Vorsatzes erforderlich, und dieser war kaum zu erbringen. Der Täter musste bewusst oder gewollt gegen die damals geltende

Rechtsordnung verstoßen haben. Eine absurde Begründung. Fast alle Richter im »Dritten Reich«, besonders aber die Robenmörder des Volksgerichtshofs, befanden sich in völliger Übereinstimmung mit den Terrorgesetzen des NS-Staates. Im Falle Freislers wäre der Nachweis einer solchen Rechtsbeugungsabsicht noch viel schwieriger gewesen als bei irgendeinem anderen seiner braunen Richterkollegen, die das Kriegsende überlebt und in aller Regel im Adenauer-Staat ihre Justizkarriere fortgesetzt hatten.

Eine Statistik der Berliner Justizbehörde über noch lebende Mitglieder des Volksgerichtshofs spricht eine deutliche Sprache. Unter den bei der Erhebung im Jahr 1984 noch lebenden Juristen waren zwei Amtsrichter, ein Amtsgerichtsdirektor, zwei Landgerichtsräte, vier Landgerichtsdirektoren, vier Oberlandesgerichtsräte, sechs Staatsanwälte, drei Oberstaatsanwälte und sogar zwei Senatspräsidenten. Es blieb die Ausnahme, dass einer der Volksgerichtshofjuristen nach dem Krieg nicht in den Staatsdienst übernommen wurde. Warum also hätte nicht auch Freisler vor Strafverfolgung sicher sein und eine zweite Karriere beginnen können? Insofern entbehrte die Argumentation der Münchner Sozialbürokraten nicht einer bestimmten Logik.

Margot Diestel, eines seiner wenigen überlebenden Opfer, eine Frau, die ihr Todesurteil nur überlebte, weil die Nazi-Diktatur buchstäblich in Schutt und Asche lag, hat für ihr erlittenes Martyrium 920 Mark erhalten – als einmaliges Schmerzensgeld. Die Witwe des

Mannes, der sie zum Tode verurteilt hatte, bezog eine ansehnliche Rente. Nicht die Tatsache, dass sie gezahlt wurde, ist skandalös, sondern die Begründung: Freisler hätte – wie unzählige seiner braunen Richterkollegen – auch der zweiten Republik als Staatsbeamter gedient, hätte weiterhin als »Rechtswahrer« Karriere gemacht oder aber wäre wie Tausende andere NS-Todesrichter gut dotiert in den Ruhestand entlassen worden.

Wie viele seiner Richterkollegen, etwa Kriegsrichter Schwinge oder Ex-Marinerichter Filbinger (von denen in diesem Buch noch die Rede sein wird), hätte er sich als ein Mann von edler Gesinnung gefühlt, als ein Jurist, der damals nur seiner vaterländischen Pflicht nachgekommen war. Und wer diesem alten Mann mit der scharfen Rhetorik gegenübergesessen hätte, hätte begriffen: Roland Freisler war kein Dämon in roter Robe, nein, er war nur ein besonders konsequenter Vollstrecker nationalsozialistischer Rechtsauffassung. Ein exemplarischer Vertreter seiner Zunft – ein berufsmäßiger Mörder eines mörderischen Systems.

Ein schlechtes Gewissen hätte der alte Herr Freisler wegen seiner Vergangenheit hierzulande nicht haben müssen. Die deutschen Nachkriegsjuristen hätten ihn – wie beinahe alle seiner braunen Richterkollegen – längst in ihrer Mitte aufgenommen.

# 2

# »AUS GRÜNDEN DER ABSCHRECKUNG ...«

Nicht Recht zu sprechen, sondern den Gegner zu vernichten, das war der Auftrag des Volksgerichtshofs. Und die Richter in roten Roben, allen voran ihr Präsident Freisler, setzten diesen Auftrag mit konsequentem Fanatismus in die Praxis um. Das geschah keineswegs im Verborgenen.

Die Deutschen wussten davon. Die blutroten Plakate, auf denen öffentlich die Todesurteile des Volksgerichtshofs verkündet wurden, waren sichtbar für alle, die sie sehen wollten. Doch kaum einer wollte sehen. Die Parteigänger nicht, die noch immer – trotz des alliierten Vormarschs – an den »Endsieg« glaubten, die Hitler-Anhänger nicht, die im nationalen Freudentaumel die Signale des nahen Untergangs überhörten und noch immer jubelten, marschierten und denunzierten. Die Opportunisten und Mitläufer nicht, die ihre leisen Zweifel an Führer, Wehrmacht und Reich für sich behielten, verdrängten und weitermachten wie bisher.

Hitlers Deutsche – ein Volk von Mitmachern, Zuschauern und Wegschauern.

Die anderen, die Gegner und Regimekritiker waren längst verhaftet, ermordet, ins Exil geflüchtet – oder aber sie warteten in Konzentrationslagern auf ihren Tod. Wer also sollte den Blutrichtern des Volksgerichtshofs Einhalt gebieten, wer Protest äußern, wer Mitleid mit den Opfern haben? Die »Selbstreinigung des Volkes«, die Freisler stets so glühend propagiert hatte, sie funktionierte. Die Todesurteile des Volksgerichtshofs wurden »im Namen des Volkes verkündet«, und die Vollstreckung erfolgte tatsächlich in dessen Namen. Die deutschen Volksgenossen waren zu Komplizen einer Blutjustiz geworden, zu einem Volk von Tätern und Mittätern.

Akten sind stumme Zeugen. Aus Tausenden von Todesurteilen werden hier zwei dokumentiert, beide gefällt vom Ersten Senat. Die anderen Volksgerichtshofsenate unterschieden sich keineswegs in ihrer Urteilspraxis. Die Urteile und ihre »Gründe« sind in ihrer Tonalität exemplarisch für die insgesamt 5.243 vom Volksgerichtshof verhängten Todesurteile. Sie zeigen die fanatische Intoleranz gegenüber jeder – noch so geringfügigen und harmlosen – Regimekritik. Ein unbedachter Satz, ein versteckter Witz – für die NS-Justiz waren dies todeswürdige Verbrechen.

Die liquidatorische Sprache der Urteile lag keineswegs in der »dämonischen Natur« des Vorsitzenden Roland Freisler begründet, es waren nicht die blindwütigen Äußerungen eines Einzelnen; es war die Sprache einer unmenschlichen Justiz, eines tyrannischen Regimes – eines verblendeten Volkes.

IM NAMEN DES DEUTSCHEN VOLKES!

In der Strafsache gegen den Bergmann Dietrich Tembergen aus Kamp-Lintfort, geboren am 21. November 1887 in Baerl bei Utford, zur Zeit in dieser Sache in gerichtlicher Untersuchungshaft, wegen Vorbereitung zum Hochverrat u.a. hat der Volksgerichtshof, 1. Senat, auf Grund der Hauptverhandlung vom 7. Januar 1943, an welcher teilgenommen haben:

als Richter: Präsident des Volksgerichtshofs Dr. Freisler,
Vorsitzender, Landgerichtsdirektor Dr. Klein,
Generalarbeitsführer Müller,
SS-Brigadeführer Polizeipräsident Bolek,
Stadtrat Kaiser,
als Vertreter des Oberreichsanwalts: Landgerichtsrat
von Zeschaum,
als Urkundsbeamter der Geschäftsstelle: Justizobersekretär Peltz

für Recht erkannt:

Der Angeklagte hat im Krieg den Feind des Reiches dadurch begünstigt, dass er öffentlich in der Straßenbahn an Hand englischer Flugblätter sagte, das Volk solle Revolution machen.

Er wird deshalb mit dem Tode bestraft und hat die bürgerliche Ehre für immer verwirkt. Er trägt die Kosten des Verfahrens.

Die Richtigkeit der vorstehenden Abschrift wird beglaubigt und die Vollstreckbarkeit des Urteils bescheinigt.

Gründe:
Der Angeklagte fuhr jeden Morgen mit der Straßenbahn von Lintfort zu seiner Arbeit. Er benutzte dazu den Wagen, der um 6 Uhr abfährt.

So tat er auch am Morgen nach einem schweren englischen Fliegerangriff auf die benachbarte Stadt Moers in der zweiten Hälfte des Monats Juli 1942. Er stieg in den nur mäßig besetzten Anhänger ein, in dem die Volksgenossin V. Schaffnerin war.

Der Angeklagte holte einige englische Flugblätter hervor, zeigte sie und sagte, was da drin stehe, sei richtig. Als die Schaffnerin ihm dann sagte, er solle sie wegtun, das sei nichts für die Straßenbahn, fragte er, ob sie denn satt werde. Sie antwortete, sie habe auch nur, was ihr auf ihre Marken zustehe, aber sie sei noch immer satt geworden. Der Angeklagte erwiderte, er gehe hungrig zu Bett und der Krieg sei nur für die Dicken da, das Volk solle sich die Hand reichen und Revolution machen, dann käme Frieden und dann könnten sich die Dicken selbst die Köpfe blutig schlagen. Als die Schaffnerin fragte, ob er denn meine, wenn die Russen kämen, gäbe es mehr zu essen, bejahte er das. Die Schaffnerin antwortete: Dann können wir alle einen Strick nehmen und uns aufhängen.

Das hat die Volksgenossin V. inhaltlich gleich vor der Polizei und als Zeugin vor dem Volksgerichtshof so bekundet, und zwar in aller Ruhe. Sie machte einen guten, glaubwürdigen Eindruck.

Dass der Vorfall sich so abgespielt hat, steht daher schon auf Grund ihrer Aussage fest.

Ihre Aussage wird aber obendrein dadurch bestätigt, dass ein Fahrgast, die Volksgenossin O., den ersten Teil dieser Szene nach ihrer glaubwürdigen Aussage miterlebt hat. Sie sah, wie der Angeklagte Flugblätter - jedenfalls Blätter, die, wie sie sich vorsichtig ausgedrückt hat, wie Flugblätter aussahen - herausholte, hörte, wie er sagte, »wenn man sich abends satt isst, hat man morgens nichts zu essen«, und wie er dann, als sie nun ausstieg, weiter schimpfte.

Und die Aussage der Volksgenossin V. wird sogar durch die Bekundung des Angeklagten selbst gestützt.

Er hat zwar bei seiner ersten polizeilichen Vernehmung alles bestritten und nur gesagt, er habe mit einem anderen Fahrgast über den Lohnstreifen gesprochen, aber schon bei seiner zweiten Vernehmung und Gegenüberstellung mit der Zeugin V. erklärt, er bestreite nicht, was sie sagt, er wisse nicht mehr, dass so gesprochen wurde.

Und in seiner richterlichen Vernehmung sagt er, ihm sei nicht erinnerlich, ob er gesagt habe, der Krieg sei nur für die Dicken da und das Volk solle sich die Hand reichen und Revolution machen und wenn die Russen kämen, gebe es mehr zu essen.

Und vor dem Volksgerichtshof hat er sich zwar mit ersichtlichen plumpen und dummen Redereien gewunden, dabei aber doch dreierlei zugegeben:

dass er von »Flugblättern« gesprochen habe. Er will nur damit die Lohnzettel (!) gemeint haben;

dass er von »den Dicken« gesprochen habe. Er will nur damit nicht die Regierung, sondern die Fabrikbesitzer gemeint haben;

dass er gesagt hat, das Volk solle sich die Hand reichen und Revolution machen.

Mit Fug kann man sagen: diese Bekundung stützt die Sach-Darstellung der Volksgenossin V.

Der Verteidiger hat gemeint, der Angeklagte sei doch nur ein Meckerer. Aber dem kann der Volksgerichtshof nicht zustimmen. Wer mit feindlichen Flugblättern in der Hand öffentlich sagt, das Volk solle Revolution machen, der höhlt höchst gefährlich die innere Front aus, während der deutsche Soldat in schwerem Kampf sein Leben einsetzt. Der versetzt unserem Heere einen Dolchstoß. Höchst gefährlich – wie 1917/18 zeigt –, selbst wenn der 1. oder 2. oder viele solche Dolchstoße noch nicht treffen. Und das weiß auch jeder, so auch der freilich etwas beschränkte Angeklagte! Er ist also kein Meckerer, sondern ein gefährlicher Feind des kämpfenden Volkes. Er tut gerade das, worauf der Engländer spekuliert, wenn er Bomben und Flugblätter gemischt abwirft: das Volk zersetzen, seine Wehrkraft im totalen Krieg schwächen, den Feind begünstigen. (§ 91 b StGB)

Davon, dass das Handeln des Angeklagten dem Reich nur geringen Schaden zufügen kann, kann keine Rede sein. Denn sein Handeln ist ein Gewicht, das in der Schicksalswaage auf die Waagschale »Versagen unseres Volkes« geworfen wird. Deshalb hat sich der Angeklagte aus dem kämpfenden deutschen Volk ausgeschlossen und den Tod verdient.

Als Verräter an unseren Soldaten ist er für immer ehrlos geworden.

gez.: Dr. Freisler, Dr. Klein

Am 25. Februar 1943 schickte einer der Sachbearbeiter des »Oberreichsanwalts beim Volksgerichtshof«, der Erste Staatsanwalt Dr. Drullmann, ein Aktenpaket per Einschreiben vom Volksgerichtshof in der Bellevuestraße hinüber zum Reichsjustizministerium in der Wilhelmstraße. Empfänger war: Herr Reichsminister der Justiz zu Händen von Herrn Oberregierungsrat Ulrich. Der Anklageschrift des Oberreichsanwalts, einem Gnadenheft mit Stellungnahmen sowie zwei Urteilsabdrucken lag auch ein Begleitbrief Drullmanns bei:

*»In den Anlagen überreiche ich die Akten mit dem Urteil des 1. Senats des Volksgerichtshofs vom 7. Januar 1943, durch das der Obengenannte antragsgemäß zum Tode und zum dauernden Verlust der bürgerlichen Ehrenrechte verurteilt worden ist. Der Verurteilte befindet sich im Strafgefängnis Plötzensee in Berlin. Keine der von mir gehörten Stellen hat sich für einen Gnadenerweis ausgesprochen.*

*Der Verurteilte hat nach einem feindlichen Luftangriff auf die Umgebung seiner Heimatstadt unter Hinweis auf englische Flugblätter, die er vorzeigte, öffentlich Zersetzungspropaganda getrieben und insbesondere dazu aufgefordert, Revolution zu machen und dadurch das Kriegsende herbeizuführen. Bei der Gefährlichkeit dieser Zersetzungstätigkeit halte ich, auch aus Gründen der Abschreckung, die Vollstreckung für geboten.*

*Ich schlage daher vor, von dem Begnadigungsrecht keinen Gebrauch zu machen.«*

Am 30. März 1943 folgte Reichsminister Thierack dem Vorschlag. Auch er fand es an der Zeit, »der Gerechtigkeit freien Lauf zu lassen«: »In der Strafsache gegen den vom Volksgerichtshof am 7. Januar 1943 zum Tode verurteilten Dietrich Tembergen habe ich mit Ermächtigung des Führers beschlossen, von dem Begnadigungsrecht keinen Gebrauch zu machen, sondern der Gerechtigkeit freien Lauf zu lassen«.

Neun Tage später wurde der Bergmann Dietrich Tembergen aus seiner Zelle in der Haftanstalt Plötzensee geholt und hingerichtet. In Vertretung des Sachbearbeiters Dr. Drullmann bestätigte sein Kollege Parrisius in einem Kurzbrief vom 10. April 1943 dem Reichsjustizministerium den ordnungsgemäßen Vollzug: »Die durch Urteil des 1. Senats des Volksgerichtshofs vom 7. Januar 1943 gegen den Bergmann Dietrich Tembergen aus Kamp-Lintfort erkannte Todesstrafe ist am 8. April 1943 vorschriftsmäßig vollstreckt worden. Die Hinrichtung ist ohne Zwischenfall verlaufen. Sie hat vom Zeitpunkt der Vorführung bis zur Meldung des Scharfrichters, dass das Urteil vollstreckt sei, 14 Sekunden gedauert.«

Am Tag darauf erschien in einigen deutschen Zeitungen eine kleine Randmeldung: »Am 8. April ist der 55 Jahre alte Dietrich Tembergen hingerichtet worden, den der Volksgerichtshof wegen Begünstigung des Feindes zum Tode verurteilt hat. Tembergen hatte öffentlich versucht, den Widerstandswillen des deutschen Volkes zu untergraben«.

## IM NAMEN DES DEUTSCHEN VOLKES!

In der Strafsache gegen Frau Ehrengard Frank-Schultz geborene Besser aus Berlin-Wilmersdorf, geboren am 23. März 1885 in Magdeburg, zur Zeit in dieser Sache in gerichtlicher Untersuchungshaft, wegen Wehrkraftzersetzung, hat der Volksgerichtshof, 1. Senat, auf die am 2. November 1944 eingegangene Anklage des Herrn Oberreichsanwalts, in der Hauptverhandlung vom 6. November 1944, an welcher teilgenommen haben

als Richter: Präsident des Volksgerichtshofs Dr. Freisler,
Vorsitzender Landgerichtsdirektor Stier,
SS-Brigadeführer Generalmajor der Waffen-SS Tscharmann,
SA-Brigadeführer Hauer,
Stadtrat Kaiser,
als Vertreter des Oberreichsanwalts: Erster Staatsanwalt Jaeger,

für Recht erkannt:

Frau Frank-Schultz erfrechte sich zu der Behauptung, einige Jahre unter angelsächsischer Herrschaft seien besser als »die gegenwärtige Gewaltherrschaft«, . Sie hat also gemeinsame Sache mit den Verrätern vom 20. Juli gemacht. Dadurch ist sie für immer ehrlos geworden. Sie wird mit dem Tode bestraft.

Gründe:
Die Schwesternhelferin Vgn. [Volksgenossin] Erika Roeder hat uns soeben wie schon vor der Polizei Folgendes bekundet: In ihrem Lazarett habe ein Vg. Oberleutnant Wendelstein krank gelegen.

Durch ihn habe sie dessen Zimmervermieterin Frau Ehrengard Frank-Schultz kennengelernt und mit ihr sei sie auch noch zusammengekommen, nachdem Oberleutnant Wendelstein bereits aus dem Lazarett entlassen worden sei.

Am 21. Juli habe sie sich telefonisch bei Frau Frank-Schultz nach dem Ergehen Wendelsteins erkundigt: Frau Frank-Schultz habe sie zu sich gebeten und habe ihr dann erzählt, Oberleutnant Wendelstein, der im OKV tätig gewesen war, sei am 20. Juli mit festgenommen worden.

Nun sei sie verabredetermaßen in etwa wöchentlichen Abständen mehrmals bei Frau Frank-Schultz gewesen, um etwas über das Schicksal des Oberleutnants Wendelstein zu hören.

Als sie das nächste Mal gekommen sei, habe sie zum Ausdruck gebracht, es wäre doch furchtbar gewesen, wenn das Attentat geglückt wäre. Darauf habe Frau Frank geantwortet:

»Was heißt furchtbar! Es ist ein Jammer, dass es nicht geglückt ist. Hätte der Stauffenberg doch die Aktentasche richtig aufgesetzt, dass die Explosion zur vollen Wirkung gekommen wäre! Ich verstehe nicht, wie die Leute so ungeschickt sein können. Wenn sie es nicht richtig können, sollten sie doch lieber die Finger davon lassen!«

Eine Woche später habe Frau Frank-Schultz wieder bedauert, dass das Attentat keinen Erfolg gehabt habe, und davon gesprochen, die Offiziere würden nun degradiert und in ein Arbeitslager gebracht; »es ist gar nicht schade, sie werden stolz sein, dabei mitgewirkt zu haben«. Und bei einem weiteren Besuch habe sie, Schwester Erika Roeder, gefragt, was man sich denn eigentlich von dem Attentat versprochen hätte. Darauf habe Frau Frank-Schultz geantwortet:

»Dann wäre schon einige Tage Frieden. Es gäbe keine Bombenangriffe mehr. Besser einige Jahre unter englisch-amerikanischer Herrschaft als unter der gegenwärtigen Gewaltherrschaft.«

Sie habe auch davon gesprochen, dass ein neues Attentat bis zu einem bestimmten Datum im September verübt werden würde und dass es dann klappen würde. Vgn. Schwester Roeder hat das alles mit einer solch ruhigen Bestimmtheit und mit einer von Gewissenhaftigkeit zeugenden Zurückhaltung uns eben bekundet, dass wir selbst dann keinen Zweifel an der Richtigkeit ihrer Darstellung hätten, wenn nicht Frau Frank-Schultz das meiste selbst eingestanden hätte. Sie hat nämlich lediglich erklärt, die Äußerung mit dem »stolz sein« habe sie anders gemeint; sie habe sagen wollen, dass Wendelstein stolz sein könne, wenn er unschuldig in ein Arbeitslager käme. Das ist aber schon inhaltlich widersinnig und passt auch gar nicht zu der Einstellung, die Frau Frank-Schultz bei ihren anderen Erklärungen, die sie eingesteht, gezeigt hat. Wir haben deshalb gar keinen Zweifel, dass auch insoweit die Darstellung der Vgn. Erika Roeder richtig ist.

Frau Frank-Schultz weist zu ihrer Entschuldigung darauf hin, sie sei leberkrank. Leberkrankheit führt aber nicht zu solch gemeiner niedriger Gesinnung und zu ihrer Äußerung. Frau Frank-Schultz sagt weiter, der Oberleutnant Wendelstein, den sie, als er achtzehn Jahre alt war, kennengelernt habe, sei ihr sehr ans Herz gewachsen. Sie habe sich gewissermaßen als seine Mutter gefühlt. Und deshalb sei sie über seine Verhaftung erregt gewesen. Selbst wenn sie, deren einziger Sohn in Südwestafrika interniert ist, solche Gefühle gegenüber dem Oberleutnant Wendelstein gehabt haben sollte, ist das keine Begründung für ein solches verräterisches Verhalten. Viele Hunderttausende deutscher Mütter schweben oft monatelang in Ungewissheit über das Schicksal ihres vielleicht einzigen oder einzig übriggebliebenen leiblichen Sohnes. Keine kommt auf den Gedanken, ihre Sorge in solch' niederträchtigen Verrat umzusetzen.

Endlich hat Frau Frank-Schultz darauf hingewiesen, ihr Urgroßvater sei Schleiermacher und daher sei sie so religiös eingestellt. Aber erstens führt die religiöse Einstellung auch nicht zu solchem Verrat und entschuldigt ihn jedenfalls nicht. Und zweitens würde Schleiermacher, einer der Vorkämpfer im Befreiungskampfe unseres Volkes gegen Napoleon, sich im Grabe herumdrehen, wenn er wüsste, dass seine Urenkelin eine solche Verräter-Seele hat und außerdem sich auch noch erfrecht, sich dabei auf ihn zu berufen.

In Wirklichkeit ist zweierlei, was Frau Frank-Schultz zu ihrem Verrat getrieben hat:

1. Ihre Schwäche, die sie zum Defaitismus gebracht hat. Schwäche ist aber keine Entschuldigung, denn wir müssen alle stark sein. Und
2. ist es ihre durch und durch reaktionäre Einstellung, die in ihren Äußerungen sich Luft gemacht hat. Hat sie doch, wie die Vgn. Schwester Roeder uns weiter glaubhaft bekundet hat, auch vergesagt, es sei schrecklich, dass ein Mann aus so einfachen Verhältnissen, der gar nicht aus dem Offiziersstand stamme, wie der Reichsführer-SS, eine solche Aufgabe wie die des Oberbefehlshabers des Ersatzheeres bekommen habe!!!
3. Frau Frank-Schultz hat nach dem allen mit den Verrätern vom 20. Juli gemeinsame Sache gemacht. Sie hat damit einen Angriff auf die seelische Kriegskraft unseres Volkes

unternommen, zumal sie sich sogar bis zum Herbeiwünschen eines neuen Attentats und bis zu der Behauptung verstiegen hat, »einige Jahre anglo-amerikanischen Regimes seien besser als die gegenwärtige Gewaltherrschaft«.

Wer so handelt, der ist die personifizierte Schande selbst. Wer so handelt, hat sich als Verräter an unserem Volke und als Helfershelfer unserer Kriegsfeinde für immer ehrlos gemacht (§ 5 KSSVO, § 91 b StGB). Wer so handelt, muss aus unserer Mitte verschwinden. Würde hier ein anderes Urteil als das Todesurteil gefällt werden, so würden unsere Soldaten an der Front mit Recht zweifelnd fragen, ob denn die Eiterbasis des 20. Juli wirklich ganz herausgeschnitten ist, damit wir gesund und stark den Kampf zum Siege führen können.

Weil Frau Frank-Schultz verurteilt ist, muss sie auch die Kosten tragen.

gez.: Dr. Freisler, Stier

Am 8. Dezember 1944 wurde das Urteil vollstreckt. Bereits am 23. November hatte die Schwester der zum Tode Verurteilten an den Oberreichsanwalt beim Volksgerichtshof folgenden Bittbrief geschrieben:

*»Falls das Urteil an meiner Schwester, Frau Ehrengard Frank-Schultz, geb. Besser, ohne Gnade vollstreckt wird, bitte ich darum, dass mir die sterblichen Überreste in einer Urne zur Beisetzung auf dem Friedhof, wo ihr Mann und ihre Tochter ruhen, überlassen werden.*

*Es wäre für den einzigen Sohn meiner Schwester, der seit vielen Jahren in Deutsch-Südwest-Afrika als Farmer ansässig und seit Kriegsbeginn interniert ist, bei einer Rückkehr in die Heimat doch zu schmerzvoll, nicht einmal die Grabstätte seiner Mutter vorzufinden.*

*Aus diesem Grunde bitte ich, meinem Antrag stattzugeben.«*

Der Antrag wurde abgelehnt. Ein Vertreter des Oberreichsanwalts, Staatsanwalt Jaeger, teilte knapp mit: »Die Herausgabe der sterblichen Überreste wird verweigert«!

# 3

# DER MANN AM FALLBEIL

Johann Reichhart ist ein gehetzter Mann. Gestern noch war er in Wien, zuvor in Dresden und Berlin, nun ist er auf dem Weg nach München. Seit Jahren durchquert er mit der Bahn oder seinem Opel Blitz das Land. Ständig auf Dienstreise, im Auftrag der Gerechtigkeit. Sein Beruf: Scharfrichter. Unter seinem Fallbeil sterben gemeine Mörder, Räuber und Sexualverbrecher. Jetzt, im Jahre 1943, hat er es häufiger mit einem neuen Typus von Verurteilten zu tun: »Volksschädlingen«, »Wehrkraftzersetzern« und »Kriegswirtschaftsverbrechern«.

NS-Sondergerichte fällen Tag für Tag Todesurteile, gegen die es keinerlei Rechtsmittel gibt. Und so ist der Henker viel unterwegs, fährt von Hinrichtung zu Hinrichtung, um sein blutiges Handwerk auszuüben. Reichhart hat viel Routine darin, das Leben von Menschen zu beenden.

Vier Jahre zuvor ist seine Tätigkeit durch eine Rundverfügung des Justizministeriums über »Maßnahmen aus Anlass von Todesurteilen« neu geregelt worden. Auf 21 Schreibmaschinenseiten wurden akribisch alle Einzelheiten einer Hinrichtung aufgelistet, von der Bekanntgabe der Entschließung des Führers über den Vollstreckungsort und die Unterbringung des Scharfrichters bis hin zur Art der Vollstreckung und zum Verbleib des Leichnams – Punkt für Punkt. Alle Vorbereitungen zur Hinrichtung, so hieß es, seien möglichst rasch und geräuschlos umzusetzen.

Reichhart erfüllt diese »kriegsnotwendige« Tätigkeit zur vollen Zufriedenheit seines Arbeitgebers. Spätestens am Nachmittag des Tages vor der Vollstreckung reist er mit seinen beiden Gehilfen an, bezieht Quartier in nahegelegenen Diensträumen mit Schlafgelegenheiten, ausnahmsweise auch mal in einem Gasthof, nimmt danach die Hinrichtungsstätte in Augenschein und überzeugt sich von deren Funktionalität. Dann bekommt er ein Auftragsformblatt ausgehändigt, dessen Wortlaut er mittlerweile beinahe auswendig kennt: »Der Scharfrichter ... Reichhart ... wird beauftragt, den rechtskräftig zum Tode und zum dauernden Verlust der Ehrenrechte Verurteilten ... (Vor- und Zuname) ... mit dem Fallbeil hinzurichten, nachdem der Führer und Reichskanzler entschieden haben, dass der Gerechtigkeit freier Lauf zu lassen sei.«

Am 22. Februar 1943 wird der Gerechtigkeit wieder einmal freier Lauf gelassen. Reichhart erhält eine Nachricht, dass er in wenigen Stunden das Todesurteil an drei jungen Studenten zu vollstrecken habe. Nur vier

Tage zuvor, am 18. Februar, sind sie im Innenhof der Münchner Universität vom Hausmeister beim Verteilen von Flugblättern gegen das Hitler-Regime erwischt worden. Der Hausmeister verständigte umgehend die Geheime Staatspolizei, Gestapo, die die drei noch am selben Tag verhaftete und sofort in das berüchtigte Gestapo-Gefängnis im Wittelsbacher Palais einlieferte. Ihre Namen: Sophie und Hans Scholl, ein Geschwisterpaar, sowie Christoph Probst.

Die Verhandlung vor dem für Hochverrat zuständigen Volksgerichtshof findet an diesem Tag unter dem Vorsitz Roland Freislers statt. Nur wenige Monate als Präsident des Volksgerichtshofs im Amt, ist er eigens aus Berlin angereist. Er will an den dreien öffentlichkeitswirksam ein Exempel statuieren. Freislers Verhandlungsstil ist gefürchtet: Er brüllt die Angeklagten nieder, erniedrigt sie, verletzt alle noch halbwegs gültigen rechtlichen Grundlagen. Seine Verhandlungen gleichen stalinistischen Schauprozessen. Für die meisten Angeklagten, die sich vor dem fanatischen Richter zu verantworten haben, steht das Todesurteil bereits vor der Verhandlung fest.

Die Verhandlung dauert noch keine zwei Stunden, da durchschneidet Freislers eisige Stimme die Stille des Gerichtssaals: »Die Angeklagten Sophie Scholl, Hans Scholl sowie Christoph Probst werden zum Tode verurteilt!« Unmittelbar danach werden die drei Studenten in das zentrale Hinrichtungsgefängnis München-Stadelheim überführt, wo Scharfrichter Reichhart bereits der Auftrag zur sofortigen Vollstreckung in gewohnter Papierform vorliegt.

Reichhart und die Stadelheimer Justizbeamten kennen sich gut. Über die Jahre hat sich zwischen ihnen ein beinahe kollegiales Verhältnis entwickelt. Seit dem Inkrafttreten neuer Richtlinien für Scharfrichter kurz nach Kriegsbeginn ist die Zahl der Hinrichtungsstätten von elf auf vierzehn erhöht und sind die Zuständigkeitsbereiche der inzwischen vier Scharfrichter neu geordnet worden. Johann Reichhart ist in Stadelheim regelmäßig anzutreffen. Er ist für den »Bezirk II« zuständig, der die Vollzugsanstalten Dresden, Frankfurt-Preungesheim, München, Stuttgart und Wien umfasst. Als gebürtiger Bayer ist ihm Stadelheim von allen Arbeitsplätzen der angenehmste, seine »Heimathinrichtungsstätte«, wie er sie nennt. In den letzten Jahren hat er hier zahllose Todesurteile vollstreckt. Die Hinrichtung dreier so junger Menschen freilich ist auch für ihn nicht alltäglich.

Als Sophie Scholl von einer Gefängniswärterin hereingeführt wird, trägt sie ein weißes Kleid. Kurz zuvor ist es ihren Eltern gelungen, sie und ihren Bruder Hans noch einmal zu sprechen. Ein Abschied für immer. Sophie wirkt ruhig, den Vollzugsbeamten gegenüber ist sie freundlich. Vielleicht nehmen die Beamten deshalb das Risiko auf sich, den drei Todeskandidaten vor der Hinrichtung noch eine gemeinsame Zigarette zu überlassen.

Das Fallbeil steht in einer Holzbaracke im Gefängnishof. Reichharts Gehilfen packen die junge Sophie und legen sie auf die Richtbank. Sekunden später wird ihr Kopf vom Körper getrennt. Dann legt Hans seinen Kopf auf den Block. Bevor das kalte Eisen herunterschnellt, ruft er: »Es lebe die Freiheit!« Schließlich wird das Urteil an Christoph Probst vollstreckt. Drei junge Menschen, denunziert von einem Hausmeister wegen »unrechtgemäßen Verteilens« eines Flugblattes, zum Tode verurteilt von einem fanatischen NS-Richter. Ihre Hinrichtung, gleichgültig hingenommen von den deutschen Volksgenossen.

Die Gehilfen säubern das Fallbeil routiniert vom Blut der Hingerichteten, danach wird das Vollstreckungsprotokoll ordnungsgemäß unterzeichnet. Die Hinrichtungen sind, so vermerkt es das Protokoll nüchtern, »ohne besondere Vorkommnisse« im Beisein der bestellten Zeugen »im Namen des Volkes« ordnungsgemäß ausgeführt worden. Reichhart hat sein Henkershandwerk nach Vorschrift und störungsfrei erfüllt.

Nun darf er seine Rechnung stellen: 40 Reichsmark gibt es für ihn, 30 Reichsmark jeweils für die Gehilfen (eine Reichsmark entspricht dem heutigen Wert von 120 Euro). Bei einer Mehrfachvollstreckung wie an diesem Tag gibt es für jede Hinrichtung noch einmal gesondert 30 Mark. Eine Auswärtsprämie, sonst immerhin 60 Mark, kann Reichhart diesmal nicht geltend machen. Sie wird erst ab einer Entfernung von 300 Kilometern zwischen Wohnort und Hinrichtungsstätte ausbezahlt. Dafür aber kann er nach getaner Hinrichtungsarbeit endlich wieder einmal sein Haus in Gleißental nahe

Deisendorf aufsuchen, das er sich im Herbst 1942 hat kaufen können. Sein Einkommen ist aufgrund der immer zahlreicheren Todesurteile innerhalb weniger Jahre erfreulich gestiegen. 1943 fließen ihm neben seinem jährlichen Grundeinkommen von 3.000 Reichsmark weitere Sonderzahlungen für 764 durchgeführte Enthauptungen in Höhe von mehr als 41.000 Reichsmark zu. Reichhart, der als junger Mann eine Metzgerlehre absolvierte, ist nun als staatlich angestellter Scharfrichter finanziell ein gemachter Mann.

Davon hatte er immer geträumt. Sein Aufstieg begann nach dem Ende des Ersten Weltkriegs. Ohne Verletzungen 1918 aus dem Krieg heimgekehrt, versuchte er sich in diesen wirtschaftlich schwierigen Zeiten mit wenig Erfolg als Gastwirt, Buchvertreter und Tanzlehrer. Erst eine Offerte seines Onkels, der ebenfalls das Amt eines Scharfrichters ausübte, sollte die Wende bringen.

Franz Xaver Reichhart war gegen Ende des 19. Jahrhunderts in dieses Amt gelangt. Zunächst war er erster Gehilfe, ab 1894 dann Scharfrichter im Rang eines bayerischen Beamten. Als er mit 73 Jahren nach über dreißig Jahren in Pension ging, hatte er 58 Menschen geköpft. Trotz seines blutigen Handwerks sah er sich als frommen Christen. Für jeden Hingerichteten stiftete er eine Kerze und ließ auf eigene Kosten zur Rettung des Seelenheils der von ihm geköpften Verbrecher eine Totenmesse lesen.

Auf Vorschlag des Onkels übernimmt nun Neffe Johann, inzwischen 31 Jahre alt, das Scharfrichteramt.

Einerseits aus Verpflichtung gegenüber seinem Onkel, der ihm bei finanziellen Engpässen immer hilfreich zur Seite gestanden hat; andererseits, weil er sich Hoffnungen macht, in Zeiten anhaltender Wirtschaftskrise eine Festanstellung im bayerischen Staatsdienst zu erhalten. Und sicherlich kommt auch noch eine Portion Eitelkeit hinzu: Nun übt er ein Amt aus, das ihm Ansehen verleiht und die Macht, einen Menschen aus dem Leben in den Tod zu befördern. Später wird er sich gerne damit rühmen, der »schnellste Scharfrichter Deutschlands« zu sein. Am 27. März 1924 unterschreibt er seinen Arbeitsvertrag beim Ersten Staatsanwalt des Landgerichtsbezirks München I. In sperrigem Beamtendeutsch wird darin akribisch aufgelistet, was der Freistaat Bayern von seinem künftigen Scharfrichter erwartet. Reichhart ist nun bereit, Menschen zu töten, »im Namen des Volkes«.

1.
Ab 1.4.1924 übernimmt Reichhart die Ausführung sämtlicher in dem Freistaat zur Vollstreckung kommenden Todesurteile, soweit Vollstreckung durch Enthauptung mit dem Fallbeil erfolgt.

2.
Reichhart ist verpflichtet, zum Zweck der Vollstreckung von Todesurteilen auf Anfordern des Ersten Staatsanwalts bei dem Landgericht München I sich jederzeit zur Verfügung zu stellen. Eine Entfernung von seinem Wohnort über 24 Stunden hinaus ist nur mit der Zustimmung des Ersten Staatsanwalts bei dem

Landgericht München I zulässig. Reichhart verpflichtet sich, über seine Wahrnehmungen bei Hinrichtungen strenge Verschwiegenheit zu bewahren.

3.
Als Vergütung erhält Reichhart für jede Hinrichtung 150 Goldmark, ferner bei Vollstreckung von Todesurteilen außerhalb Münchens eine Aufwandsentschädigung einschließlich Übernachtungsgeld von täglich 10 Mark. Ersatz der Kosten einer Eisenbahnkarte 3. Klasse Personenzug von München zum Hinrichtungsort und zurück. Bei Hinrichtungen in der Pfalz kann die Benutzung eines Schnellzuges 3. Klasse vom Staatsanwalt München I genehmigt werden.

4.
Auslagen für den Transport der Fallschwertmaschine und Messer vom Verwahrungsort in München zum Hinrichtungsort und zurück, notwendige Straßenbahnkosten in München, die Eisenbahnkosten vom Wohnort nach München und zurück 4. Klasse sowie für die Benachrichtigung der Nachrichtergehilfen (zunächst zwei) werden nach Anfall ersetzt. Weitere Auslagen werden nur insoweit ersetzt, als die Genehmigung hierzu vom Ersten Staatsanwalt beim Landgericht München I oder dem Staatsanwalt des Hinrichtungsortes erteilt ist. Hierunter fallen beispielsweise Zeitüberschreitungen, Übernachtungen, Verzögerungen etc.

5.
Reichhart verpflichtet sich, zur Unterstützung bei Hinrichtungen zwei Nachrichtergehilfen anzunehmen. Die Wahl derselben

bedarf der Genehmigung durch den Ersten Staatsanwalt beim Landgericht München I.

6.
Die beiden Nachrichtergehilfen erhalten für jede Hinrichtung eine Vergütung von 60 Goldmark, eine Aufwandsentschädigung einschließlich Übernachtungsgeld von 6 Mark, Ersatz der Reisekosten vom Wohnort zum Hinrichtungsort und zurück in gleicher Weise wie der Nachrichter selbst, endlich den Ersatz etwa notwendig werdender Straßenbahnauslagen in München.

Johann Reichhart und seine Gehilfen können ans Werk gehen. Zuvor sind ihm von seinem Onkel alle notwendigen Handgriffe beigebracht worden, und er selbst hat die Zeit bis zu seinem Dienstantritt genutzt, um am Fallbeil zu üben. Zunächst mit Puppen, später an einer Leiche, die ihm von der Gerichtsmedizin zur Verfügung gestellt wurde.

Am 24. Juli 1924 ist es so weit: Im Landgerichtsgefängnis der niederbayerischen Stadt Landshut hat Reichhart seine erste Hinrichtung durchzuführen. Da es für den gesamten Freistaat Bayern nur eine Guillotine gibt, muss sie vom Standort München-Stadelheim jeweils zu den verschiedenen Einsatzorten transportiert werden. In aller Regel geschieht das mit der Bahn. Bevor das schwere Gerät auf Reisen geht, wird es noch Punkt für Punkt auf seine intakte Verwendbarkeit geprüft. Dazu wird – Ordnung muss sein – jeweils ein Protokoll erstellt:

*»In Anwesenheit eines Zeugen wurde die Kiste, welche die Fallschwertmaschine enthält, geöffnet. Die Fallschwertmaschine samt Zubehör mit Messern befand sich in den weiteren Kisten und lag vollständig und unversehrt vor. Hierauf wurde die Fallschwertmaschine an den Block angeschraubt, ein Messer eingesetzt und vom Nachrichter Reichhart eine zweimalige Probe vorgenommen. Die Probe ergab ein vollständig richtiges Funktionieren der Maschine. Sodann wurde die Maschine wieder auseinandergenommen und samt den Messern versperrt. Die Schlüssel nahm Erster Staatsanwalt Friedrich an sich.«*

Welches Messer vor Ort zum Einsatz kommt, entscheidet Scharfrichter Reichhart erst, nachdem er sich mit einem Blick durch den Spion der Gefängniszelle ein Bild von der körperlichen Konstitution des Todeskandidaten gemacht hat. Und dass er schon bald in Sekundenschnelle ein untrügliches Augenmaß dafür entwickelt hat, das jeweils richtige Messer einzusetzen, sollten seine Gehilfen später bestätigen.

Werden an einem Tag mehrere Hinrichtungen in Folge angesetzt, zieht man es vor, die Messer jedes Mal auszuwechseln. Erst Jahre später, als in den letzten Kriegsmonaten mitunter mehr als ein Dutzend Todesurteile an einem einzigen Tag zu vollstrecken ist, fehlt zum Auswechseln der Messer die Zeit. Reichhart ist nun ein vielbeschäftigter Mann. Im ersten Jahr seiner Scharfrichtertätigkeit vollzieht er sieben, im darauffolgenden Jahr neun Hinrichtungen. Doch dann werden immer häufiger, vor allem im Jahr 1928, Todesurteile in lebenslange Freiheitsstrafen umgewandelt. Das spricht für eine humanitäre Gesinnung innerhalb der Richterschaft der Weimarer Republik, hat aber zur Folge, dass Reichharts Scharfrichtereinkommen immer geringer wird. Am 11. März 1929 wendet er sich deshalb mit einem Antrag um Bewilligung eines nachträglichen Salärs an das bayerische Staatsministerium der Justiz:

»*Der Unterzeichnende stellt an das hohe Ministerium der Justiz die ergebenste Bitte, eine besondere Honorierung für das Jahr 1928 gütigst gewähren zu wollen. Gründe hierfür sind folgende: Meine letzte Vollstreckung war am 20. Januar 1928 in Kempten. Hatte in der Zwischenzeit oftmals sehr viel Geschäftsverluste durch das öftere Hinwarten. Da nun seit Letzterem sämtliche Mörder, die zum Tode verurteilt, begnadigt wurden, war ich in meinen geschäftlichen Reisen so gehindert, dass ich manche Woche keinen Pfennig verdient habe. Meine Familie besteht aus drei Kindern im Alter von 7 – 6 – 11/2 Jahren. Habe im Jahre 1927 auf 28 durch die letzte sehr schwere Entbindung meiner Frau 5 Ärzte, die Klinik, sowie bis zur Erholung meiner Frau 1.000 Mark bezahlen müssen. Mein Verdienst ist so minderwertig, dass ich mein Leben nur fristen kann mit 5 Personen, mein Durchschnittsverdienst ist 50 bis 70 Mark, aber oftmals verdiene ich die ganze Woche gar nichts … Stelle dadurch nochmals an das hohe Ministerium der Justiz Ergebenste Bitte, mir eine besondere Honorierung für das Jahr 1928 als Geld und für verlorengegangene Ehre zukommen zu lassen.«*

Das Ministerium kommt Reichhart entgegen und bewilligt ihm eine einmalige Sondervergütung in Höhe von 500 Reichsmark für entgangene Hinrichtungen. Auch erteilt es ihm die Erlaubnis für eine Nebentätigkeit gleich welcher Art. Für die »verlorengegangene Ehre« freilich kann auch das Ministerium keinen Ausgleich schaffen. Trotz staatlicher Sonderzahlung ist Reichhart enttäuscht. Er denkt daran, sein Scharfrichterhandwerk zu beenden. Zu prekär ist mittlerweile die wirtschaftliche Lage für ihn und seine Familie. Zeitweise übersiedelt er ins holländische Den Haag und versucht sich dort – unterbrochen von nur wenigen Hinrichtungseinsätzen in der Heimat – mit einem Gemüsehandel notdürftig über Wasser zu halten. Doch durch eine Indiskretion hat sich die wahre Identität des deutschen Gemüsehändlers in der holländischen Provinz herumgesprochen und die Kunden bleiben aus. Wer will schon bei einem deutschen Scharfrichter Obst und Gemüse kaufen?

Als am 30. Januar 1933 die Nationalsozialisten in Deutschland an die Macht kommen, ist für Reichhart Besserung in Sicht. Nach seiner Rückkehr wird ihm bedeutet, dass auf seine Erfahrungen als Scharfrichter im neuen Staat nicht verzichtet werden könne. Schon im Juni 1933 wird er mit einem neuen Vertrag ausgestattet, der ihm ein Jahreseinkommen von 3.000 Reichsmark garantiert. Die stattliche Anhebung ist auch der Tatsache geschuldet, dass die Justizministerien von Bayern und Sachsen eine Vereinbarung getroffen haben, dass Reichhart nun auch in Sachsen die Vollstreckung von Todesurteilen übernehmen soll. Fortan reist er, immer vornehm in Frack und mit Zylinder, auch nach Dresden und Weimar, wo ihm das Land Sachsen landeseigene Gehilfen zur Verfügung stellt. Zwar ist er nicht, wie er es sich immer gewünscht hat, verbeamtet worden, doch verfügt er nun wieder über ein regelmäßiges Einkommen, das dem eines Oberregierungsrats entspricht. Immerhin.

Wenige Monate später wird das Salär nochmals erhöht, auf jetzt 3.720 Reichsmark. Sein oberster Dienstherr ist nun nicht mehr das bayerische Justizministerium, sondern durch die Übertragung der Hoheitsrechte auf das Reich der Reichsjustizminister mit Dienstsitz in Berlin. Auch dort schätzt man schnell die tadellose Berufsauffassung des Scharfrichters Reichhart. Einem Karriereaufstieg steht nichts im Wege: Er gilt als treuer Anhänger der Hitler-Partei, als Mann, der sich bewusst in den Dienst des neuen Staates stellt, in dem er schon bald eine zweifelhafte Berühmtheit erlangen wird. Ein Henker, anpassungsfähig, obrigkeitshörig und mit der richtigen politischen Gesinnung – kurz: der ideale deutsche Hinrichter.

Über die richtige »deutsche« Hinrichtungsart indes wird im Justizministerium immer wieder diskutiert. Zur Klärung der Frage, welche Enthauptungsmethode die zweckmäßigste und »angemessenste« sei und ob auch andere Vollstreckungsmethoden – etwa Erschießung oder die »freiwillige« Einnahme von Gift – zur Anwendung kämen, wird im Ministerium eigens eine Kommission eingesetzt. Auf einer Sitzung im März 1934 vertreten die Kommissionsmitglieder unterschiedliche Ansichten.

Aus dem Protokoll:

Staatssekretär Dr. Freisler: »In Deutschland hat sich das Handbeil am meisten eingebürgert. Ich glaube, man sollte nach dieser Richtung hin nicht allzu viel ändern. Beim Fallbeil ist es schwieriger, die Hinrichtung geheim zu halten, besonders dann, wenn die Maschine transportiert werden muss. Das Fallbeil hat auch den Anschein des Seelenlosen und Unpersönlichen. Den Schierlingsbecher halte ich für diskutabel, möchte ihn aber nicht allgemein für zulässig erklären. Vielleicht steckt darin ein hoher sittlicher Wert.«

Senatspräsident Prof. Dr. Klee: »Für Handbeil; für Differenzierung des Vollzugs der Todesstrafe nach der Seite der Verschärfung, dagegen nicht nach der Seite der Milderung; kein Erschießen, kein Giftbecher.«

Prof. Dr. Nagler: »Gegen Differenzierung. Für Fallbeil.«

Prof. Dr. Dahm: »Tritt für Handbeil ein. In der Todesstrafe kommt die Überlegenheit des Staates, die Würde der Gemeinschaft zum Ausdruck. Dieser Gedanke erfordert eine würdige Form der Hinrichtung. Gegen Erhängen und Erschießen. Freitod nur in Ausnahmefällen als eine Art Gnadenmaßnahme.«

Reichsjustizminister Dr. Gürtner: »Zusammenfassend kann ich als Meinung der Herren feststellen [...] Es soll eine Hinrichtungsart geben, die Enthauptung, deren Vollzug zu vereinheitlichen ist. Die Frage, ob Handbeil oder Fallbeil, ist schwer zu lösen, da vielfach persönliches Erleben und die Tatsache eine Rolle spielt, in welchem Land jemand geboren und aufgewachsen ist. Ich habe eine gewisse Abneigung gegen das Handbeil und würde das Fallbeil vorschlagen, halte das aber nicht für die Kardinalfrage. Der Freitod ist mir sympathisch. Dazu aber wäre das Vorgelände zu erkunden, insbesondere wie sich etwa die christliche Weltanschauung dazu stellt.«

Staatssekretär Dr. Freisler: »Ich nehme an, dass die Frage, ob die Todesstrafe durch Enthauptung mit dem Handbeil oder mit dem Fallbeil erfolgt, vom Führer selbst entschieden wird [...] Enthaupten durch Muskelkraft enthält etwas Ursprüngliches, Männliches, Natürliches.«

Reichsjustizminister Dr. Gürtner: »Wenn es auf die Enthauptung abkommt, so würde die Enthauptung auf mechanischem Wege durch das Fallbeil bestimmt die Lösung für das Reich werden.«

Im Frühjahr 1936 entscheidet schließlich der Führer und Reichskanzler Adolf Hitler persönlich, dass im ganzen Deutschen Reich der Vollzug der Todesstrafe durch »die Guillotine« zu erfolgen habe. Nach einer Übergangszeit bis Mitte 1938, in der von den Scharfrichtern die vorerst letzten Hinrichtungen mit dem Handbeil vorgenommen werden, sind bis Ende 1938 alle als zentrale Hinrichtungsstätten vorgesehenen Vollzugsanstalten mit sogenannten »Fallbeilgeräten« ausgestattet.

In einer Rundverfügung des Reichsministeriums vom 25. August 1937, unterzeichnet vom späteren Volksgerichtshofpräsidenten Dr. Roland Freisler, mit dem Reichhart in den kommenden Jahren noch mehrmals Kontakt haben wird, sind zuvor in neuen »Richtlinien für Scharfrichter« (Aktenzeichen 1418-IIIa/4/953) für das gesamte Reichsgebiet neben Reichhart zwei weitere Scharfrichter bestimmt worden:

Ernst Reindel, Besitzer einer Abdeckerei in der Nähe von Magdeburg,

sowie Friedrich Hehr, ein gelernter Metzger aus Hannover.

Im Wortlaut der Richtlinien heißt es:

§ 1

1. Aufgabe des Scharfrichters ist es, auf Verlangen der Justizbehörde innerhalb des ganzen Reichsgebietes die Todesstrafe durch Enthaupten oder durch Erhängen zu vollziehen.
2. Die Reichsjustizverwaltung behält sich vor, den einzelnen Scharfrichtern die Hinrichtungen in bestimmten Vollzugsanstalten zuzuweisen.

§ 2

Der Scharfrichter muss jederzeit zur Dienstleistung zur Verfügung stehen. Er ist verpflichtet, die ihm erteilten Aufträge pünktlich auszuführen und den im Zusammenhang mit einem Vollstreckungsauftrag gegebenen Weisungen Folge zu leisten. Sofern er sich länger als für 24 Stunden von seinem Wohnort entfernt oder durch Krankheit oder andere Umstände an der Dienstleistung verhindert ist, hat er dies dem für seinen Wohnsitz zuständigen Oberstaatsanwalt sofort anzuzeigen.

§ 3

Der Scharfrichter wird von den Vollstreckungsbehörden zur Dienstleistung über den für seinen Wohnsitz zuständigen Oberstaatsanwalt angefordert. Die Gehilfen werden durch den Scharfrichter in unauffälliger Weise benachrichtigt.

§ 4

Der Scharfrichter ist verpflichtet, über die ihm erteilten Vollstreckungsaufträge und deren Erledigung vor und nach der Vollstreckung strengstes Stillschweigen zu bewahren und das Gleiche auch seinen Gehilfen zur Pflicht zu machen. Er hat sich ferner vor, bei und nach der Vollstreckung in jeder Beziehung einwandfrei zu verhalten und bei der Hinrichtung in einer dem Ernst der Handlung entsprechenden Kleidung zu erscheinen. Die Reichsjustizverwaltung behält sich vor, wegen der Kleidung nähere Weisungen zu geben.

§ 5

Der Scharfrichter hat die zu seiner Unterstützung nötigen Gehilfen, deren Zahl auf drei festgesetzt wird, selbst zu stellen: er ist für deren Wohlverhalten und angemessene Kleidung verantwortlich. Die Zahl der Gehilfen bedarf der Genehmigung des für den Wohnsitz zuständigen Oberstaatsanwalts.

§ 6

1. Der Auf- und Abbau des Richtgeräts ist Sache der Vollzugsanstalt.
2. Der Scharfrichter ist verpflichtet,
   a) vor jeder Hinrichtung das Richtgerät auf seine Brauchbarkeit zu prüfen;
   b) nach jeder Hinrichtung das Richtgerät und den Richtplatz zu säubern; die dazu erforderlichen Gerätschaften werden ihm von der Vollzugsanstalt zur Verfügung gestellt;
   c) den Hingerichteten einzusargen.

§ 7

1. Als Vergütung für die Vollstreckungen und die im § 6, Abs. 2 näher bezeichneten Leistungen erhält der Scharfrichter einen Betrag von 3.000 Reichsmark jährlich, der in monatlichen Teilbeträgen von 250 RM am Ersten des Monats im Voraus bezahlt wird.
2. Ferner erhält er und seine Gehilfen für jede Hinrichtung eine Sondervergütung von 60 RM. Die Sondervergütung erhöht sich auf 65 RM, wenn die Hinrichtung an einer Vollzugsanstalt, die mehr als 300 Kilometer vom Wohnsitz des Scharfrichters entfernt liegt, vorzunehmen ist.

   Tages- und Übernachtungsgelder werden nicht gewährt. Dagegen werden, wenn die Hinrichtung außerhalb des Wohnsitzes des Scharfrichters stattfindet, die Fahrtkosten

3. Klasse, einschließlich etwaiger Eil- und Schnellzugzuschläge, erstattet. Zur Benutzung von Schlafwagen (Liegewagen) bedarf der Scharfrichter in jedem einzelnen Fall die Genehmigung des für seinen Wohnsitz zuständigen Oberstaatsanwalts. Befindet sich der Scharfrichter bei Eingang eines Vollstreckungsauftrags aus außerdienstlichem Anlass nicht an seinem Wohnsitz, so wird der hierdurch entstehende Mehraufwand nicht erstattet.

Abs. 3 gilt für Gehilfen entsprechend.

3. Übernachten der Scharfrichter und seine Gehilfen in der für die Hinrichtung bestimmten Vollzugsanstalt, so brauchen sie hierfür ein Entgelt nicht zu entrichten. Für gewährte Beköstigung haben sie die tatsächlich entstandenen Auslagen zu erstatten.
4. Sonstige Auslagen werden dem Scharfrichter und seinen Gehilfen nur insoweit erstattet, als sie von dem für den Wohnsitz des Scharfrichters zuständigen Oberstaatsanwalt oder von dem Leiter der Vollstreckungsbehörde ausdrücklich genehmigt worden sind.
5. Der Scharfrichter ist berechtigt, einem sonstigen Erwerb nachzugehen, soweit seine Scharfrichtertätigkeit dadurch nicht beeinträchtigt wird.

§ 8
Wird ein Vollstreckungsauftrag zurückgezogen, so bestimmt der Reichsjustizminister nach billigem Ermessen, in welcher Höhe die im § 7, Abs. 2 vorgesehene Sondervergütung zu zahlen ist.

§ 9

1. Die feste Vergütung (§ 7, Abs. 1) wird von der für den Wohnsitz des Scharfrichters zuständigen Oberjustizkasse ausgezahlt.
2. Die Sondervergütung (§ 7, Abs. 2), die Fahrtkosten (§ 7, Abs. 3, 4) und die Auslagen (§ 7, Abs. 6) werden von dem Leiter der Vollstreckungsbehörde festgesetzt und dem Scharfrichter und seinen Gehilfen je gesondert unmittelbar zur Zahlung angewiesen.
   Der für den Wohnsitz zuständige Oberstaatsanwalt kann dem Scharfrichter und seinen Gehilfen auf die nach Abs. 2 zu zahlenden Beträge einen Vorschuss anweisen, der vom Leiter der Vollstreckungsbehörde entsprechend zu verrechnen ist.

§ 10

1. Die Reichsjustizverwaltung kann jederzeit erklären, dass sie die Dienste des Scharfrichters nicht weiter in Anspruch nehmen wolle. Wird die Abgabe dieser Erklärung nicht durch einen Grund veranlasst, der in der Person des Scharfrichters liegt, so zahlt die Reichsjustizverwaltung die feste Vergütung (§ 7, Abs. 1) noch sechs Monate weiter.
2. Der Scharfrichter kann jederzeit den Wunsch aussprechen, nach Ablauf einer Frist von drei Monaten seine Tätigkeit zu beenden.

§ 11

Der Rechtsweg wird für die Verfolgung von Ansprüchen aus diesen Richtlinien ausgeschlossen.

Die nationalsozialistische Gerichts- und Hinrichtungsmaschinerie beginnt in Gang zu kommen. Jedem der drei Scharfrichter werden klar umgrenzte Gebiete zugewiesen: Reichhart soll die bayerischen Todesurteile in München-Stadelheim vollstrecken; für seine Einsätze in Dresden und Weimar hat er die Münchner Guillotine mitzubringen. Ernst Reindel werden die Vollstreckungen in Berlin-Plötzensee, Breslau und Königsberg übertragen. Scharfrichter Hehr schließlich soll die Todesurteile in Hamburg, Hannover, Köln und im hessischen Butzbach vollziehen. Nach dem 1938 erfolgten Anschluss Österreichs werden die Einsatzbereiche nochmals geändert. Reichhart, inzwischen auch Parteimitglied geworden (am »Tag der Arbeit« am 1. Mai 1937), übernimmt nun auch die Hinrichtungen in Wien.

Der Umgang der drei Scharfrichter miteinander ist eher reserviert, durchaus nicht ohne Konkurrenz. Jeder mit einem starken Geltungsdrang ausgestattet, wollen sie ihren Dienstvorgesetzten in Berlin beweisen, dass sie ihr Handwerk routiniert und vor allem effizient beherrschen. Reichhart lässt die von ihm verwendete Guillotine von einem Tischler extra umbauen und das Kippbrett durch eine unbewegliche Bank ersetzen. Der mit einer Kriminalpatentzange gefesselte Delinquent wird dann von den Gehilfen mit blitzschnellen Handgriffen über die Bank gelegt und kurz festgehalten, bis das Fallbeil herabsaust. Und weil er auf die übliche Augenbinde, die dem Todeskandidaten vor der Hinrichtung angelegt wird, ebenfalls verzichtet, dauert der gesamte Tötungsvorgang bei Reichhart nur noch wenige Sekunden. Eine zeitsparende Erfindung, das müssen auch seine Henkerkollegen neidlos anerkennen.

Nicht nur die Art des Enthauptens ist für alle Scharfrichter vereinheitlicht worden, sondern auch die Vorgaben, wann die Vollstreckung zu erfolgen hat, haben die NS-Justizbürokraten im Berliner Ministerium neu geregelt. Waren zunächst Hinrichtungen in den Morgenstunden durchzuführen, so können sie ab 1942 zu jeder Tages- und Nachtzeit erfolgen. Auch die Zeit von der Verkündung des Urteils bis zu seinem Vollzug wird von anfänglich zwölf Stunden zunächst auf sechs und schließlich auf zwei bis drei Stunden verkürzt, so dass es vorkommen kann, dass ein Verurteilter in den Nachmittagsstunden von seiner für den Abend angesetzten Hinrichtung erfährt. Bald schon ist die Zahl der zum Tode verurteilten Gefangenen so hoch, dass weitere Hinrichtungsstätten und neue Scharfrichter in Dienst genommen werden. In 22 gleichmäßig über das Reichsgebiet verteilten Hinrichtungsstätten gehen nun Johann Reichhart und seine Scharfrichterkollegen mit routinierter Präzision ihrem blutigen Handwerk nach. Einzelhinrichtungen werden zunehmend zu Mehrfachhinrichtungen zusammengefasst, der Vollzug der Todesstrafe verliert vollends seinen Ausnahmecharakter. Seinen Schlussakt bildet in der Regel die Verwertung der Leiche durch die Anatomie.

»Hier ist der Ort, wo der Tod sich freut, dem Leben zu dienen«, diese Worte stehen über dem Haupteingang des Anatomischen Instituts der Berliner Universität an der Berliner Charité. Zu allen Zeiten war es nicht unüblich, die Leichen Hingerichteter der Anatomie für die Ausbildung des medizinischen Nachwuchses zur Verfügung zu stellen. An Leichen herrscht also ständiger Bedarf, und so sehen sich einige Institute auch jetzt bei der Leichenzuteilung benachteiligt, zumal einer großen Anzahl Anatomischer Institute nur eine begrenzte Zahl ortsnaher Hinrichtungsstätten gegenübersteht. Zwar sind bereits ab 1937 jeder der zentralen Hinrichtungsstätten durch eine Neuregelung des »Zuweisungs- und Verteilungsschlüssels der Leichen Hingerichteter« ein oder mehrere Anatomische Institute zugeordnet worden, dennoch kommt es immer wieder zu Klagen und Beschwerden, was die Überlassung der Leichen anbelangt, ja zu regelrechten Verteilungskämpfen.

Außerdem müssen die Leichen Hingerichteter auf Wunsch an die Angehörigen herausgegeben werden, was die Herren Anatomieprofessoren als »empfindliche« Störung der Forschung empfinden. Im April 1939 schlagen die Universitäten Köln und Greifswald dem zuständigen Staatssekretär im Reichsjustizministerium vor, »man möge doch darauf gesetzlich hinwirken, dass […] 1. eine Obduktion Hingerichteter nach den üblichen Regeln grundsätzlich gestattet wird und dass […] 2. die Vorschrift der Auslieferung des Leichnams an die Angehörigen aus einer Muss-Vorschrift in eine

Kann-Vorschrift überführt wird.« In diesem Fall würde es auf dem Weg über die Gefängnisverwaltung ein Leichtes sein, »das geeignete Material« zu erfassen.

Erst 1943 wird eine verbindliche Verfügung erlassen, wie bei Todesfällen in Justizvollzugsanstalten zu verfahren sei, freilich mit einer Reihe besonderer Regelungen. So wird die Herausgabe des Leichnams eines wegen Hochverrat, Landesverrat oder politischer Beweggründe Hingerichteten nur mit dem Einverständnis der Gestapo möglich, so als könne der Exekutierte über den Tod hinaus Geheimnisverrat üben. Insgesamt verändert sich die »Leichenbesorgungslage« für die nationalsozialistische Forschung und Lehre an den medizinischen Universitäten in dem Maße, wie die NS-Justiz in ihren tagtäglichen Terrorurteilen Menschen zum Tode verurteilt. Ein Mitarbeiter des Biologisch-Anatomischen Instituts der Universität Berlin unweit der Hinrichtungsstätte Plötzensee beschreibt später die Situation so: »Leichen gab es. Die Mehrzahl waren ganz überwiegend Leichen junger, gesunder Männer. Und noch etwas war der Mehrzahl von ihnen gemeinsam: Ihnen fehlte der Kopf. Knapp über der Schulterhöhe war ihr Hals säuberlich durchtrennt.«

Sein Chef, Institutsleiter Professor Stieve, sorgt sich angesichts der zunehmenden nächtlichen Luftangriffe dennoch um die reibungslose Anlieferung von Leichen Hingerichteter. In einem Gespräch mit Vertretern der Vollstreckungsbehörde wird Folgendes protokolliert:

*»Erwünscht ist, namentlich auch wegen der Störungen, die nachts durch Luftangriffe stattfinden können, die Vollstreckung von Todesurteilen in Berlin-Plötzensee auf den Abend zu verlegen, und zwar auf 20 Uhr. Professor Stieve war damit einverstanden und erklärte, dass die Leichen dann noch am selben Abend zur Anatomie abgeholt werden könnten, wenngleich der Leichenbedarf für das kommende Semester bereits jetzt gedeckt sei. Ein späterer Zeitpunkt sei für das Anatomische Institut aber nicht tragbar, weil sonst die Bearbeitung der Leichen zu Forschungszwecken sich zu spät in die Nacht ausdehnen würde, so dass die beteiligten Ärzte nicht mehr mit den Verkehrsmitteln nach Hause kommen könnten.«*

Ein Dokument der Banalität und Barbarei in barbarischen Zeiten. Busabfahrtszeiten diktieren die Uhrzeit der Hinrichtung. Als nach schweren Luftangriffen auf Berlin in der Nacht vom 3. auf den 4. September 1943 auch die Hinrichtungsstätte in Berlin-Plötzensee erheblich beschädigt wird, entwickeln die NS-Justizbürokraten umgehend Maßnahmen, damit der Vollzug der Todesstrafe nicht ins Stocken gerät.

Zu dieser Zeit warten mehr als 300 Verurteilte in den Zellen auf ihre Hinrichtung. Weil die NS-Justizbürokraten keinen Aufschub dulden, werden sie bis zur Wiederherstellung des Fallbeils kurzerhand in die für zuständig erklärte nahegelegene Hinrichtungsstätte in Brandenburg-Görden überführt. Ferner wird überlegt, die Verurteilten auf Schießständen der Wehrmacht durch Polizeikommandos erschießen zu lassen, was in einzelnen Fällen dann auch geschieht. Der amtierende Reichsjustizminister Thierack äußert gar den Gedanken, Gift oder Gas zu verabreichen, was jedoch für die Vollzugspraxis abwegig ist. Zudem beschließt sein Ministerium eine starke Vereinfachung des Gnadenverfahrens. Die Prüfung der Gnadengesuche soll nun im Eiltempo erledigt werden, um die Vollstreckung der Todesurteile zu beschleunigen.

Das forcierte staatliche Hinrichten kann fortgesetzt werden, wenn nicht mit dem Fallbeil, dann durch den Strang. Wenige Tage nach den Luftangriffen, am 7. September, wird der Auftrag zur Vollziehung der Todesurteile von zunächst 186 Gefangenen erteilt. Um 19.30 werden jeweils acht Verurteilte gefesselt hintereinander über die Höfe der Anstalt zum Hinrichtungsraum geführt und dort in Abständen von zwanzig Minuten von Scharfrichter Röttger und seinen Gehilfen gehängt. Wilhelm Röttger, gelernter Pferdemetzger und Fuhrunternehmer aus Berlin-Moabit, der mittlerweile als Verstärkung für die drei staatlich bestellten Henker rekrutiert worden ist, vollzieht von allen Scharfrichtern vor allem zwischen 1942 und 1945 die meisten Hinrichtungen. 3.000 Reichsmark Fixum, zusätzlich 30 Mark »Kopfprämie«, beträgt das Einkommen dieses freischaffenden Henkers, das er durch ein enormes Arbeitspensum erheblich zu steigern weiß.

Da er nicht alle acht Mann gleichzeitig hängen kann, lässt er sieben von ihnen vor dem Eingang warten, um sich dann einen nach dem anderen hereinführen zu lassen. Röttger selbst steht auf einem Trittpodest und legt den Verurteilten eine Schlinge um den Hals, nachdem die Gehilfen sie hochgehoben haben. Sobald er die Schlinge in einen Haken eingehängt hat, lassen die Gehilfen den Körper los. Die Bewusstlosigkeit tritt augenblicklich ein.

Ein Anstaltsgeistlicher, der an diesem Abend in Plötzensee anwesend ist, gibt später zu Protokoll:

*»Als nun an einem der folgenden Abende mich der Anstaltsleiter noch gegen 19 Uhr zur Anstalt herüberbitten ließ und mir eröffnete, dass der Justizminister soeben habe anrufen lassen, die 300 Todeskandidaten, die wir mit so viel Mühe nach dem Bombenangriff aus dem brennenden Haus gerettet hatten, sollten diese Nacht alle hingerichtet werden, da habe ich ihm voller Entsetzen entgegengehalten: ›Wie ist das möglich? Wir haben doch keine Hinrichtungsmaschine mehr?‹ Darauf der Anstaltsleiter: ›Der Justizminister hat es befohlen!‹ Mit vier Pfarrern mussten die Verurteilten vorbereitet werden. Mit Einbruch der Dunkelheit am 7. September gegen 19.30 Uhr begannen die Hinrichtungen.*

*Die Nacht war kalt. Ab und zu wurde die Dunkelheit durch Bombeneinschläge erhellt. Die Strahlen der Scheinwerfer tanzten über den Himmel. Die Männer waren in mehreren Gliedern hintereinander angetreten.*

*Sie standen da, zunächst ungewiss, was mit ihnen geschehen sollte. Dann begriffen sie.*

*Immer je acht Mann wurden namentlich aufgerufen und abgeführt. Die Zurückgebliebenen verharrten fast bewegungslos. Nur hin und wieder ein Flüstern mit mir und meinem katholischen Amtsbruder. Einmal unterbrachen die Henker ihre Arbeit, weil Bomben in der Nähe krachend niedersausten. Die schon angetretenen fünf mal acht Mann mussten für eine Weile wieder in ihre Zellen eingeschlossen werden.*

*Dann ging es weiter. Alle diese Männer wurden gehängt. Die Hinrichtungen mussten teilweise bei Kerzenlicht durchgeführt werden, weil das elektrische Licht ausgesetzt hatte. Erst in der Morgenfrühe, um acht Uhr, stellten die erschöpften Henker ihre Tätigkeit ein, um sie am Abend mit frischen Kräften wiederaufnehmen zu können. Bis zum nächsten Morgen um 8.30 Uhr wurden so die ganze Nacht hindurch mit wenigen Pausen 186 Menschen gehängt.«*

In diesem Hinrichtungswahn werden auch sechs Menschen gehenkt, die zuvor gar nicht auf der vom Reichsjustizministerium eingereichten Liste standen. Aber was gilt schon ein Menschenleben! Es spielt keine Rolle, ob ein Mensch nur wegen Nichtigkeiten zum Tode verurteilt oder zufällig in einer der Todeszellen eingesperrt worden ist. Allein im September 1943 richtet Röttger, um die Zahl der Verurteilten »weisungsgemäß schnell zu reduzieren«, insgesamt 324 Menschen in Berlin-Plötzensee und Brandenburg-Görden. Die Kopfprämie von 30 Reichsmark wird ihm von den NS-Schreibtischtätern umgehend überwiesen.

Spätestens seit 1943, als sich die Kriegseuphorie legt, nimmt der Widerstand gegen das NS-Regime zu. Besonders nach dem Attentat auf Hitler am 20. Juli 1944 werden von Sondergerichten immer häufiger Todesurteile verhängt, die die Scharfrichter kaum mehr bewältigen können. Deshalb werden sogenannte Parteihenker eingesetzt, die die traditionelle Scharfrichterschaft nicht nur verstärken, sondern auch mit ihr konkurrieren. Hatten 1937 drei staatlich bestellte Scharfrichter das Henkershandwerk verrichtet, standen sechs Jahre später auf der Liste der vom Reichsjustizministerium beauftragten Scharfrichter bereits neun Namen: Gottlob Bordt, Friedrich Hehr, Karl Henschke, August Köster, Johann Mühl, Wilhelm Röttger, Alois Weiss, Fritz Witzka und schließlich Johann Reichhart. 1944 kam noch Alfred Roselieb hinzu.

Für sie alle sind ab dem 17. Januar 1945 einmal mehr neue Richtlinien verbindlich. So wird der Paragraph 6 um einen Punkt erweitert: »An der Richtstätte wird der Deutsche Gruß vermieden«. Ergänzend wird die Möglichkeit eingeräumt, Todesurteile durch Erschießen oder Erhängen zu vollziehen. Erschießen kommt dann in Frage, »wenn die Vollstreckung durch Enthaupten Schwierigkeiten bereitet oder Verzögerungen mit sich bringt«.

Deutschland, Anfang 1945: Das Land versinkt in Schutt und Asche, der Untergang des »Tausendjährigen

Reiches« steht unmittelbar bevor, doch die NS-Henker verrichten weiterhin ihr blutiges Handwerk. Am Ende werden sie mehr als 16.000 Todesurteile vollstreckt haben. Davon 11.881 allein die drei Scharfrichter Johann Reichhart, Wilhelm Röttger und Ernst Reindel. Reindel ist es, der als gnadenloser »Schlächter von Berlin« Mitverschwörer des 20.-Juli-Widerstandes auf Befehl Hitlers an Fleischerhaken aufhängt. Sein grausames Tun wird im Auftrag des Reichsfilmintendanten Hinkel auf Wunsch Hitlers von einem Kamerateam gefilmt. Einer von ihnen wird später berichten:

*»Nachdem der Prozess beendet war, wurden wir kurzfristig vom Reichsfilm-Intendanten Hinkel nach dem Gefängnis Plötzensee befördert, um dort Aufnahmen von der Urteilsvollstreckung vorzunehmen. Im Gefängnis angekommen, stellten wir fest, dass der Raum für Filmaufnahmen viel zu dunkel war. Der Reichsfilmintendant sagte, dass auf jeden Fall Aufnahmen gemacht werden müssten, gleich wie sie ausfallen würden.«*

Noch am 16. April 1945 – Berlin ist bereits schwer umkämpft – finden in Plötzensee Hinrichtungen statt. Röttger, Reindel, Reichhart und Kollegen töten routiniert bis zuletzt. Skrupel? Nachdenklichkeit? Mitleid? Ein jeder tut nur seine »nationale Pflicht«. Ob am Fallbeil, im Gerichtssaal, im Justizministerium oder anderswo: Scharfrichter, Justizstaatssekretäre, Staatsanwälte, Richter, Gefängnisaufseher, Medizinprofessoren,

Ärzte, Kameraleute – sie alle erledigen ihre Aufgaben gewissenhaft und fanatisch für Führer, Volk und Vaterland. Bis zuletzt. Bis zum Untergang.

Der Krieg ist zu Ende. Verloren, sagen die Deutschen. Der Wahn hat ein Ende und damit die Barbarei. Die kollektive Reinwaschung beginnt. Niemand will mehr Täter, Mitläufer und Wegseher gewesen sein. Und Johann Reichhart? Muss er sich jetzt am Ende irgendwelche Vorwürfe machen? Kann nun Unrecht sein, fragt er sich, was vor wenigen Wochen noch Recht war? Hat er sich nicht immer an Recht und Ordnung gehalten? Hat er nicht nach bestem Gewissen sein Handwerk ausgeübt, so wie es die Herren im Justizministerium vorgegeben und in Rundverfügungen angeordnet hatten? Hat er nicht, wie es seine Pflicht und Aufgabe als Scharfrichter war, all die Urteile ordnungsgemäß vollstreckt, die Staatsanwälte gefordert und Richter gesprochen hatten? Verlässlich, gesetzestreu, konsequent.

München, 30. April 1945: Die Siegermacht Amerika besetzt München. Die Sieger sprechen Urteile über die Besiegten. Auch Todesurteile. Und diese müssen vollstreckt werden. Mitte Mai fahren US-Soldaten am Haus von Johann Reichhart in Gleißental vor. Hierhin hat er sich aus Angst vor Verhaftung zurückgezogen. Sie haben den Hinweis bekommen, dass sich der »damned Nazi-Murderer« dort aufhält. Sie greifen ihn auf, fesseln ihn an den Händen und bringen ihn in einem Jeep nach München in das Stadelheimer Gefängnis, wo er bis zum Ende des Krieges zahlreiche seiner mehr als 3.126 Todesurteile vollstreckt hat. Soll jetzt auch er als Kriegsverbrecher hingerichtet werden?

Doch die Haft des Scharfrichters ist nur von kurzer Dauer. Bereits nach einer Woche öffnen sich für ihn die Gefängnistore. Amerikanische Offiziere bringen ihn in das Gefängnis im nahegelegenen Landsberg am Lech, in dem einst Adolf Hitler nach seinem Putschversuch inhaftiert worden war und nun NS-Kriegsverbrecher die Zellen füllen. Reichhart ahnt, was die Amerikaner von ihm wollen: Sie brauchen ihn für jenes Handwerk, für das ihn der Freistaat Bayern während der Weimarer Republik und die Nationalsozialisten in den zurückliegenden Jahren gebraucht haben. Und so richtet Johann Reichhart schon wenige Wochen nach Kriegsende wieder – diesmal für die amerikanische Militärregierung.

Im Landsberger Gefängnishof werden zwei neue Galgen aufgebaut. Reichhart weiß auch damit umzugehen. Bereits 1942 hatte er selbst einen Galgen nach englischem Vorbild konstruiert, doch war dieser vom Reichsjustizministerium abgelehnt worden, weil die NS-Juristen für das Erhängen des Delinquenten die qualvollere Variante des Strangulierens vorzogen, das als besonders entehrende Strafe im gleichen Jahr neben dem Fallbeil wieder eingeführt worden war. Dabei heben zwei Helfer den Hinzurichtenden empor, und der Scharfrichter legt im gleichen Moment einen Strick um dessen Hals. Auf Kommando drücken die

Assistenten die Schultern des Gefesselten in Richtung Boden. Der Tod tritt nach wenigen Sekunden ein. Reichhart und seine Mannen erledigen das Töten am Galgen mit schneller Präzision.

Jetzt genießt der Henker Reichhart Privilegien. Wenn Todesurteile zu vollstrecken sind, wird er von einer Militärpatrouille im Jeep von seinem Wohnort Gleißental abgeholt und ins Landsberger Gefängnis chauffiert. Statt Geld gibt es überwiegend Konserven, Alkohol und Zigaretten – in diesen Nachkriegszeiten eine attraktive Währung. Einhundertfünfundsechzigmal knotet Reichhart den Strick, um Parteiprominenz, KZ-Schergen und SS-Wirtschaftsbonzen in den Tod zu befördern. Die amerikanische Militärjustiz ist von seinen Henkersdiensten so überzeugt, dass sie gar erwägt, ihn als Vollstrecker bei den im Nürnberger Kriegsverbrecherprozess verurteilen NS-Größen einzusetzen. Doch die Militärregierung besinnt sich. Reichharts Aufgabe wird darauf beschränkt, den US-Sergeanten Hazel Woods in die »Kunst des Erhängens am Galgen« einzuweisen. Woods ist es, der am 16. Oktober 1946 schließlich den Todeskandidaten den Strick um den Hals legt, darunter Ribbentrop, Keitel, Kaltenbrunner, Rosenberg, Frank, Frick, Streicher und Jodl.

Wenige Monate zuvor, im August 1945, ist bei der Münchner Stadtverwaltung eine an den damaligen Oberbürgermeister Karl Scharnagl adressierte Anzeige eingegangen, in der mit Hinweis auf Reichharts privilegierte Lebenssituation eine Strafverfolgung wegen seiner Henkerstätigkeit während der Nazi-Herrschaft und seine Enteignung gefordert werden. Die Anzeige wird an die zuständige Staatsanwaltschaft weitergeleitet, die jedoch wenig Interesse zeigt, gegen den ehemaligen NS-Scharfrichter strafrechtlich vorzugehen. Solange er noch für die amerikanische Militärregierung Henkersdienste verrichtet, will man offensichtlich nicht tätig werden. Schließlich ist Reichhart immer noch bayerischer Staatsbediensteter. Am 6. April 1946 und später am 7. Februar 1947 schließt das bayerische Staatsministerium der Justiz mit ihm einen neuen Arbeitsvertrag, der nun auch Grundlage für Reichharts Tätigkeit als Henker unter der US-Militärregierung ist.

Doch seine Lage wird prekär: Wenige Monate später, im Mai 1947, holt ihn die Militärpolizei aus seiner Wohnung und bringt ihn nach Moosburg an der Isar in ein Internierungslager. Es ist reserviert für »besondere Hoheitsträger der NSDAP« und für höhere SA- und SS-Angehörige. Hier trifft der frühere Scharfrichter auf Hitlers ehemaligen Vizekanzler Franz von Papen, auf Feldmarschall Hugo Sperrle, auch auf Emmy Göring, die Frau des Reichsmarschalls Hermann Göring. Sie ist es vermutlich, die ihrem zum Tode durch den Strang verurteilten Ehemann noch rechtzeitig die Zyankalikapsel in die Gefängniszelle geschmuggelt hat.

Reichhart ist also in bester Gesellschaft. Doch die prominenten Mithäftlinge meiden ihn, als sie erfahren, wer er ist. Als er sich später, im Dezember 1948, vor einer Spruchkammer in München wegen seiner

Henkerstätigkeit verantworten muss, zeigt er sich in seinem Schlusswort bitter enttäuscht darüber, wie vor allem die Justiz mit ihm umging:

*»Ich habe Todesurteile vollzogen in der festen Überzeugung, dem Staat mit meiner Arbeit zu dienen und rechtmäßig erlassene Gesetze zu befolgen. Erst jetzt ist mir so recht bewusst geworden, wie sehr ich in meinem blinden Glauben und Gehorsam vom Staat und seinen Oberen ausgenutzt, ja missbraucht worden bin. Ich habe Mörder, Gewaltverbrecher, Hochverräter und Volksschädlinge enthauptet und gehängt, weil ich an der Rechtmäßigkeit der Todesurteile nicht zweifelte. Ich werde aber alles tun, um sicherzustellen, dass ich der letzte Reichhart gewesen bin, der in das Amt des Nachrichters hineindrängte. Mögen künftig die Richter die Todesurteile selbst vollstrecken.«*

Nach zwei Verhandlungstagen wird Johann Reichhart als »Belasteter« der Gruppe 2 eingestuft. Ihm werden zehn »Sühnemaßnahmen« auferlegt:

„1. Einweisung in ein Arbeitslager für die Dauer von 2 Jahren zur Verrichtung von Wiedergutmachungs- und Aufbauarbeiten. Die bereits verbüßte Internierung von 1½ Jahren wird angerechnet.

2. Einziehung von 50 Prozent des Vermögens einschließlich Sachwerte.

3. Dauernde Unfähigkeit, ein öffentliches Amt einschließlich des Notariats und der Anwaltschaft zu bekleiden.

4. Verlust des Wahlrechts, der Wählbarkeit sowie des Rechts, sich irgendwie politisch zu betätigen oder einer politischen Partei als Mitglied anzugehören.

5. Verlust der Rechtsansprüche auf eine aus öffentlichen Mitteln zahlbare Pension oder Rente.

6. Verbot, Mitglied einer Gewerkschaft sowie einer wirtschaftlichen oder beruflichen Vereinigung zu sein.

7. Verbot auf die Dauer von 5 Jahren:
   a) in einem freien Beruf oder selbständig in einem Unternehmen oder gewerblichen Betrieb jeglicher Art tätig zu sein, sich daran zu beteiligen oder die Aufsicht oder Kontrolle hierüber auszuüben,
   b) in nichtselbständiger Stellung anders als in gewöhnlicher Arbeit beschäftigt zu sein,
   c) als Lehrer, Prediger, Schriftsteller, Redakteur oder Rundfunkkommentator tätig zu sein.

8. Der Betroffene unterliegt Wohnungs- und Aufenthaltsbeschränkungen nach Anordnung des Wohnungsamtes oder sonst zuständiger Stellen.

9. Er verliert alle ihm erteilten Approbationen, Konzessionen und das Recht, einen Kraftwagen zu halten.

10. Der Betroffene trägt die Kosten des Verfahrens. Streitwert: 26.000 Mark."

Johann Reichhart legt Berufung ein, der Ortsbürgermeister bescheinigt ihm Loyalität und Zuverlässigkeit, doch die Berufungskammer belässt es bei ihrem Urteilsspruch. Tief gekränkt verlässt er den Gerichtssaal, Arm in Arm mit seinem Sohn Hans, der das Spruchkammerurteil als eine einzige Demütigung empfunden hat, über die er nie mehr hinwegkommen sollte. 1950 scheidet er, gerade 23 Jahre alt, freiwillig aus dem Leben.

Insgesamt 3.126 Todesurteile – davon 250 Frauen – hat sein Vater von 1924 bis 1945 vollstreckt: an Mördern, Gewaltverbrechern, aber auch an Widerstandskämpfern und vermeintlichen Gegnern des NS-Regimes. Auf Befehl der amerikanischen Militärmacht henkte er weitere 156 Menschen. Seine 23 Jahre währende Scharfrichterkarriere hat ihn wohlhabend gemacht, allein 1943 verdiente er die gewaltige Summe von 41.748,20 Reichsmark. Am Ende jedoch ist er ein isolierter alter Mann, dem man noch eine bescheidene Invaliden- und Militärrente in Höhe von gerade mal 220 Mark im Monat genehmigt. Nebenbei betreibt er in Deisendorf bei München eine Hundezucht und gerät nur noch einmal in die Öffentlichkeit, als bekannt wird, dass er zum Ehrenmitglied eines Vereins zur Wiedereinführung der Todesstrafe e.V. ernannt wurde. Kurz vor seinem 79. Geburtstag stirbt Johann Reichhart 1972 in einem bayerischen Krankenhaus nahe München.

Nachtrag:
Johann Reichhart durfte kein öffentliches Amt mehr bekleiden, er wurde enteignet, ja selbst das Halten eines Autos wurde ihm untersagt. Er war bis zu seinem Tod ein geächteter Mann. Diejenigen, die ihm mit menschenverachtenden Gesetzen, skandalösen Anklagen und grausamen Urteilen die Menschen ans Schafott lieferten, was wurde aus ihnen? Wurden sie zur Rechenschaft gezogen? Oder waren sie lediglich »deutsche Beamte«, die geltendes Recht angewandt hatten?

Im Nürnberger Juristenprozess machten die Angeklagten von dieser Rechtfertigung vielfach nicht ohne Erfolg Gebrauch, als man ihnen Justizmorde und andere Gräueltaten zur Last legte und ihre tiefe Verstrickung mit den Nazis offenlegte.

Etwa achtzig Prozent der Richter und Staatsanwälte, die bis zum 8. Mai 1945 dem Terrorregime Hitlers zu Diensten gestanden, die zwischen 1933 und 1945 in Zivil- und Militärverfahren schätzungsweise 50.000 Todesurteile gefällt hatten und meistens auch vollstrecken ließen – sie alle saßen nach dem Krieg wieder in den Sälen Justitias der jungen Adenauer-Republik. Allein beim Bundesgerichtshof, der höchsten Instanz im Straf- und Zivilrecht, lag 1953 der Anteil NS-belasteter

Richter bei mindestens 72 Prozent, in den Strafsenaten 1962 gar bei achtzig Prozent. »Möglicherweise ist tatsächlich der Beweis erbracht«, schrieb später dazu der Historiker Jörg Friedrich, »dass ein Rechtsstaat auf einem Justizmassengrab stehen kann.«

Mit so viel Nachsicht und Wohlwollen durfte Johann Reichhart nicht rechnen. Er war nur ein vom Staat gebrauchter »Hinrichter«, und so traf ihn das Schicksal aller Scharfrichter: Er war Teil des Systems – aber niemand suchte seine Nähe.

4

# »MEIN GELIEBTER FÜHRER!«

In einem Berliner Antiquariat fiel mir ein Buch in die Hände, das sofort meine Neugier weckte. Nicht das Cover, auch nicht der Titel machte mich neugierig – es war der Untertitel: *Absonderliches aus den Akten des »Dritten Reiches«*. Ich blätterte auf den ersten Seiten, begann zu lesen – und kaufte das Buch, erschienen 1993 im Deutschen Taschenbuchverlag, herausgegeben von Helmut Heiber, einem langjährigen Mitarbeiter am renommierten Institut für Zeitgeschichte in München. Entdeckt hat er das Material im Rahmen seiner Forschungen zur Rekonstruktion verlorener Akten der Parteikanzlei der NSDAP in zahlreichen Archiven. Ein ebenso erschütternder wie irritierender Fund. Hier spricht Volkes Stimme, seine Verblendung und seine Verherrlichung von »Partei und Führer«, mit allen Erhöhungen, Peinlichkeiten, Schmeicheleien und bizarren Vergötterungen. Die Sammlung bietet einen bislang wenig erforschten Einblick in die Gemütslage von Hitlers Deutschen. Kurioses, Skurriles, Banales,

Groteskes – kurzum: Alltägliches aus der Mitte des »Führer-Volkes«. Schauen wir kurz hinein in dieses ungewöhnliche Kompendium: Briefe, Anfragen, Fürbitten, Huldigungen, Demutsbekundungen und Lobpreisungen.

Da bittet ein Düsseldorfer Standesbeamter in einem Schreiben an die NSDAP-Gauleitung um Entscheidungshilfe. Ein Parteigenosse möchte in Verehrung des Führers seine neugeborene Tochter auf den Namen »Adolfine« eintragen lassen:

*7.4.1933 – »Heute erschien dem mir unterstellten Standesbeamten ein Parteigenosse, der die Geburt seiner Tochter anmeldete und dem Kinde den Vornamen ›Hitlerine‹ beilegen wollte. Der mit der Registerführung beauftragte Beamte hatte Bedenken, diesen Namen einzutragen und holte meine Entscheidung ein. Ich habe daraufhin die Eintragung dieses Namens abgelehnt und dem Parteigenossen nahegelegt, dem Mädchen den Vornamen »Adolfine« zu geben, womit er sich auch einverstanden erklärt hat. [...]*

*Da uns Nationalsozialisten der Name unseres Führers viel zu hehr und heilig ist, als dass wir ihn dem Missbrauch nationalen Klischees ausliefern lassen, so wäre eine diesbezügliche baldige Entscheidung des Herrn Minister des Innern dringend erwünscht. Wenn ein Nationalsozialist seinen Sohn oder seine Tochter nach unserem Führer benennen will, so hat er ja die Möglichkeit, den Vornamen »Adolf« oder »Adolfine« beizulegen.«*

Die Schützengesellschaft Lambrecht e.V. wendet sich an die Reichskanzlei mit dem Wunsch, Adolf Hitler zum Ehrenschützenmeister ernennen zu dürfen:

*10.4.1933 – »Aus Freude und Dankbarkeit darüber, dass wir Deutsche Schützen an der Westmark, durch den 14-jährigen, unentwegten und heldenmütigen Kampf unseres jetzigen Reichskanzlers Adolf Hitler, wieder frei atmen und Deutschen Schützengeist wieder froh entfalten und den Schießsport ungehindert fördern können, wollen wir an dem kommenden Geburtstag unseres unvergleichlichen Führers 1. unsern Adolf Hitler zum Ehrenschützenmeister ernennen; 2. eine Ehrenscheibe ausschießen lassen.*

*Wir wären nun sehr dankbar, wenn wir bald Mitteilung darüber bekommen könnten, wie man über solche spontane Ehrungen unseres Helden durch kleinere Körperschaften denkt und ob man in der Umgebung unseres geliebten Adolf Hitler glaubt, dass man mit solchen Ehrungen, zumal diese jetzt so massenhaft geschehen, eine Freude bereiten kann.«*

Der Präsident der Landwirtschaftskammer der Provinz Brandenburg von Oppen-Dannenwalde schreibt ebenfalls an die Reichskanzlei. Denn eine Kirche möchte die neue Glocke nach dem Führer benennen. Eine Woche später darf sich die »nationalsozialistische gefestigte Gemeinde« über einen positiven Bescheid freuen:

*26.10.1934 – »Die Kirchengemeinde Dannewalde hat den Wunsch, ihre neue Glocke ›Adolf Hitler Glocke‹ zu nennen.*

*Der Antrag hierzu liegt bei der Privat-Kanzlei Adolf Hitler und ist von Staatsrat Kube als Gauleiter dringend befürwortet, aber noch nicht entschieden. Für die Kirchengemeinde Dannewalde, die ohne Übertreibung als eine äußerst nationalsozialistisch gefestigte Gemeinde angesehen werden kann, würde die Gewährung der Bitte eine große Freude sein. Zeichnung der Glocke, usw. ist alles bereits eingereicht.«*

3.11.1934 – Antwort aus der Reichskanzlei:

*»Obgleich der Führer und Reichskanzler es grundsätzlich ablehnt, dass Kirchenglocken mit seinem Namen benannt werden, will er in Ihrem besonderen Fall, da die Glocke bereits fertiggestellt ist, Bedenken nicht erheben und ist damit einverstanden, dass die neue Glocke in der Kirche zu Dannewalde seinen Namen trägt.«*

Gau- und Kreis-Ehrenliedermeister Carl A. M. Schiebold aus Leipzig wiederum bittet im Namen von »60 Deutschen Frauen und Jungfrauen«, seinem Führer einige Volksweisen vorsingen zu dürfen:

*23.3.1936 – »Unter meiner Leitung steht seit über 30 Jahren der auch von mir gegründete ›Frauenchor Leipzig-Süd‹. Wie hier vermutet wird, werden Sie, mein Führer, am Donnerstag nach Ihrer Rede wieder die Nacht im Hotel Haufe verbringen. 60 Deutsche Frauen und Jungfrauen bitten nun ebenso herzlich wie dringend darum, Ihnen nach der Kundgebung im Hotel einige Volksweisen vorsingen zu dürfen, um Ihnen zum Ausdruck zu bringen, wie tief und aufrichtig Sie gerade die deutsche Frau verehrt und wie sie auch in der ersten Pflege des Liedes deutsches Wesen und deutsches Empfinden zu bewahren sich bemüht.«*

In einer vertraulichen Mitteilung für die Fachgruppe Sortiment zeigt sich der Präsident der Reichsschrifttumskammer besorgt über die Tatsache, dass in einigen Buchhandlungen Exemplare von *Mein Kampf* antiquarisch angeboten werden, und bittet zu veranlassen, dass dies umgehend unterbunden wird:

*11.10.1938 – »Ich habe festgestellt, dass das Werk Adolf Hitler: Mein Kampf in den Auslagen von Buchhandlungen antiquarisch angeboten wird. Dieses Angebot ist in seiner kaufmännischen Grundlage in Ordnung. Dagegen berührt es jeden nationalsozialistisch denkenden Deutschen äußerst empfindlich, das Werk unseres Führers in unseren Tagen als ›antiquarisch‹ bezeichnet zu sehen.*

*Es wäre erfreulich, wenn dieser Hinweis genügen würde, jeden Sortimenter zu veranlassen, dass die antiquarisch angebotenen Exemplare aus den Auslagen verschwinden. So politisch antiquiert dürfte heute wohl kein*

*Sortimenter mehr sein, um diesem Hinweis nicht innerlich zuzustimmen.«*

Schließlich soll hier noch der Kriminaloberassistent Hugo Spesche zitiert werden, der strengstes Stillschweigen in einer geheimen Sache fordert:

*28.2.1944 – »Bei einem Kontrollgang durch die Reichskanzlei am 28.2.1944 stellte ich fest, dass die Tür von einem Abstellraum im Verbindungsgang von der Reichskanzlei (Voßstr. 6) zur Marmorgalerie mit einem Tintenstift mit folgenden Worten beschriftet war: ›Adolf Hitler, auch Du wirst sterben müssen‹! …*

*Der direkt vor der beschriebenen Tür stehende Posten der SS-Wachkompanie (Posten 5) SS-Schütze Vogler, welcher bei meinen Feststellungen zugegen war, wurde von mir aus taktischen Gründen angewiesen, strengstes Schweigen über die Sache zu bewahren.«*

Dokumente von erschütternder Trivialität und Banalität. Authentische Belege von devotem Gehorsam und peinlichen Demutsbekundungen.

Dem Herausgeber geht es – so schreibt er in seinem Vorwort – keineswegs darum, »irgendetwas zu entschuldigen oder zu verharmlosen«. Die Auswahl zeige, es gibt sie nicht: die Mythen »vom Bösen und Dämonischen der Nazis« einerseits und vom »schuldlos-makellosen Volk« andererseits. Die Herrschaft des Terrors und des Grauens integrierte beide Seiten:

die Vorderseite aggressiver Macht und die Rückseite schweigsamer Komplizenschaft.

Schweigsamer Gehorsam und folgsame Verblendung machten Unrecht, Verfolgung, Ausgrenzung und Vernichtung erst möglich. Es brauchte – so Helmut Heiber – nicht allein die willfährigen Zuträger und treuen Beamten; ohne deren Verwaltungsarbeit und Übersetzung in die Wirklichkeit, ohne deren vorbereitende Direktiven und Anordnungen hätten die Nationalsozialisten keine Angriffskriege planen und durchführen können, hätten sie nicht sechs Millionen Juden und andere Opfer von NS-Gewalt auslöschen können. Es brauchte auch das kollektive Einverständnis des »Führer-Volks«. Heibers Sammlung zeigt eindrucksvoll: Der nationalsozialistische Wahn war von nahezu einem ganzen Volk mitgetragen und bejubelt worden – bis zum bitteren Ende.

# 5

## ALLEIN GEGEN HITLER

München, 8. November 1939: Die Bombe explodiert zwanzig Minuten nach neun, Balken krachen, Mauern zerbersten, ein Teil der Decke stürzt ein. Schreie, Entsetzen, Panik. Sieben Menschen sterben unter den Trümmern, ein achter wird die Verletzungen nicht überleben. Über sechzig Personen sind teilweise schwer verletzt. Hitler, dem die Bombe galt, überlebt. Dreizehn Minuten vor der Detonation hatte er seine Rede in dem mit über 3.000 »alten Kämpfern« gefüllten Bürgerbräukeller in München beendet. Während die braunen Parteigenossen immer wieder in »Heil«-Rufe einstimmten, war ihr Führer vom Rednerpult gestiegen und hatte – ganz entgegen seiner sonstigen Gewohnheit – mit seinem Gefolge den Saal verlassen, um noch am Abend einen Sonderzug nach Berlin zu erreichen. Hätte Hitler noch an seinem Rednerpult gestanden, er hätte den Anschlag nicht überlebt. Als ihn im Zug die Nachricht vom Bombenattentat erreicht, sagt er zu seinen Begleitern: »Dass ich den Bürgerbräukeller früher als sonst verlassen habe, ist mir eine Bestätigung, dass die Vorsehung mich mein Ziel erreichen lassen will.«

Die nationale Hatz nach dem Attentäter hat ein rasches Ende. Noch während Hitler seine gekürzte Rede hielt, wurde ein schmächtiger Mann beim Versuch, die Grenze zur Schweiz illegal zu überschreiten, bei Konstanz festgenommen. Sein Name: Georg Elser, 36 Jahre alt, Schreinergeselle aus Königsbronn, einem kleinen Weiler, hoch oben auf der württembergischen Ostalb. Die Zöllner finden bei ihm belastende Gegenstände: eine Ansichtskarte vom Münchner Bürgerbräukeller, Drähte und Hülsen, ein Notizbuch mit Adressen von Sprengstofffabrikanten. Doch der kleine Mann schweigt. Die Beamten bringen Elser zur Gestapo. Die Verhöre werden härter. Ohne Erfolg. Am nächsten Morgen wird er nach München gebracht. Hier ermittelt eine Sonderkommission. Wieder stundenlange Verhöre. Diesmal bleibt es nicht bei Drohungen. Es setzt auch Prügel. Vier Tage lang. Ohne Ergebnis. Am fünften Tag haben die Vernehmer eine Idee: Sie wissen, dass die Bombe in Bodennähe installiert war, also vom Attentäter kniend angebracht worden sein muss. Elser wird aufgefordert, seine Hosenbeine hochzuziehen. Er zögert. Sekunden später werden die eiternden Wunden an den Knien sichtbar. Elser weiß, dass er überführt ist. »Was kriegt einer, der so etwas gemacht hat?«, fragt er jetzt.

Heinrich Himmler ist über das Ergebnis nicht sonderlich froh. Er braucht ein Komplott, keinen

Einzelgänger. Schon gar keinen rechtschaffenen deutschen Handwerker. Er will Drahtzieher und Auftraggeber aus dem Ausland. Am Rand des Vernehmungsprotokolls notiert er: »Welcher Idiot hat die Vernehmung geführt?« Sein Befehl: »Elser sofort nach Berlin.« Die Gestapo soll dafür sorgen, dass die Hintermänner ans Licht kommen.

Wer aber ist dieser unscheinbare Handwerker? Ein Möchtegernmärtyrer? Tatsächlich ist Georg Elser alles andere als ein idealistischer Spinner. Die Königsbronner kennen ihn als zurückhaltenden jungen Mann, der ein gewöhnliches Leben führt. Er ist kein Parteimitglied. Politik interessiert ihn nicht. Aber er leidet an dem, was um ihn herum, unter dem Jubel seiner Landsleute, passiert.

Die württembergische Ostalb ist eine Hochburg des Pietismus. Die Menschen dort verfügen über einen ausgeprägten Gerechtigkeitssinn. Und einer wie Elser, ein pedantisch-penibler Handwerker, will am liebsten sein eigener Herr sein. Ihm fehlt jede Voraussetzung dafür, sich an die nationale Aufbruchstimmung anzupassen. Sein Gerechtigkeitssinn, sein tief verwurzelter pietistischer Charakter geben ihm die Energie, von Herbst 1938 an über ein Jahr lang mit der ihm eigenen Gewissenhaftigkeit und Ausdauer das Attentat zu planen und vorzubereiten. Eine schwierige Gewissensfrage war dem vorausgegangen: Dem Pietisten ist Gewalt zutiefst fremd, seine Religiosität verbietet ihm eigentlich den Tyrannenmord. Elser entscheidet sich dennoch für den Anschlag. Er sieht keine andere Möglichkeit, das drohende Unheil zu stoppen. Ein Mann mit Eigensinn und Mut in einem Ozean von Opportunismus.

Er inspiziert in München den Bürgerbräukeller, fertigt Zeichnungen an, besorgt Sprengstoff. In der Nacht zum 5. August 1939 beginnt er, an der Säule zu arbeiten, die seine Bombe verbergen soll. Unter dem Schein seiner Taschenlampe bricht er Stück für Stück des Mauerwerks heraus. Den Schutt wirft er in die Isar. Er arbeitet 35 Nächte. In der Nacht zum 6. November ist er mit dem Einbau fertig. Einen Tag später kehrt er noch einmal zurück, um zu prüfen, ob die eingebauten Uhrwerke funktionieren. Dann fährt er nach Konstanz.

Drei Wochen später, nach seiner Verhaftung an der schweizerischen Grenze, seinem Geständnis in München und weiteren Verhören in den Räumen des Berliner Reichssicherheitshauptamtes, wird Elser aus dem Gefängnis abgeholt und in das achtzig Kilometer entfernte Konzentrationslager Sachsenhausen gebracht. Die Nazis planen, ihn in einem Schauprozess nach Kriegsende als Zeugen gegen den britischen Geheimdienst vorzuführen. Als Werkzeug britischer Spione, die Hitler töten wollten. Als ein für die NS-Propaganda wichtiger Häftling genießt er Vorzugsbehandlung. Er lebt in einer Zwei-Mann-Zelle, arbeitet in einer kleinen Schreinerei. Ansonsten wird er völlig isoliert. Kein Brief erreicht ihn, eigene Briefe bleiben unbeantwortet. Selbst seine Angehörigen, die wie andere Königsbronner nach dem gescheiterten Attentat von der Gestapo immer wieder verhört worden sind, wissen nicht, wo er sich aufhält.

Doch die Pläne der Nazis geraten durcheinander. Fünf Jahre später droht schon die Niederlage im Krieg. Der Kronzeuge Johann Georg Elser wird nicht mehr gebraucht. Ende 1944 wird er nach Dachau gebracht. Am 5. April 1945 erreicht ein Schnellbrief Himmlers den dortigen Lagerkommandanten. Darin heißt es knapp: »Wegen unseres Schutzhäftlings Elser wurde erneut an höchster Stelle Vortrag gehalten. Folgende Weisung ist ergangen: Bei einem der nächsten Terrorangriffe auf München bzw. die Umgebung von Dachau ist angeblich Elser verunglückt. Ich bitte zu diesem Zweck Elser in absolut unauffälliger Weise zu liquidieren.« Genauso wird verfahren. Am 9. April wird Elser rücklings von KZ-Wächtern erschossen.

In der Galerie deutscher Widerstandskämpfer führte Georg Elser lange ein Schattendasein. Anders als der vier Jahre ältere Graf von Stauffenberg eignete er sich nicht für die Rolle des staatlich verklärten Helden. Hier der gebildete Offizier, der zunächst den Verheißungen des NS-Regimes vertraut und engagiert mitgemacht hat und erst später umgekehrt ist, dann aber entschieden zur Tat schritt. Dort der spröde, zurückhaltende Schreinergeselle Elser, der bereits 1939, als Stauffenberg und Millionen andere Deutsche noch dem Führer zujubelten, als Schreinergeselle mit Volksschulabschluss den mörderischen Charakter des Regimes erkannte und den Entschluss zum Attentat fasste.

Stauffenberg verstand sich zuerst als Soldat, ganz nach der jahrhundertealten Tradition seiner Familie. Obwohl er später jede Begeisterung für den Nationalsozialismus verlieren sollte, hatte er für die parlamentarische Demokratie zeitlebens nur Verachtung übrig. Sein Moralverständnis war ein vielschichtiges Konglomerat aus katholischer Lehre, aristokratischem Ehrenkodex, dem Ethos des alten Griechenlands und deutscher romantischer Dichtung. Sein kühner Entschluss, Hitler mit einer Bombe zu töten, war eher Ausdruck von militärischen als von moralischen Überlegungen. Der Zufall, durch den Hitler mit dem Leben davonkam, die aussichtslose Lage der Mitverschwörer, die hastige Hinrichtung Stauffenbergs – das alles ist eine tiefe Tragödie. Graf von Stauffenberg war ein mutiger Patriot, aber auch ein strikter Antidemokrat. Als Superheld eignet er sich nicht.

Wohin aber mit Elser? »Georg Elser war eine Herausforderung. Er machte deutlich, dass ein einfacher Mann aus dem Volke sich zu einer weltgeschichtlichen Tat aufraffen konnte. Er strafte all jene Lügen, die sich weiterhin einredeten, sie hätten dem Terror des NS-Staates nichts entgegensetzen können«, konstatieren die Historiker Peter Steinbach und Johannes Teichel. Seine Tat beschämte die Deutschen.

Das hat sich in den letzten Jahren geändert. Mittlerweile gibt es ein gut gesichertes Bild der Motive Elsers, das die Gerüchte und Diffamierungen aus der NS-Zeit, die sich um seine Tat rankten, ebenso widerlegt wie manche bizarre Nachkriegsdeutung. Auch in seiner Heimat erinnert man sich nun an den Tischlergesellen. In Zusammenarbeit mit der Stiftung Gedenkstätte Deutscher Widerstand wurde eine kleine Erinnerungsstätte eröffnet. Schließlich war es der damalige Bundeskanzler Helmut Kohl, der Georg Elser in seiner Rede zum fünfzigsten Jahrestag des 20. Juli 1944 ausdrücklich hervorhob. Der Historiker Joseph Peter Stern nannte Elser einmal einen »Mann ohne Ideologie«. Vielleicht macht ihn das zu Stauffenbergs wahrem Antagonisten.

# 6

## KEINE STUNDE NULL

Spätsommer 1945. Aus einem Volk von Jublern war ein Volk von Stummen geworden. Aber empfanden die Deutschen, die Opfer und Täter zugleich waren und so viel Leid über andere Völker gebracht hatten, so etwas wie Scham? Oder fühlten sie sich nur auf der Verliererseite? Konnten sie begreifen, was geschehen war, was sie mitgemacht und zugelassen hatten? Die Stunde null sollte auch die Stunde der notwendigen »Säuberung« der Deutschen werden. Dazu trafen sich auf Schloss Cecilienhof bei Potsdam die drei Hauptalliierten und unterschrieben ein Dekret, in dem es hieß: »Alle Mitglieder der nationalsozialistischen Partei, welche mehr als nominell an ihrer Tätigkeit teilgenommen haben, [...] sind aus den öffentlichen und halböffentlichen Ämtern zu entfernen. Diese Personen müssen durch Personen ersetzt werden, welche nach ihren politischen und moralischen Eigenschaften fähig erscheinen, an der Entwicklung wahrhaft demokratischer Einrichtungen in Deutschland mitzuwirken.«

Ein Volk stand vor einer politischen und moralischen Reinigungsprozedur durch die Siegermächte. Und das, was die Siegermächte Entnazifizierung nannten, war als Vorbedingung für eine kollektive Rehabilitierung der Deutschen konzipiert. Mit dem Dekret sollte die Säuberung ehemaliger NSDAP-Mitglieder auch in geordnetere Bahnen gelenkt werden, denn schon hatte in den einzelnen Besatzungszonen auf höchst unterschiedliche Weise die Verfolgung und Erfassung früherer Nazis begonnen. Lokale »antifaschistische Komitees« verhinderten, dass ehemalige NS-Funktionäre untertauchten, gelegentlich kam es sogar zu Racheakten. Daran aber hatte der Alliierte Kontrollrat keinerlei Interesse. Die Entnazifizierung sollte einheitlich und allein in seiner Zuständigkeit durchgeführt werden. Anfang 1946 wurde eine weitere Direktive erlassen, in der genau definiert und kategorisiert war, welche Personen aus welchen Ämtern und Stellungen entfernt werden sollten. Eine zusätzliche Verordnung im Oktober 1946 legte gemeinsame Richtlinien für ganz Deutschland zur Bestrafung von Kriegsverbrechern und Nationalsozialisten fest, die das NS-Regime gefördert und unterstützt hatten.

Ein schwieriges Unterfangen. Wer war Täter, wer nur ein Mitläufer? Hatte nicht jeder eine Ausrede, eine Erklärung? Damit die »Potsdamer Grundsätze« auch in die Praxis umgesetzt werden konnten, einigte man sich zunächst auf fünf Gruppen zur »Heranziehung von Sühnemaßnahmen«: Hauptschuldige, Belastete

(Aktivisten, Militaristen und Nutznießer), Minderbelastete, Mitläufer und Entlastete (Personen, die vor Spruchkammern nachweisen konnten, dass sie unschuldig waren).

Ein Volk auf dem Prüfstand. Die Siegermächte gingen in ihren Besatzungszonen nun daran, die desillusionierten Hitler-Deutschen zu »säubern«. Ein Volk, das sich zwar als Verlierer fühlte, aber nicht unbedingt schuldig. Mit großem Elan begannen die Amerikaner. Sie verteilten einen sechsseitigen Fragebogen, der von den Deutschen auszufüllen war. Auf 131 Fragen – vom Körpergewicht über Vermögensverhältnisse, Militärdienst, Auslandsreisen, Vorstrafen bis hin zu religiösen Bindungen – wurden eindeutige Antworten verlangt. Unvollständigkeit und Auslassungen standen unter Strafe. Kernstück des Fragebogens waren die Punkte 41 bis 95, unter denen wahrheitsgetreue Angaben über die Mitgliedschaften in nationalsozialistischen Organisationen gefordert wurden. Richter, Staatsanwälte und Rechtsanwälte mussten zudem einen Ergänzungsbogen ausfüllen, dessen erste Frage der Mitgliedschaft beim Volksgerichtshof galt. Des Weiteren wurde nach Kontakten zur Gestapo, nach Art und Zahl der geführten Prozesse oder nach ihrer Beteiligung daran sowie nach Einzelheiten der bisherigen Justizkarriere gefragt.

Anfang Dezember 1945 waren bei den amerikanischen Dienststellen mehr als dreizehn Millionen Fragebogen eingegangen. Die Säuberung beschränkte sich darauf, die Angaben, wenn möglich, zu überprüfen und auf diese Weise die belastete NS-Spreu vom unbelasteten Weizen zu trennen. Die schlimmsten Nazis fielen in die Kategorie »automatischer Arrest«, andere wurden aus ihren Arbeitsverhältnissen entfernt, harmlose Mitläufer durften ihre Arbeitsplätze und Ämter behalten.

In der französischen und der britischen Zone beschränkte man sich in erster Linie darauf, die personellen Eliten des NS-Systems auszuwechseln. Es galt, die Versorgung und Verwaltung nicht zu gefährden, und so praktizierte man die Säuberung nicht allzu streng. Im Vordergrund standen nicht juristische, sondern pragmatische Lösungen. In der britischen Zone beispielsweise trat neben die Bezeichnungen »politisch nicht tragbar« und »politisch tragbar« die Zwischenbewertung »tragbar mit Amtsveränderung«. Das half, viele personelle Engpässe zu vermeiden.

Insgesamt brachten die Entnazifizierungsprozeduren vielfältige Probleme mit sich. Einerseits verursachte die Säuberung empfindlichen Personalmangel, nicht allein in den Führungspositionen; andererseits störten beispielsweise die Internierungslager, in denen im Frühjahr 1946 weit über 100.000 Deutsche der Kategorie »automatischer Arrest« inhaftiert waren, den Demokratisierungsanspruch der westlichen Besatzungsmächte.

Am konsequentesten wurde die Säuberung ehemaliger Exponenten des NS-Regimes in der sowjetischen Besatzungszone durchgeführt, denn hier verfolgte man im Zusammenhang mit einer grundlegenden

»antifaschistisch-demokratischen« Umwälzung einen radikalen personellen Neubeginn. Freilich, auch dort rückte bereits ab 1947 der Gedanke der Rehabilitierung in den Vordergrund, vor allem, wenn es sich um einfache NSDAP-Mitläufer handelte. Die Justiz sollte sich ausführlich mit den Vergehen der Aktivisten beschäftigen – doch gab es noch Richter?

Bereits im September 1945 hatte die sowjetische Militäradministration den Aufbau einer demokratischen Justiz befohlen, worin ehemalige NS-Juristen keinen Platz finden sollten. Beinahe neunzig Prozent des Justizpersonals wurden danach entlassen. Um das entstandene Vakuum rasch zu füllen, wurden sogenannte Volksrichterschulen gegründet, in denen Laien in Schnellkursen die Rechtsprechung erlernten.

Weitaus laxer war in dieser Frage eine Anordnung der britischen Militärregierung, nach der immerhin fünfzig Prozent der eingesetzten Richter und Staatsanwälte Mitglieder der NSDAP gewesen sein durften. Diese Klausel, damals als »Huckepack-Regelung« bezeichnet, hatte den Vorteil, dass ein Unbelasteter einem früheren Parteimitglied den Weg in den Justizdienst ebnen konnte.

Insgesamt jedoch war bereits Ende 1947 das Interesse vor allem der Alliierten an der Entnazifizierung erkennbar erlahmt. Die Säuberung von außen, auf die Nürnberger Prozesse gegen die NS-Prominenz anspielend auch »Nürnberg des kleinen Mannes« genannt, war gescheitert. So wurden die Aufgaben bald den neu errichteten Bundesländern übertragen, die zu diesem Zweck Spruchausschüsse bildeten. Mit zweifelhaftem Erfolg.

Noch immer waren viele Deutsche der Meinung, der Nationalsozialismus sei im Großen und Ganzen eine gute Sache gewesen, die allenfalls schlecht durchgeführt worden sei. Nun sollten diese Deutschen in Eigenregie ihre Entnazifizierung organisieren.

Doch alle Versuche, die anständigen Deutschen von den Nazis, die anständigen Nazis von den schlimmen Deutschen zu trennen, erwiesen sich als unmöglich. Kaum einer mochte als Belastungszeuge auftreten, an Entlastungszeugen dagegen herrschte kein Mangel. Die Deutschen fühlten sich durch die Niederlage schon genug bestraft. Schuldbewusstsein, Sühnebedürfnis oder Scham hatten keinen Platz.

Die »wahren Schuldigen« sollten geahndet, die gutgläubigen Nazis aber – das war die vorherrschende Meinung – in Gnaden entlassen werden. So setzte sich ein sehr eng gefasster Begriff des Nazis durch, der allein exponierte Parteifunktionäre, NS-Verbrecher und KZ-Schergen berücksichtigte, nicht jedoch all die Zellenleiter und Blockwarte, Kassenverwalter und Unterführer, die stets nur das »Beste für Deutschland und das deutsche Volk« gewollt hatten. Und auch die Komplizen in herausragenden Positionen, die Offiziere, die Wirtschaftsmanager, die Bürokraten, die Professoren und die Juristen – sie alle fielen durch das grobe Raster der Entnazifizierung.

Diejenigen, die jetzt die gigantische Selbstreinigung vornahmen – die Vertreter der neugeschaffenen Parteien –, waren zwar unbelastet, aber überfordert, und jene, die in den Spruch- und Berufungskammern ihren Juristenverstand bereits wieder für die »deutsche Sache« einsetzten, einigte vor allem das Bedürfnis, mit der NS-Vergangenheit endlich Schluss zu machen.

Viele Richter, geübt in Anpassungsfähigkeit und Opportunismus, die jetzt damit betraut waren, die Vergangenheit zu entsorgen, begriffen – wen konnte es wundern – die ihnen übertragene Säuberung ganz positivistisch vor allem als Prozedur zur Rettung der eigenen Karriere und der ihrer Zunftkollegen.

Sie bemühten sich redlich, dass kein Kollege brotlos wurde. Wem Unbedenklichkeit bescheinigt wurde, der zählte nicht länger als belastet. Wer unter Hitler grausame Strafen und Todesurteile ausgesprochen hatte, der musste nicht unbedingt ein Nationalsozialist gewesen sein. Waren sie nicht lediglich Vollstreckungsbeamte, die geltendes Gesetz angewandt hatten? Und Treue zum Gesetz konnte doch wohl niemanden zum Kriminellen machen? Diese Logik sollte in den nächsten Jahren zur eisernen Rechtsüberzeugung werden, wann immer man über die Rolle der NS-Justiz zu verhandeln hatte, was nur selten der Fall war.

Die Formel von der bloßen Pflichterfüllung kursierte unter den ehemaligen NS-Juristen, häufig mit dem Hinweis, damit Schlimmeres verhindert zu haben. Eine

Rechtfertigung, die bereits im Nürnberger Juristenprozess nicht ohne Erfolg strapaziert worden war.

Im dritten von insgesamt zwölf Prozessen, die von den Amerikanern im Lauf des Tribunals gegen die Hauptkriegsverbrecher durchgeführt wurden, hatten sich am 17. Februar 1947 sechzehn deutsche Juristen wegen Kriegsverbrechen, Verbrechen gegen die Menschlichkeit und Organisationsverbrechen zu verantworten. Die Juristen, für die Anklagevertreter »die Verkörperung dessen, was im Dritten Reich als Justiz angesehen wurde«, standen stellvertretend für die gesamte deutsche Justiz vor Gericht. Freilich, die exponiertesten Vertreter waren ohnehin nicht mehr zur Verantwortung zu ziehen: Reichsjustizminister Gürtner war bereits 1941 gestorben, sein Nachfolger Thierack hatte nach Kriegsende in einem englischen Straflager Selbstmord begangen, ebenfalls Reichsgerichtspräsident Bumke, der nach dem Einmarsch der US-Armee in Leipzig seinem Leben ein Ende setzte. Nun waren also sechzehn prominente Repräsentanten der Justiz angeklagt worden, für die man hinreichendes Beweismaterial hatte herbeischaffen können. Für das Reichsjustizministerium standen der ehemalige Staatssekretär und zeitweilige kommissarische Justizminister Dr. Franz Schlegelberger, der ranghöchste Angeklagte, sowie die beiden Staatssekretäre Curt Rothenburger und Ernst Klemm vor Gericht, außerdem der Generalstaatsanwalt Joël und weitere drei Ministerialdirigenten. Zwei Angeklagte schieden wegen Haftunfähigkeit und durch Selbstmord vorzeitig aus dem Verfahren aus. Für den Bereich der Staatsanwaltschaft hatten sich der frühere Oberreichsanwalt beim Volksgerichtshof, Ernst Lautz, und Reichsanwalt Paul Barnickel zu verantworten, für die Sondergerichte drei Vorsitzende aus Nürnberg und Stuttgart, für den Volksgerichtshof schließlich der Präsident des Vierten Senats, Günther Nebelung, sowie ein Laienrichter.

Sie alle waren exemplarische Justiztäter. Es ging in diesem Prozess ohnehin weniger darum, Einzeltaten nachzuweisen – die gleichwohl ausführlich zur Sprache kamen –, sondern darum, zu zeigen, dass die Justiz bis zuletzt Teil und Komplize des nationalsozialistischen Terrorsystems gewesen war. Hauptanklagepunkte waren die »Justizmorde und andere Gräueltaten, die sie dadurch begingen, dass sie Recht und Gerechtigkeit in Deutschland zerstörten und dann in ›leeren Hüllen der Rechtsformen‹ zur Verfolgung, Versklavung und Ausrottung von Menschen in einem Riesenausmaß benützten«, wie es die Anklagevertretung formulierte.

Die Beweisaufnahme fiel für die deutsche Justiz ebenso vernichtend aus wie für die einzelnen Angeklagten. Hier standen nicht allein fanatische Nationalsozialisten wie Freisler oder Thierack, sondern vielmehr exemplarische Vertreter des konservativen Juristenstandes vor Gericht, aber gerade diese Tatsache offenbarte die tiefe Verstrickung der Justiz mit dem braunen Terrorregime. Sie entpuppten sich als Prototypen willfähriger

Juristen, ohne die die nationalsozialistischen Machthaber nicht überlebensfähig gewesen wären.

Insgesamt wurden 138 Zeugen gehört, über 2.000 Beweisanträge geprüft. Nach zehnmonatiger Prozessdauer – nachdem sich das Gericht ausgiebig mit den vielfältigen Untaten der Justiz beschäftigt hatte, den »Nacht-und-Nebel-Erlassen«, der Polenstrafrechtsverordnung, der Kooperation zwischen Justiz und SS sowie Gestapo – zog die Anklagevertretung schließlich das Fazit:

*»Die Angeklagten sind solch unermesslicher Verbrechen beschuldigt, dass bloße Einzelfälle von Verbrechenstatbeständen im Vergleich dazu unbedeutend erscheinen. Die Beschuldigung, kurz gesagt, ist die der bewussten Teilnahme an einem über das ganze Land verbreiteten und von der Regierung organisierten System der Grausamkeit und Ungerechtigkeit unter Verletzung der Kriegsrechte und der Gesetze der Menschlichkeit, begangen im Namen des Rechts und unter der Autorität des Justizministeriums mit Hilfe der Gerichte. Der Dolch des Mörders war unter der Robe des Juristen verborgen.«*

Schlegelberger, den das Gericht eine »tragische Figur« nannte, hatte sich – wie auch die anderen Angeklagten – damit zu rechtfertigen versucht, er sei nur auf dem Posten geblieben, um Schlimmeres zu verhindern. Dies war jene absurde Rechtfertigungsthese, zu der in den nächsten Jahren noch viele NS-Täter greifen sollten.

Am 3. und 4. Dezember 1947 wurden die Urteile verkündet: Schlegelberger, Klemm und zwei weitere Angeklagte wurden zu lebenslanger Haft verurteilt, die anderen Angeklagten erhielten Freiheitsstrafen zwischen fünf und zehn Jahren.

Milde Urteile für Schreibtischtäter und exemplarische Mörder in Roben – ohnehin mit geringem Interesse am Vollzug: Beinahe alle Verurteilten wurden vorzeitig aus der Haft entlassen. Schlegelberger sollte ebenfalls bereits 1951 wieder ein freier Mann sein.

Auch wenn der Nürnberger Juristenprozess einer der wenigen, vielleicht sogar der ernsthafteste Versuch war, das Justizsystem des »Dritten Reiches« zu erhellen und zu brandmarken, war die strafrechtliche Ahndung des Unrechts der NS-Justiz gescheitert. Mehr noch: Das Verfahren hatte keinerlei reinigende Wirkung auf die deutsche Juristenzunft. Im Gegenteil: Viele sahen in Nürnberg eine »Sieger- und Vergeltungsjustiz« am Werk und solidarisierten sich mit den Kollegen. Hatten sie denn nicht alle nur ihre Pflicht erfüllt?

Die meisten dachten wie ihr Kollege, der Ex-Marinerichter und spätere Ministerpräsident Hans Karl Filbinger, der später einmal aussprach, was alle ehemaligen NS-Juristen schon frühzeitig für sich reklamierten: »Was damals rechtens war, kann heute nicht Unrecht sein.« (Siehe dazu das Kapitel »Ein furchtbarer Jurist« in diesem Buch.)

Ein schlechtes Gewissen wegen ihrer Komplizenschaft in der Nazi-Zeit konnten die Juristen so kaum entwickeln. Die Verantwortung für das, was geschehen war, bürdeten sie der politischen Führung auf. Bereits 1947 lieferte der Strafrechtsprofessor Eberhard Schmidt – einer der großen juristischen Lehrer der Nachkriegszeit – auf dem Juristentag die dazu passende Entschuldigungsformel: »Nicht die Justiz, sondern ganz allein der Gesetzgeber hatte die Fahne des Rechts verlassen. Und mit der Verantwortung für die Folgen dürfen heute weder Rechtslehre noch Justiz beladen werden, da diese ganz allein den um jeden rechtlichen Halt gekommenen Gesetzgeber trifft.«

Neu waren diese Töne nicht. Wie seinerzeit die Weimarer Richter, die nicht der Republik, sondern dem »Staat« gedient hatten, so fühlten sich die ehemaligen Richter des »Dritten Reiches« nicht als NS-Komplizen, sondern angeblich allein als Diener der »Staatsidee«. Dabei war keineswegs zu leugnen, dass die meisten Richter Mitglied der NSDAP gewesen waren oder aber dem NSRB, dem Nationalsozialistischen Rechtswahrerbund, angehört hatten. Doch die Entnazifizierung hatte längst nicht mehr Vorrang, und ein »einfacher« Parteigenosse gewesen zu sein, galt nicht mehr als Makel.

Hatte man überhaupt eine andere Chance? Wollte nicht jeder letztlich nur in Ruhe seine richterliche Laufbahn unbehindert absolvieren? Hatte man nicht allein seine Pflicht getan, als Richter, Staatsanwalt, Justizbeamter? Einem Richter, der behauptete, er habe nur die Staatsräson im Auge gehabt, konnte nichts geschehen. Oder anders ausgedrückt: Ein überzeugter Nazi konnte nach dieser Argumentation durchaus eine edle Gesinnung haben.

Selbst NS-Juristen, die sich im Hitler-Deutschland besonders eifrig hervortaten, mussten um ihre Nachkriegskarriere nicht bangen. Tausende von belasteten Richtern wurden also nicht nur verschont, sondern durften sogar wieder amtieren. So kehrten sie rasch an die Richtertische zurück, besetzten die Stühle als Landgerichts- und Oberlandesgerichtspräsidenten oder fanden Unterschlupf in den Justizministerien. Von dieser Richtergeneration war kaum ein Beitrag zur Vergangenheitsbewältigung zu erwarten. Verständlich: Zahlreiche Richter hatten zuvor dem braunen Terrorregime gedient und hätten erst einmal selbst entnazifiziert werden müssen. Doch keine Krähe hackt der anderen ein Auge aus.

Das Dilemma aus den Anfängen der Weimarer Republik wiederholte sich, als man glaubte, die alten Köpfe seien notwendig, um eine funktionierende Verwaltung und Justiz aufzubauen. Auch jetzt gab es keinen politischen Neubeginn.

Am 8. Oktober 1950 erinnerte selbst ein Mann wie Thomas Dehler, unter den Nazis wegen seiner Rasse aus dem Staatsdienst entlassen und nun liberaler Justizminister im Adenauer-Kabinett, bei der Einweihung des neuen obersten deutschen Gerichts, des Bundesgerichtshofs, in seiner Rede »an die ausgezeichneten Leistungen des Reichsgerichts« und wünschte sich, »dass der Geist dieses Gerichts auch die Arbeit des Bundesgerichtshofs durchwaltet«. Folgerichtig schrieb dessen

Ministerialrat Dr. Georg Petersen in der Festschrift, es sei das Ziel der Bundesregierung, »frühere Mitglieder des Reichsgerichts, denen seine Tradition bekannt ist, in den Bundesgerichtshof zu berufen«.

Sowohl die institutionelle wie auch die personelle Kontinuität war damit gesichert. Im Bonner Justizministerium agierten Juristen, die schon dem NS-Regime willfährig gedient hatten: Da war Dr. Josef Schafheutle, ein Mann, der bereits 1933 im Reichsjustizministerium mit dem politischen Sonderstrafrecht beschäftigt und somit einer der emsigsten Zuarbeiter Freislers war; da gab es einen Dr. Ernst Kanter, einst Richter beim Reichskriegsgericht, ehe er 1943 Militärrichter in Dänemark wurde und dort an Todesurteilen beteiligt war. Seiner Nachkriegskarriere war diese Tatsache keineswegs hinderlich: 1958 wurde Kanter Präsident des Dritten Strafsenats des Bundesgerichtshofs.

Aber warum sollte für das Justizministerium nicht dasselbe gelten wie für andere Ministerien, beispielsweise das Auswärtige Amt, wo beinahe zwei Drittel der Beschäftigten ehemalige Nationalsozialisten waren und nun die Auslandspolitik der Deutschen besorgten.

Adenauer beschwichtigte Kritiker mit dem Argument, man könne »doch ein Auswärtiges Amt nicht aufbauen, wenn man nicht wenigstens an den leitenden Stellen Leute hat, die von der Geschichte von früher etwas verstehen«. Beispielsweise Leute wie sein Kanzleramtssekretär Dr. Hans Globke, der nicht nur an der Ausarbeitung des »Blutschutzgesetzes« und des

»Erbgesundheitsgesetzes« von 1935 beteiligt war, sondern sich auch als Kommentator der Rassengesetze hervorgetan hatte. Als Rassenschandespezialist hatte er auch 1942 an der Wannsee-Konferenz über die »Endlösung« der Judenfrage teilgenommen. Seiner Nazi-Karriere folgte nun ein steiler Aufstieg nach dem Krieg. Die Adenauer-Republik ermöglichte es Unzähligen, ihre zweifelhaften Laufbahnen fortzusetzen. Beispielsweise Dr. Friedrich Karl Vialon, einem Mann, der im Reichskommissariat Ostland die Ausplünderung und Versklavung der Juden geleitet hatte – auch er brachte es zum Staatssekretär, erst im Bundesfinanzministerium, später im Bundeskanzleramt. Oder Dr. Heinz Paul Baldus, der während des Nazi-Regimes in der Rechtsabteilung der Kanzlei des Führers gewissenhaft »seine Pflicht« erfüllt hatte. Auch für ihn fand sich höchstrichterliche Verwendung: als Senatspräsident am Bundesgerichtshof.

Und noch ein Mann mit Vergangenheit hatte es zu einem der ranghöchsten bundesdeutschen Juristen gebracht: Wolfgang Fränkel. Einst hatte er bei der Reichsanwaltschaft als unbarmherziger NS-Jurist mit dafür gesorgt, dass Urteile gegen Juden, Polen, Tschechen und Franzosen verschärft wurden. Seiner Nachkriegskarriere hatte das keineswegs geschadet: 1962 wurde er zum Generalbundesanwalt ernannt. Auf den Gedanken, aufgrund seiner Mitwirkung an der NS-Justiz aus Gründen politisch-moralischer Glaubwürdigkeit auf das Amt zu verzichten, kam Fränkel nicht.

Wie konnte er auch? Nach seiner Ernennung präsentierte er sich gegenüber der Presse als überzeugter Gegner jeder Diktatur. Widerspruch regte sich kaum. Zwar hatten DDR-Behörden – wie so oft – auch im Falle Fränkel unanfechtbares dokumentarisches Material zu dessen NS-Laufbahn vorgelegt, doch wenn es um Aufarbeitung der Vergangenheit ging, nahm man von den DDR-Gerichten nicht gern Hilfe in Anspruch. Der Kalte Krieg bot so den besten Schutz für die Täter von einst.

Freilich: Eine Vorbildfunktion in Sachen »Vergangenheitsbewältigung« konnte auch für demokratisch gesinnte Westjuristen die DDR-Justiz nicht haben. Schließlich hatte es 1950 die Waldheimer Prozesse gegeben, ein Schnellverfahren, in dem im Stil der NS-Justiz zahlreiche Todesurteile gegen ehemalige Nationalsozialisten gefällt worden waren. Den Angeklagten wurden die elementarsten Rechte verweigert: Es gab weder eine Beweisaufnahme noch eine Verteidigung. Entlastungszeugen wurden nicht gehört, die Öffentlichkeit war nur in wenigen Schauprozessen zugelassen. Die meisten Angeklagten waren eher NS-Mitläufer als Täter. Doch dies interessierte die neuen DDR-Staatsanwälte und Richter nicht. Die häufigsten Vorwürfe lauteten auf »Verbrechen gegen die Menschlichkeit« und »wesentliche Förderung« des Hitler-Regimes. Die Angeklagten wurden meist zu Zuchthausstrafen von zehn Jahren und mehr verurteilt, 24 Todesurteile wurden in der Nacht vom 3. auf den 4. November 1950 vollstreckt.

Aber nicht nur in den Waldheimer Prozessen hatte die Sozialistische Einheitspartei Deutschlands (SED) Regie geführt und die Justiz als verlängerten Machtapparat instrumentalisiert. Was sich in den Gerichtssälen des jungen »Arbeiter- und Bauernstaates« vollzog, waren – keineswegs nur bei politischen Straftaten – häufig stalinistische Schauprozesse, die jeder Rechtsstaatlichkeit entbehrten. Die Angeklagten hatten kaum Rechte, eine freie Anwaltschaft gab es nicht, Staatsanwälte benutzten den Gerichtssaal als ideologische Tribüne, die Richter ließen sich von Partei und Staatssicherheit die Urteile vorbereiten und vorgeben. Mit einer unabhängigen Justiz hatte dies nichts zu tun.

Die Strafjustiz sei eine politische Tat, propagierte Hilde Benjamin, gnadenlose Richterin in zahllosen Schauprozessen. Mit Dr. Ernst Melzheimer, Erster Generalstaatsanwalt der DDR (der als Kammergerichtsrat bereits der NS-Justiz gute Dienste geleistet hatte), gehörte sie zu den besonders fanatischen Vollstreckern der SED-Dogmen. Angeklagte schrie und brüllte sie nieder – nicht anders, als Jahre zuvor mit Angeklagten vor dem Volksgerichtshof verfahren worden war. Hilde Benjamin empfahl sich mit ihren Terrorurteilen für größere Aufgaben: Sie wurde (bis 1967) DDR-Justizministerin.

Diese DDR-Justiz konnte also weder Vorbild noch Partner für die westdeutsche Justiz sein. Ein Glück für viele ehemalige NS-Täter, deren Akten in der DDR lagerten und die sich im Westen deshalb unbesorgt ihrer Nachkriegslaufbahn widmen konnten.

Deutsche Karrieren, ob in Justiz, Politik, Wirtschaft, Wissenschaft oder Verwaltung – die Seiten dieses Buches würden nicht ausreichen, alle Namen der braunen Täter und Schreibtischtäter zu nennen, die in der Adenauer-Republik rasch wieder Schlüsselstellungen einnahmen. Anstoß an der Re-Nazifizierung nahm ohnehin kaum jemand. Im Gegenteil: Die meisten Deutschen wollten von der Vergangenheit nichts mehr wissen, ganz im Sinne ihrer gewählten Volksvertreter. Nicht nur Adenauer in den 1950er Jahren, auch danach hatten westdeutsche Politiker mit griffigen Formulierungen ihre Landsleute immer wieder dazu aufgefordert, doch mit der »ewigen Vergangenheitsbewältigung« abzuschließen. So Franz Josef Strauß, der schon früh darin eine »gesellschaftliche Dauerbüßeraufgabe« erkennen wollte und feststellte, die Deutschen seien »eine normale Nation, die das Unglück hatte, schlechte Politiker an der Spitze ihres Landes zu haben«. Hitler als Betriebsunfall?

Er und viele andere appellierten an die Deutschen, »aus dem Schatten Hitlers herauszutreten«. Lautstark propagierten sie die »Deutschland-als-Opfer«-Version, in der sich alle mit allen versöhnen sollten – so als habe es kaum Täter und Taten gegeben, sondern einzig und allein Opfer. Die Deutschen als ein Volk von Betrogenen?

Die geschichtsklitternde Formel, die Deutschen seien »Hitlers Opfer« gewesen, das »Dritte Reich« das

Werk einer Bande von Verbrechern – das war zwar eine seltsame, aber durchaus entlastende Variante, die keineswegs nur konservativen Politikern als Selbstrechtfertigung diente.

Bald galten ehemalige SS-Männer wieder als anständige Leute, konnten KZ-Schergen sich auf Befehlsnotstand berufen, hieß das neue Nationallied der Deutschen: »Wir haben nichts gewusst.« Und es gab noch immer Rechtfertigungen. »Nicht alles, was war, war falsch gewesen …« So dachten – kaum waren die Trümmer des NS-Regimes zur Seite geräumt – viele, ja die meisten Deutschen.

In den wenigen – meist sich mühsam hinschleppenden – NS-Prozessen, etwa den Verfahren gegen Schergen der Konzentrationslager Auschwitz und Majdanek, wo Hunderttausende ermordet worden waren, zeigten die Justizbehörden und Gerichte nur geringes Interesse an der Verfolgung und Verurteilung der Schuldigen. Gerade diese großen Nachkriegsprozesse gerieten häufig in strafprozessualer Hinsicht zur Farce. Den Angeklagten waren Morde, zwingende Voraussetzung für eine Verurteilung, kaum nachzuweisen. Da existierten keine Zeugen mehr, da beriefen sich die Täter immer wieder auf Befehle. Eine Richterschaft sprach wieder Recht, die NS-Täter mit besonderer Nachsicht behandelte, vor allem bei der Strafzumessung. Nicht selten dauerte es Jahre, bis überhaupt ein Urteilsspruch gefällt werden konnte. Unter Staatsanwälten kursierte damals der makabre Spruch: »Ein Toter gleich zehn Minuten Gefängnis.«

Aber nicht nur KZ-Schergen konnten mit Nachsicht rechnen. Das zweifelhafte 131er-Gesetz, das der Bundestag 1951 mit großer Mehrheit verabschiedet hatte und das auch das Bundesverfassungsgericht eine »soziale Tat« nannte, garantierte ehemaligen Nationalsozialisten die Wiederverwendung in bundesdeutschen Behörden, zumindest jedoch eine ordentliche Pension. Die Folge: Ob in Wirtschaft oder Industrie, an Universitäten, in der Bundeswehr oder der Justiz – überall saßen »bewährte Fachkräfte« der untergegangenen Nazi-Diktatur in leitenden Positionen. Während das 131er-Gesetz von Beginn an mit Eifer angewandt wurde, hatte man es mit der »Wiedergutmachung« für die Opfer nicht sehr eilig. Erst fünf Jahre nach dem 131er-Gesetz wurde ein Bundesentschädigungsgesetz geschaffen, das allen Antragstellern eine peinliche Prozedur zumutete. Aus Mangel an Durchführungsbestimmungen konnten die Opfer der Nazis nur dann Zahlungen erhalten, wenn sie nachwiesen, dass sie keine Straftaten begangen, keiner Gewaltherrschaft Vorschub geleistet, keine Grundsätze der Vereinten Nationen und des Völkerrechts je verletzt – und keiner Nazi-Organisation angehört hatten. Vergleichbares wurde den wieder eingestellten und gut versorgten Nazi-Beamten nicht abverlangt, die »131er« waren völlig unabhängig von ihrer wirtschaftlichen Lage anspruchsberechtigt. Wer im Entnazifizierungsnetz dennoch hängen geblieben war, hatte einen Entzug seiner Beamtenrechte nicht zu befürchten. Auch wurden Ernennungen und Beförderungen in der Zeit von 1933 bis 1945 berücksichtigt, freilich mit Einschränkungen: Ausschlaggebend war keineswegs die Unterzeichnung eines Todesurteils, sondern die Tatsache, ob während dieser Zeit gegen beamtenrechtliche Vorschriften verstoßen worden war.

Auf diese Weise ging eine ganze Juristengeneration wohlversorgt in den frühzeitigen Ruhestand. Täter in Roben, die sich frei von Schuld fühlten und ihre nationale – und häufig auch persönliche – Vergangenheit für »bewältigt« hielten. So wurde der »Niedergang des Rechts nicht verarbeitet, sondern vergoldet«, wie es Rolf Lamprecht im *Spiegel* sarkastisch formulierte.

»Die Maschine soll wieder laufen«, hatte Adenauer gesagt. Und sie lief.

In Sachen Karriere fanden ehemalige Nazis nicht nur in der Justiz wieder Verwendung, in allen gesellschaftlichen Bereichen lief es für sie ausgesprochen erfolgreich: an Universitäten, in der Wirtschaft, in Verbänden und Verwaltung, in Redaktionen und beim Militär, in Parlamenten und Rathäusern, überall konnten sich ehemalige Führungseliten rasch wieder etablieren – auch wenn sie einst der braunen Diktatur bereitwillig gedient hatten.

Selbst Massenmörder konnten Karriere machen. Beispielsweise Heinz Reinefarth, der als Generalmajor der Waffen-SS für die Niederschlagung des Warschauer Aufstandes im August 1944 verantwortlich war. Die von ihm befehligten zwölf Polizeikompanien töteten mehr als 10.000 Zivilisten – Männer, Frauen, Kinder.

Für seine Kriegsverbrechen wurde der »Henker von Warschau« nie zur Verantwortung gezogen. Zwei Ermittlungsverfahren gegen ihn wurden ohne Anklage eingestellt. Stattdessen beförderte ihn seine Partei, der nationalkonservative Bund der Heimatvertriebenen und Entrechteten (BHE), 1951 mit den Stimmen der CDU in das Amt des Westerländer Bürgermeisters, das er bis 1963 innehatte. 1958 wurde er sogar Landtagsabgeordneter in Kiel und damit der einzige ehemalige SS-General in einem deutschen Parlament.

Auf Sylt hat man die Überblendung der beiden Leben des Heinz Reinefarth beharrlich verdrängt. Er war und er blieb einer von ihnen. Tatsache ist: Der junge, neue deutsche Staat wurde mit aufgebaut von seinen Feinden.

Der Publizist Ralph Giordano hat in seinem Buch *Die zweite Schuld oder Von der Last Deutscher zu sein* die umfassende kollektive Verdrängung der NS-Vergangenheit eindrucksvoll beschrieben, also das sozialpsychologische Fundament der Aufbauleistung der Adenauer-Republik. Die geschichtsfälschende Formel »Wir waren Hitlers Opfer« hatte nicht allein in den Zeiten der Entnazifizierung Gebrauchswert für ehemalige Parteigänger und Gefolgsleute. Beinahe alle Deutschen sahen sich als Opfer. Keiner wollte mehr Täter gewesen sein, niemand den Tätern Hilfe geleistet, zugesehen und weggesehen haben. Alle waren nun Opfer: Opfer der Zeit, Opfer der Partei, Opfer Hitlers und so weiter und so weiter. Ein Volk der Opfer. Adenauer unterstützte die Deutschen in dieser Schutzhaltung. Das große »Wiedereingliederungswerk der Täter« (Giordano) konnte so ohne erwähnenswerte Proteste stattfinden.

Vor allem, wie im Vorangehenden beschrieben, innerhalb und mit der Justiz. Gab es denn keine Alternative zu dieser personellen Kontinuität?

Anders als in der DDR hatte man sich dafür entschieden, alle, auch die Täter von gestern, am wirtschaftlichen Wieder- und politischen Neuaufbau mitarbeiten zu lassen. Das trübste Kapitel der deutschen Geschichte endete so mit einem »umfassenden Resozialisierungswerk«, wie es Jörg Friedrich formulierte.

Dies ist auch die Antwort auf die Frage, weshalb die Verfolgung von NS-Verbrechen so schleppend in Gang kam und sich in den folgenden Jahren durch unübersehbares Desinteresse auszeichnete. Ohnehin reagierte die Justiz nur auf Anzeigen, von selbst stellte sie keinerlei Nachforschungen an. Sie widmete sich lieber den Dieben und Betrügern der neuen Wirtschaftswunderrepublik als den NS-Richtern und KZ-Schergen Hitler-Deutschlands. Politik und Justiz leisteten hier Hand in Hand eine äußerst fragwürdige Entsorgungsarbeit. Natürlich distanzierten sich deren Exponenten in den Sonntagsreden vom Nationalsozialismus, und es gab einige symbolträchtige Inszenierungen, etwa den Auschwitz-Prozess, dessen lange Dauer jedoch schon ein Skandal war.

Zahlen verdeutlichen die Versäumnisse: Zwischen 1945 und 1965 wurden bei den Staatsanwaltschaften der Bundesrepublik insgesamt gegen 61.716 Beschuldigte Ermittlungen wegen Verdacht der Beteiligung an NS-Kriegsverbrechen durchgeführt. Ganze zehn Prozent davon, nämlich 6.115, endeten mit rechtskräftigen Urteilen – und die Verurteilten wurden häufig nach wenigen Haftjahren vorzeitig entlassen.

Und: Unter allen rechtskräftigen Urteilen fand sich kein einziges gegen einen ehemaligen Angehörigen des Volksgerichtshofs. Das Terrortribunal als NS-Institution war nicht Gegenstand einer Verhandlung in Nürnberg gewesen, und auch jetzt, da es Sache der Deutschen war, eines ihrer trübsten Kapitel der Justizgeschichte aufzuhellen und die noch lebenden Blutrichter zur Rechenschaft zu ziehen, blieben die notwendigen Schritte aus

Die einzige Gelegenheit, sich von den Schatten der Vergangenheit zu lösen, bot der Fall des – nach Freisler – meistbelasteten Volksgerichtshofrichters, des ehemaligen Kammergerichtsrats Hans-Joachim Rehse.

Geboren 1902, hat er im NS-Justizapparat schnell Karriere gemacht: Prädikatsexamen 1932, Parteieintritt im Mai 1933, schon ein Jahr später wird er zum Richter ernannt. Am Volksgerichtshof sitzt er von 1942 an im Ersten Senat. Hans-Joachim Rehse, ein kleiner Mann von einem Meter sechzig, die Haare mit Pomade zurückgekämmt, der die Angeklagten und Zeugen mit misstrauischen Blicken taxiert, ist Freislers rechte Hand. Er berät ihn bei der Urteilsfindung, unterschreibt und ordnet an. Kein tobender Eiferer, keiner, der wie sein Chef die öffentliche Bühne sucht, sondern ein stiller, seelenloser, verlässlicher Technokrat.

Unter Freisler, der 1942 die Präsidentschaft übernimmt, entwickelt sich der Volksgerichtshof zur Vernichtungsmaschine. Durchschnittlich drei Todesurteile fällt er – Tag für Tag. Im Herbst 1943 wird gegen einen Priester verhandelt: Max Josef Metzger, den Gründer der ökumenischen Una Sancta-Bewegung, der eine Denkschrift verfasst hat, in der er eine Nachkriegsordnung entwirft: Deutschland soll demokratisch werden, die Industrie verstaatlicht. Freisler ist außer sich: Zweifelt dieser Pater öffentlich an Hitlers Stärke? Am Endsieg? Leute wie er müssen ausgemerzt werden.

Am Vormittag haben Freisler und Rehse bereits drei »Volksschädlinge« wegen »Wehrkraftzersetzung« zum Tode verurteilt. Metzger ist ihr vierter Fall – und es dauert keine zehn Minuten, dann steht sein Todesurteil fest. In der schriftlichen Begründung heißt es: »Die ganze Handlungsweise Metzgers ist so ungeheuerlich, dass es nicht darauf ankommt, ob sie sich nun juristisch als Hochverrat kennzeichnen lässt.« Das Urteil wird trotzdem vollstreckt: Am 17. April 1944 endet Metzgers Leben »im Namen des Deutschen Volkes« durch das Fallbeil.

Holt Rehse nun, 23 Jahre später, seine Richtervergangenheit ein? Wird er zur Rechenschaft gezogen? Die Ermittlungen gegen den ehemaligen Beisitzer des Freisler'schen Ersten Senats, begannen 1962. Damals hatte die Staatsanwaltschaft München bereits gegen ihn ermittelt, das Verfahren jedoch mit der gängigen Begründung eingestellt, dem Beschuldigten könne kein bewusster Tötungsvorsatz nachgewiesen werden. Zwei Tage später erstattete Dr. Robert M. W. Kempner, der frühere Chefankläger im Nürnberger Kriegsverbrecherprozess, Strafanzeige bei der Staatsanwaltschaft Berlin gegen die an der Verfolgung der Oppositionellen des 20. Juli 1944 Beteiligten – auch gegen Rehse. An mindestens 231 Todesurteilen hatte dieser mitgewirkt, wegen sieben Fällen erhob die Staatsanwaltschaft nun beim Landgericht Berlin am 20. Januar 1967 Anklage. Sie legte ihm zur Last, in den Jahren 1943 bis 1944 durch selbständige Handlungen aus »niedrigen Beweggründen« in drei Fällen Menschen getötet und in weiteren vier Fällen einen Tötungsversuch unternommen zu haben, indem er als berufsmäßiger Beisitzer am Volksgerichtshof in sieben Verfahren der Todesstrafe zugestimmt hatte, die nachweislich in drei Fällen vollstreckt wurde.

Am 3. Juli 1967 verurteilte das Landgericht Berlin den ehemaligen Blutrichter wegen Beihilfe zum Mord in drei Fällen und Beihilfe zum versuchten Mord in vier Fällen zu insgesamt fünf Jahren Zuchthaus. In der Urteilsbegründung hieß es zwar, der eigentliche Täter der vom Volksgerichtshof ausgehenden Justiz-morde sei Freisler gewesen, der auf den Ersten Senat »einen beherrschenden Einfluss« ausgeübt habe, doch habe es der Beisitzer Rehse unterlassen, Kritik an den Urteilen zu äußern, und sich der Autorität Freislers untergeordnet. Als »ein qualifizierter Volljurist, von dem man erwarten kann, dass er sich ein Gefühl für gerechtes Strafen bewahrt habe«, hätte Rehse – so die Kammer – »das Unrechtmäßige seines Tuns erkennen müssen«.

Nach dem Urteilsspruch legten sowohl die Staatsanwaltschaft als auch Rehse selbst Revision ein.

Am 30. April 1968 hob der Fünfte Strafsenat des Bundesgerichtshofes (BGH) mit einer nur zwei Seiten umfassenden Entscheidung das Urteil auf und wies es zur neuerlichen Verhandlung an das Schwurgericht zurück. In seiner Begründung ging es vor allem um die Frage, ob Rehse als Täter oder Gehilfe zu betrachten sei. Entgegen der geübten Praxis in anderen NS-Prozessen war diesmal nicht Beihilfe, sondern Mittäterschaft angenommen worden. Das bedeute freilich – so die BGH-Richter –, dass »der Angeklagte nur noch bestraft werden kann, wenn er aus niedrigen Beweggründen für die Todesstrafe stimmte«. Und: Zu Unrecht habe die Berliner Kammer angenommen, es komme nur auf die Beweggründe Freislers an und darauf, ob Rehse sie kannte – und trotzdem nicht dagegen opponierte.

In dem Wiederaufnahmeverfahren vor einem anderen Berliner Schwurgericht unter Vorsitz des Kammergerichtsrats Oske wurde der frühere Todesrichter Rehse am 6. Dezember 1968 freigesprochen. Schlimmer noch als der Freispruch für die grauenerregende Karikatur eines Dieners der Gerechtigkeit war die mündliche Urteilsbegründung des jungen Kammergerichtsrats, der sich nicht etwa schamhaft bedauernd auf die einschlägige Rechtsprechung des Bundesgerichtshofs zurückzog, sondern selbstbewusst stramm von einem Musterprozess sprach, in dem endlich einmal klargestellt werden müsse, wie korrekt doch alles in jenen Jahren der »außergewöhnlichen Lage« zugegangen sei. Originalton Oske: »In keinem Fall konnte festgestellt werden, dass von einem der sieben Richter des Volksgerichtshofs das Recht gebeugt wurde.« Einer der sieben war Freisler, sein Beisitzer Rehse.

In seiner mündlichen Begründung stellte Oske fest: »Jeder Staat, auch ein totalitärer, hat ein Recht auf Selbstbehauptung. Es kann ihm in Krisenzeiten kein Vorwurf daraus gemacht werden, wenn er zu außergewöhnlichen und abschreckenden Mitteln greift.«

Die Todesstrafen wegen eines Witzes oder einer leichtfertigen Äußerung, die barbarischen Urteile wegen eines Verstoßes gegen das »Blutrassegesetz« oder wegen einer barmherzigen Geste gegenüber einem erniedrigten polnischen »Fremdarbeiter« – alle diese gnadenlosen Urteile ein »Recht des Staates auf Selbstbehauptung«?

Es war ein Freispruch nicht allein für Rehse, sondern für den ganzen Volksgerichtshof, ja die gesamte NS-Justiz. Mit dem Bewusstsein, er habe als NS-Jurist nichts Böses, sondern allenfalls seine Pflicht getan, ging Rehse nicht nur aus dem Gerichtssaal, sondern bald auch aus dem Leben. Noch während der Revision der Staatsanwaltschaft gegen den Freispruch verstarb der ehemalige Blutrichter, seine Urteile blieben ungesühnt.

Doch Robert M.W. Kempner mochte diese Form der Generalentschuldigung für den Volksgerichtshof nicht akzeptieren. Am 18. März 1979 stellte er bei der Generalstaatsanwaltschaft Berlin eine weitere Strafanzeige gegen »sämtliche Verdächtige, die an Verfahren des nazistischen Volksgerichtshofs nach dem 20. Juli 1944 ggf. schon vorher beteiligt waren«. Die Ermittlungen wurden allerdings mit dem Hinweis auf frühere Bescheide bald wieder eingestellt. Aber Kempner ließ nicht locker und fand in dem damaligen Berliner Justizsenator Gerhard Meyer einen Verbündeten. Im Oktober 1979 nahm die Staatsanwaltschaft beim Landgericht die Ermittlungen wieder auf: War es doch noch möglich, einige der 570 Mitglieder des Volksgerichtshofs, die noch lebenden 67 Richter und Staatsanwälte, vor Gericht zu bringen?

Meyer unterstützte Kempners Initiative, weil er der Überzeugung war, dass das Rehse-Urteil vom 30. April 1968, vor allem, was die Bewertung des Volksgerichtshofs als »ordentliches« Gericht betraf, nichts mit der historischen Wahrheit zu tun hatte. So begann einmal mehr der exemplarische Streit der Nachkriegsjuristen: Nach einer Entscheidung des Bundesgerichtshofs sollte ein Richter wegen Mord nur dann bestraft werden können, wenn ihm zugleich eine Rechtsbeugung nachgewiesen werden konnte.

Doch das war so gut wie unmöglich. Die einstigen braunen Juristen verwiesen darauf, nur gemäß den damals bestehenden Gesetzen gehandelt zu haben. Dass

Gesetzgeber Verbrecher und Gesetze verbrecherisch sein können, wollten sie nicht akzeptieren. Sollte dies bedeuten, dass keiner der NS-Juristen je für die Folgen seines Handelns zur Verantwortung gezogen werden könnte, wenn er nur glaubhaft versicherte, subjektiv von der gültigen Rechtsform überzeugt gewesen zu sein? Hieß dies, dass ein Nazi-Richter kein Unrecht begangen haben konnte, solange er nur davon überzeugt gewesen war, allein den Willen des Staates als Gesetzgeber auszuführen? Entschuldigten diese rechtspositivistischen Formeln alle Perversionen der NS-Justiz? Konnten Richter, die wegen eines politischen Witzes Menschen an den Galgen gebracht hatten, tatsächlich straffrei bleiben?

Sie konnten es. Nach siebenjährigen Ermittlungen – nachdem beinahe die Hälfte der Beschuldigten aus Altersgründen verstorben war – stellten die Berliner Staatsanwälte am 26. Oktober 1986 das Verfahren ein.

Meyers Nachfolger, der Westberliner Justizsenator Rupert Scholz, teilte der Öffentlichkeit mit, dass es keine Prozesse mehr gegen Angehörige des Volksgerichtshofs geben werde. Persönlich hielt er das »für nicht befriedigend und sehr bedauerlich für jeden, der an Gerechtigkeit glaubt«. Schöne, ruhige Worte für etwas, »das eine Katastrophe und eine unvorstellbare Schändlichkeit ist«, wie der Publizist Walter Boehlich damals den Einstellungsbeschluss kommentierte.

Der Volksgerichtshof als herausragendes Symbol einer Unrechtsjustiz war – wieder einmal – nicht auf die Anklagebank gekommen. Dabei hatte die Berliner Staatsanwaltschaft fleißige Arbeit geleistet: 113 Aktenordner mit Urteilsunterlagen, 59 Ordner mit Personalakten, 85 Ordner Hintergrundmaterial und 150 Bände Ermittlungsakten waren zusammengetragen worden. Als die Berliner Staatsanwälte ihre Akten schlossen – laut *Frankfurter Allgemeine Zeitung* »ein schmerzlicher, ein wohltuender Schlussstrich« –, traf sie keine Schuld. Die irreparablen Versäumnisse und Fehler hatte die Justiz in den Jahren zuvor begangen, als die deutschen Richter so sehr mit der Aburteilung von kleinen kommunistischen Parteimitgliedern beschäftigt waren, dass sie keine Zeit fanden, sich ihrer braunen Kollegen anzunehmen. Alles wäre anders gekommen, wenn sich schon damals ein Gericht zu der Erkenntnis durchgerungen hätte, für die auch der Bundestag lange gebraucht hatte, der am 25. Januar 1985 in seltener Eintracht feststellte, »dass die als ›Volksgerichtshof‹ bezeichnete Institution kein Gericht im rechtsstaatlichen Sinne, sondern ein Terrorinstrument zur Durchsetzung der nationalsozialistischen Willkürherrschaft gewesen war«.

Der Anlass für diese Entschließung lag bereits über zwei Jahre zurück. In einem Kinofilm mit dem Titel *Die Weiße Rose*, der den Widerstand der Münchner Studentengruppe schilderte, hatte es im Nachspann geheißen, die Urteile bestünden nach Ansicht des Bundesgerichtshofs »noch immer zu Recht«. Dem hatte der damalige BGH-Präsident, Gerd Pfeiffer, heftig widersprochen und darauf verwiesen, dass die Urteile aufgehoben seien: teils durch Besatzungsrecht, teils durch deutsche Ländergesetzgebung, die schon 1949 zu Bundesrecht geworden sei, teils auch in Wiederaufnahmeverfahren in Einzelfällen. Der Nachspann des Films wurde danach geändert und ergänzt. Doch die Diskussion war damit keineswegs zu Ende.

Die Initiative, der Bundesgesetzgeber möge die Urteile des Volksgerichtshofs aufheben, ging von der SPD-Fraktion aus. Dem wurde vom damaligen – sozialdemokratisch geführten – Bundesjustizministerium entgegengehalten, dass man nicht aufheben könne, was nicht mehr bestehe. Auch wurde von dort darauf hingewiesen, dass – wenigstens in den ersten Jahren seines Bestehens – die Tätigkeit des Volksgerichtshofs differenziert zu beurteilen sei. Man bezog sich auf unverdächtige Zeugen, die darauf aufmerksam gemacht hatten, dass es einzelne Senate gab, die durchaus nach der Devise »im Zweifel für den Angeklagten« verfahren seien. Doch die SPD-Parlamentarier ließen nicht locker und forderten, wenigstens der Bundestag möge sich vom Volksgerichtshof distanzieren.

Das gelang tatsächlich. Nach einer Vorlage des Rechtsausschusses einigten sich die Abgeordneten – von den Christdemokraten bis zu den Grünen – darauf, dass den Entscheidungen des Tribunals deshalb auch keine Rechtswirkung zukomme. Um das Wort »Rechtswirkung« war lange gestritten worden. Einmal, weil – so wurde im Rechtsausschuss argumentiert – es eine solche Rechtswirkung schon nicht mehr gebe; zweitens, weil der Bundestag als Parlament solches gar nicht feststellen könne, und drittens, weil am Volksgerichtshof – wenn auch nur wenige – Freisprüche ergangen seien, die dann ebenfalls als »rechtsunwirksam« einzustufen seien. Vor allem Justizminister Hans Engelhard sprach sich aus diesen Gründen dagegen aus, Urteile des Volksgerichtshofs und der Sondergerichte aufzuheben. Ein grotesker Einwand, doch er überzeugte die Mitglieder des Rechtsausschusses. So verständigte man sich darauf, zwar keines der Urteile aufzuheben, sich aber dennoch von der Urteilspraxis zu distanzieren und ihnen eine »Rechtswirkung« abzuerkennen. Symbolische Distanzierung ja, ein klärendes Gesetz – nein. Die Alltagspraxis der Strafverfolgung – dies zeigte nicht allein der Rehse-Freispruch – berührte der Bundestagsbeschluss ohnehin nicht.

Rehse und andere Blutrichter hatte man nicht bestraft, um nicht in Verlegenheit zu kommen, eine Vielzahl von Sonder- und Kriegsrichtern ebenfalls verurteilen zu müssen. Das hätte eine Lawine losgetreten. »Der Volksgerichtshofrichter Rehse konnte nicht gemordet haben«, schrieb der Rundfunkjournalist und Buchautor Jörg Friedrich, »sonst wäre die bundesdeutsche Justiz mit Hunderten von Mördern errichtet worden.« Das genau aber war die beschämende Wirklichkeit.

Man störte sich offenbar nicht daran, dass schwer belastete ehemalige Volksgerichtshofrichter jetzt wieder Recht sprachen, häufig in herausragenden Positionen:

Beispielsweise Dr. Paul Reimers, Richter am Volksgerichtshof, Mitwirkung an 124 Todesurteilen, und Otto Rathmayer, Ankläger am Volksgerichtshof, Mitwirkung an mindestens 78 Todesurteilen. Die beiden Hinrichter brachten es bis zum Landgerichtsrat in Ravensburg, wo sie sich bis 1963 erneut um die Rechtskultur verdient machen durften. NS-Juristen wie Dr. Gerhard Lehnhardt, Ankläger am Volksgerichtshof, Mitwirkung an mindestens 47 Todesurteilen, bis 1960 Oberlandesgerichtsrat in Neustadt an der Weinstraße; Dr. Helmut Jaeger, Erster Staatsanwalt beim Volksgerichtshof, Mitwirkung an mindestens vier Todesurteilen, bis 1966 Oberlandesgerichtsrat beim Oberlandesgericht in München; Dr. Kurt Naucke, Erster Staatsanwalt beim Volksgerichtshof, Mitwirkung an mindestens neunzehn Todesurteilen, später Oberstaatsanwalt in Hannover. Ebenso Walter Roemer, Erster Staatsanwalt und Sachbearbeiter beim Volksgerichtshof, Mitwirkung an mindestens 25 Todesurteilen, darunter das gegen Alexander Schmorell und Professor Kurt Huber von der Widerstandsgruppe »Weiße Rose«. Roemer war auch Vollstreckungsleiter bei Hinrichtungen in der Strafanstalt München-Stadelheim. Seine Vollzugsmeldung vom 11. August 1944: »Verurteilter Willibald Bradl – Der Hinrichtungsvorgang dauerte vom Verlassen der Zelle an gerechnet eine Minute und dreizehn Sekunden. I. A. gezeichnet Roemer, Erster Staatsanwalt.«

Nach dem Krieg machte dieser Hinrichter mit Stoppuhr weiterhin Karriere: als Ministerialdirektor und Abteilungsleiter im Bundesjustizministerium.

Auch Johannes Lorenz, Landgerichtsdirektor beim Volksgerichtshof, Mitwirkung an mindestens drei Todesurteilen, erlebte keinen Karriereknick und diente dem Rechtsstaat bis 1979 als Kammergerichtsrat in Westberlin.

Edmund Stark, Ankläger beim Volksgerichtshof, Mitwirkung an mindestens fünfzig Todesurteilen, kam wie seine Kollegen Reimers und Rathmayer im idyllischen Ravensburg unter und durfte bis 1968 als Landgerichtsdirektor wieder Recht sprechen. Dr. Paul Emmerich, Landgerichtsrat in Berlin und beim Oberreichsanwalt des Volksgerichtshofs, zudem Vollstreckungsleiter bei Hinrichtungen, avancierte bis zum Landgerichtsdirektor in Saarbrücken, ehe er gut versorgt in Pension ging. Keine Einzelfälle. Die Justiz im »Dritten Reich« blieb ein unerledigter Fall.

Freisprüche für die Nazi-Justiz waren die Regel. Die Bestätigung des Unrechts wurde zur Routine. Terrorurteile wurden als »rechtsstaatlich einwandfrei« erklärt oder erschienen als »gerade noch vertretbar«. Drei exemplarische Beispiele – von unzähligen:

In einem Prozess gegen einen Kasseler Sonderrichter, der einen Mann wegen »Rassenschande« zum Tode verurteilt hatte, führte das Landgericht Kassel am 28. März 1952 an, dass »die damaligen

Kriegsverhältnisse zu bedenken« seien, die »eine Atmosphäre der Empfindlichkeit gegenüber Rechtsbrechern aller Art« erzeugt hätten. Ein »Rechtsirrtum« habe damals nicht vorgelegen. Der Sondergerichtsvorsitzende verteidigte in seiner Vernehmung im Jahre 1950 seinen Beschluss noch einmal: »Ich halte das Urteil, das ich damals gefällt habe, auch heute noch aufrecht.« Das Gericht stimmte ihm zu und stellte in seiner Entscheidung klar: »Die Anwendung des Blutschutzgesetzes ist damals ohne Zweifel zu Recht erfolgt« und die Sonderrichter seien keineswegs »von der deutschen Tradition der Sauberkeit des Richterstandes abgewichen«. So viel Traditionstreue musste belohnt werden. Das Urteil: Freispruch.

Vor dem Landgericht Ansbach wurden am 23. April 1960 noch einmal die Geschehnisse aufgerollt, die sich wenige Stunden vor dem Einmarsch der Amerikaner in der Nähe des fränkischen Dörfchens Brettheim zugetragen hatten. Damals weigerten sich der Bürgermeister und der NSDAP-Ortsgruppenleiter angesichts des unmittelbar bevorstehenden Zusammenbruchs, als Richter eines Standgerichts ein Todesurteil zu unterschreiben. Die Weigerung kostete ihnen das Leben, sie wurden ebenfalls unverzüglich exekutiert. Nach den Feststellungen des Ansbacher Landgerichts hatten die beiden »pflichtwidrig« gehandelt, denn – so der Originalton der Nachkriegsjuristen – mit dieser »Begünstigung der Vortäter hatten es die beiden unternommen, den Wehrwillen der Dorfbevölkerung und damit auch den Wehrwillen des deutschen Volkes zu lähmen und zu zersetzen«. Ergebnis: Die Exekution der beiden war – so die Nachkriegsjuristen – rechtmäßig nicht zu beanstanden.

Das Landgericht Berlin wiederum fand an dem Tribunal des Volksgerichtshofs gegen die Attentäter des 20. Juli 1944 kaum etwas auszusetzen. Obwohl bereits vor der Verhandlung die Todesurteile feststanden, hielten es die Berliner Richter im Jahr 1971 keineswegs für erwiesen, »dass die hingerichteten Widerstandskämpfer des 20. Juli unter Außerachtlassung der mindesten verfahrensrechtlichen Anforderungen, mithin auf Grund eines Scheinverfahrens zum Tode verurteilt, ermordet worden sind«. Drei Beispiele – von Tausenden.

Insgesamt wurden über 16.000 Todesurteile von den zivilen Strafgerichten während des Nationalsozialismus ausgesprochen, mehr als zwei Drittel vollstreckt. Die Militärjustiz fällte mehr als 30.000 Todesurteile. Die Bedeutung, die diesen Zahlen beizumessen ist, zeigt sich, wenn andere Perioden der deutschen Justizgeschichte zum Vergleich herangezogen werden: In der Zeit von 1907 bis 1932 waren in Deutschland insgesamt 1.547 Angeklagte zum Tode verurteilt worden; in 377 Fällen kam es zur Vollstreckung.

Während vor 1933 nur bei drei Delikten auf Todesstrafe erkannt werden konnte, war dies 1944 bei mehr als vierzig Straftaten möglich. Allein zwischen 1941 und 1945 fällten die deutschen Strafgerichte, zumeist die Sondergerichte und der Volksgerichtshof, etwa 15.000 Todesurteile.

Doch nach dem Krieg mussten die Todesrichter nichts befürchten. Im Gegenteil: Beinahe in allen Verfahren gegen die Nazi-Justiz durften die Angeklagten mit besonderem Feingefühl und Verständnis ihrer Zunftkollegen rechnen. Anscheinend waren der Nachkriegsjustiz die Urteile nicht oberflächlich und barbarisch genug, sonst hätte sie das »damals anzuwendende Recht« nicht legitimiert.

Die verhinderten Ermittlungen, das großzügige Verständnis, die laxen Urteile, die zahllosen Freisprüche – das alles war charakteristisch für die Nachkriegsjustiz, wenn es um die Tätigkeit der Juristen im »Dritten Reich« ging. Die Formel des »mangelnden Unrechtsbewusstseins« wurde für die ehemaligen nationalsozialistischen »Rechtswahrer« zum Blankoschein. Auf die Solidarität ihrer Richterkollegen konnten sie ohnehin zählen: Ein ausgeprägter Korpsgeist garantierte dafür. Und deren Friedfertigkeit fand durchaus die Zustimmung der meisten Deutschen. Die Justiz gab sich insofern durchaus volksnah. Das Ausbleiben der strafrechtlichen Sühne für richterliche Verbrechen war Teil des großen kollektiven Verdrängungsvorgangs.

Und heute, mehr als siebzig Jahre nach dem Ende des NS-Regimes? Selbst jetzt neigen die noch lebenden Dabeigewesenen, Mittäter und Mitläufer weiterhin zu Beschönigungen, Verfälschungen und Relativierungen, wenn es um ihre Rolle im »Dritten Reich« geht. Noch immer bemühen sie sich um eine Unterscheidung zwischen den redlichen konservativen Juristen (die doch nur ihre Pflicht getan und häufig noch größeres Unheil abgewendet hätten) und den Nazis in Roben (die allein für die verbrecherische Seite der Justiz in der NS-Zeit verantwortlich seien). Diese törichte Abgrenzung, die seit der Stunde null als Rechtfertigung für die schwer erträgliche Tatsache herhalten muss, dass es mehrheitlich gerade die konservativen Juristen waren, die in ihrer »positivistischen Verblendung« erst die Voraussetzungen dafür schafften, dass jede Rechtskultur verschwand und von den Nazis pervertiert werden konnte.

Tatsache bleibt: Unter den Tausenden von Juristen, die während des »Dritten Reiches« in der Justiz tätig waren, stellten eingeschworene Nationalsozialisten eine Minderheit dar. Die große Mehrheit aber sicherte und garantierte die Macht der Hitler-Diktatur. Trotz der Anpassungen der Juristen an die Forderungen des NS-Staates war Hitler mit der Arbeit der Justiz unzufrieden.

Seine Einstellung zu Recht und Justiz war stets von einer starken Abneigung geprägt, die aus der Befürchtung resultierte, Gesetze und Gerichte könnten seinen Handlungsspielraum begrenzen. Doch die Juristen zeigten sich nicht als Gegner, sondern als Komplizen des Hitler-Regimes. Gesetze und Verordnungen wurden von den Nazis nach Belieben abgeschafft oder in Kraft gesetzt, doch so gravierend Entmündigung und

Demütigung auch sein mochten, mehrheitlich folgten die Juristen Führer und Partei – bis zum katastrophalen Ende.

Nach dem Krieg wollte niemand die Erblast des Unrechts tragen – und kaum einer musste sie auf sich nehmen. Die juristische Komplizenschaft mit den Nazis »schrumpfte zum Kavaliersdelikt, wenn ihr nicht nationalsozialistische Gesinnung, sondern die deutschnationale Überzeugung zugrunde lag«, wie der Bremer Jurist Ingo Müller treffend feststellte. So konnten Legenden geboren, »halbe« Widerstandskämpfer propagiert und eine belastete Justiz freigesprochen werden. Die historische Gedächtnislosigkeit wurde zum Erkennungsmerkmal eines ganzen Berufsstandes.

In den zurückliegenden Jahren erschienen zahlreiche erhellende Bücher und Forschungsarbeiten, die sich mit der zweifelhaften Rolle der Justiz im »Dritten Reich« kenntnisreich und kritisch auseinandersetzen, auch entwickelte sich eine Vielzahl von Ansätzen für eine neue demokratische Rechtskultur vor allem in den 1970er Jahren, die an die verschütteten Rechtstraditionen Deutschlands anknüpften. Die Richtergeneration von heute ist rechtsstaatlich gefestigt und durchaus kritisch gegenüber der Staatsautorität.

Die Zeit für strafrechtliche Sühne der Belasteten ist verstrichen. Die meisten der braunen Täter in Robe leben nicht mehr, und die letzten überlebenden Greise vor Gericht zu stellen, könnte die Versäumnisse und das Versagen der Nachkriegsjustiz nicht ausgleichen.

# 7

## EIN EHRENWERTER HERR

An einem schwülen Sommertag im August 1984 betritt ein alter, korrekt gekleideter Herr mit randloser Brille das Dokumentationsarchiv des österreichischen Widerstandes in der Wiener Wipplingerstraße, stellt sich dem Archivleiter als der emeritierte Rechtsprofessor Erich Schwinge aus Marburg in der Bundesrepublik vor und ersucht um Einsicht in die »Akte Reschny, Anton«. Er wird in den Benutzerraum geführt, wo er zwei bis drei Stunden Akten studiert und sich Notizen macht. Anton Reschny, ein Wiener Vulkanisierungslehrling, hatte am 23. August 1944 – gerade eine Woche Soldat und noch nicht über seine militärischen Pflichten belehrt – nach einem Bombenangriff freiwillig bei Räumungsarbeiten mitgeholfen und dabei aus der Wohnung eines Staatsanwalts einen Ring, zwei Uhren, eine Geldbörse und eine leere Brieftasche entwendet. Eine der Uhren schenkte der Siebzehnjährige einem Mädchen, das sie stolz herumzeigte. Sechs Tage nach dem Diebstahl wurde Reschny verhaftet.

Am 14. September 1944 verurteilte das Divisionsgericht 177 unter dem Vorsitz des Kriegsrichters Schwinge den jungen Anton Reschny wegen Plünderung zum Tode. In der Urteilsbegründung heißt es: »Der Angeklagte […] behauptet, sich der Tragweite seines Tuns nicht bewusst gewesen zu sein. Bei der Festsetzung der Strafe musste unter Annahme eines besonders schweren Falles im Sinne des Abs. 2 und des § 129 Militärstrafgesetzbuches auf Todesstrafe erkannt werden.« Der Angeklagte habe »im Felde (d.h. im Kriege) unter Ausnützung der Kriegsverhältnisse Sachen, die deutschen Volksgenossen gehören […] an sich genommen, in der Absicht, sie sich rechtswidrig anzueignen«. Und weiter: »Kriminelle Elemente, die Lust in sich verspüren, sich am Eigentum von Bombengeschädigten zu bereichern, müssen wissen, dass sie ihren Kopf riskieren, falls sie dieser Neigung nachgehen; anders können derartige Elemente nicht in Schach gehalten werden.«

Dass Schwinge fast auf den Monat genau vierzig Jahre nachdem er den Lehrling zu Tode verurteilt hat, im Wiener Archiv seine eigenen Spuren rekonstruiert, hat seinen Grund.

Was ihn offensichtlich auf Recherchenfahrt treibt, sind Veröffentlichungen über sein Wirken in der NS-Zeit als führender Kommentator des Militärstrafrechts und vor allem als Kriegsrichter in Wien. Zahlreiche Unterlagen und Dokumente darüber hatte der Privatforscher Fritz Wüllner, ein pensionierter Wirtschaftsmanager, entdeckt, als er sich um die Aufklärung des

Schicksals seines angeblich »auf der Flucht« erschossenen Bruders bemühte und dabei auf ein bislang wenig erforschtes schlimmes Kapitel der NS-Zeit stieß: die Militärjustiz. Wüllner, der in- und ausländische Archive durchforschte, fand so gut wie nichts über seinen Bruder. Dafür kam er zahlreichen Ungereimtheiten in der Geschichtsschreibung der NS-Militärjustiz auf die Spur. Das erzürnte ihn. Fortan war er entschlossen, Schwinges Buch über dieses Thema zu widerlegen: »Also begann ich mich für die Militärjustiz zu interessieren [...] Wen auch immer ich bei meinen Erkundigungen befragte: Immer wieder wurde ich auf das 1977 erschienene Standardwerk von Schweling und Schwinge, ›Die deutsche Militärjustiz in der Zeit des Nationalsozialismus‹, verwiesen. Das habe ich mir dann gekauft und gelesen. Und war entsetzt!«

Erich Schwinge, emeritierter Professor und Kriegsrichter a. D., war schon 1936 als besonders scharfer Kommentator des NS-Militärstrafgesetzbuches hervorgetreten, und er hielt sich deshalb für kompetent, auch das Nachkriegsbuch über die deutsche Militärjustiz herauszugeben – ein Werk, von dem sich der anfängliche Auftraggeber, das renommierte Institut für Zeitgeschichte in München, später distanziert hat. Der eigentliche Autor des Buches war Otto Peter Schweling, Oberstaatsanwalt bei der Bundesanwaltschaft und ebenfalls früherer Kriegsrichter. Nach dessen Tod erwarb Schwinge die Rechte und fungierte fortan als Herausgeber der umstrittenen Publikation, die einige

Rezensenten eine »Lobeshymne« auf die Militärjustiz und »eindeutig tendenziös« nannten. Auch Fritz Wüllner erkennt rasch die vielen Widersprüche darin. Wie berechtigt dieser Eindruck ist, erfährt er bei seinen Besuchen im Bundesarchiv Koblenz. Zu der Behauptung, während des Krieges habe es rund 700.000 Verfahren vor deutschen Militärgerichten gegeben, sagt der Privatforscher nach intensiven Recherchen nur einen Satz: »Das ist noch nicht einmal die Hälfte der Wahrheit.« Die grausame Bilanz: Bei der deutschen Militärjustiz fielen insgesamt etwa zweieinhalb Millionen Strafverfahren an. Mehr als 30.000 endeten mit einem Todesurteil. Aber nicht nur in Koblenz wird Wüllner fündig. Durch Zufall erfährt er, dass außer in Potsdam auch in Wien Akten der Militärjustiz lagern. Die Recherchen zu den verstaubten Zeugen einer verdrängten Vergangenheit führen ihn dabei immer wieder in die Aktenberge des Kriegsgerichts der Division Nr. 177. Von 1941 bis zum bitteren Ende fällt Schwinge hier Urteile oder klagt an. Allein zwischen Januar 1944 und Februar 1945 unterzeichnet er sieben Todesurteile. Neun weitere hat Schwinge in diesem Zeitraum als Ankläger beantragt, zuletzt am 9. Februar 1945. Der Angeklagte hatte sich in seiner Verzweiflung Petroleum gespritzt, er wollte auf diese Weise seinen Einsatz als Soldat verhindern. Wegen »Zersetzung der Wehrkraft« wird dem jungen Soldaten der Prozess gemacht. In der Urteilsbegründung schreibt Schwinge: »Der Angeklagte hat sich in höchst kritischer Situation dem Abgang an die

Front entzogen, und er hat damit seinen Kameraden ein sehr gefährliches Beispiel gegeben. Einer solchen Pflichtwidrigkeit kann im Interesse der Manneszucht nur mit dem schärfsten Strafmittel – der Todesstrafe – begegnet werden.« Nicht nur als prominenter Richter oder Ankläger, sondern auch als Ermittlungsrichter und Untersuchungsführer konnte ein Mann vom Range Schwinges selbstverständlich ein Verfahren beeinflussen. Dies tut er auch, freilich allein im Sinne der NS-Wehrmachtsjustiz. In der letzten Kriegsphase nehmen – wie überall im untergehenden Reich – auch beim Gericht der Division Nr. 177 die Todesurteile in erschreckendem Maße zu. Schwinge ist einer der fanatischen NS-Kriegsrichter. »Ein ungewöhnlich diensteifriger und arbeitsamer Richter von sehr guten Kenntnissen, guter Verhandlungstechnik und sicherem Urteil«, so lautet die Dienstbeurteilung des Kriegsrichters damals, der neben seiner Richtertätigkeit noch als ordentlicher Professor an der Wiener Universität jungen Studenten die rechte Gesinnung beibringt. Dass es sich hier um einen extrem strammen Vertreter nationalsozialistischen Ideenguts handelt, bezeugen zahlreiche von ihm verfasste Aufsätze aus dieser Zeit. In »Die Behandlung der Psychopathen im Militärstrafrecht« (1939/40) ist die Rede von »Minustypen«, von »Minderwertigen« und ihrer »intensiven Zersetzungsarbeit«. Ernst Toller, 1919 Mitglied der Münchner Räteregierung, zuvor Freiwilliger im Ersten Weltkrieg und an der Front zum Pazifisten geworden, wird als

»haltloser Anormaler«, als »ethisch defekter und fanatischer Psychopath« bezeichnet. Den Schriftsteller und sozialistischen Politiker Erich Mühsam, bereits 1934 im Konzentrationslager Oranienburg von den Nazis ermordet, schildert Schwinge als »noch gefährlicheren Psychopathen-Typ«. Originalton Schwinge: »Nichts vermag besser als diese beiden Namen zu verdeutlichen, was derartige Minderwertige in Zeiten völkischer Bedrängnis an Schaden anrichten können, wenn die Gesellschaft nicht vor ihnen geschützt wird!«

Für diesen Schutz sorgt auch Schwinge. Für »Minderwertige«, »Schwächlinge« und »Versager« ist kein Platz innerhalb der nationalsozialistischen Volksgemeinschaft. Besonders Militärjuristen sehen in jungen Männern, die das Trommelfeuer des mörderischen Krieges psychisch nicht verkraften, allenfalls Drückeberger, denen nicht das geringste Entgegenkommen gezeigt werden darf. Nein, nicht an der Heimatfront sollten sie eingesetzt werden, Schwinge plädiert stattdessen für ihre Zusammenfassung in speziellen »Psychopathen-Kompanien«.

Schon 1933 Zellenleiter im Bund nationalsozialistischer deutscher Juristen und ab 1935 häufig freiwilliger Teilnehmer an militärischen Übungen, ist Schwinge ein Richter, wie ihn die Nazis brauchen. Sein Diensteifer wird ihm nach Kriegsende keineswegs zum Verhängnis. Im Gegenteil, wie so viele Ex-Nazi-Richter macht auch er Karriere: Rechtsprofessor an der Universität Marburg, Dekan, zeitweise gar Rektor. In einer Festschrift mit dem Titel *Persönlichkeit in der Demokratie*, die 1973 von Kollegen zum siebzigsten Geburtstag Schwinges herausgegeben wurde, ist über den Jubilar nur Löbliches zu lesen. Seine vielen Veröffentlichungen, heißt es, »haben die Lehren des Verfassers von der Freiheit des Menschen, der Wahrung seiner Würde, der Gedankenfreiheit und der überragenden Bedeutung eines Rechtsweges in weite Kreise getragen«. Beispielsweise in Rechtfertigungsschriften wie *Bilanz der Kriegsgeneration*, ein Buch, das 1979 erschien und das es auf mehr als zehn Auflagen brachte, oder in seiner Publikation *Verfälschung und Wahrheit*, die 1988 herauskam und in der Schwinge Hitlers Militärjustiz beinah als Gegner des Nationalsozialismus darstellt.

Der Tübinger Hohenrain Verlag nennt in seinem Verlagsprospekt seinen Autor Schwinge den »letzten noch lebenden deutschen Experten des Militärstrafrechts« und einen der »schriftstellerisch erfolgreichsten deutschen Juristen der Gegenwart«. Zum Ruhm des Mannes mit Vergangenheit erfährt der Leser auch, dass ein Buch von ihm 1940 verboten worden sei. Schwinge gar als Widerstandskämpfer? Als heimlicher Oppositioneller in NS-Robe? Im Vorwort zu seinem 1983 erschienenen Buch *Der Staatsmann. Anspruch und Wirklichkeit* gibt sich der Kriegsrichter a.D. ganz als aufrechter Humanist: »Es ist hoch an der Zeit, dass hier einmal zur Besinnung aufgerufen wird. Das ist schon deshalb notwendig, weil dem in unserem Jahrhundert eingetretenen erschreckenden Niedergang der Staatskunst Einhalt geboten werden muss. Dieser Niedergang äußert sich besonders in der Art und Weise, wie heutzutage mit Menschenleben umgesprungen wird. Die große Wendung zur Inhumanität, die Millionen von Menschen den Tod brachte, wurde nicht erst von Lenin vollzogen und dann – in gigantischem Ausmaß – von Stalin und Hitler fortgesetzt, sie begann schon vorher im Lager der westlichen Demokratien.«

Dank der hartnäckigen und umfassenden Spurensuche des Privatforschers Fritz Wüllner können die Erinnerungslücken des Kriegsrichters Schwinge mit Wahrheit gefüllt werden.

In Wüllners 1991 erschienenem Buch *Die NS-Militärjustiz und das Elend der Geschichtsschreibung* werden auszugsweise zehn Todesurteile des Gerichts der Division Nr. 177 in Wien dokumentiert. Bis zur Gefangennahme im Mai 1945 hat Schwinge hier als Kriegsgerichtsrat mit dazu beigetragen, Menschen in den Tod zu schicken – als Richter, Ankläger, Ermittlungsrichter. »Abschreckung« als Begründung für ein Todesurteil war längst zur Farce geworden, doch Schwinge und seine Kumpane richteten bis zuletzt gnadenlos.

Der Kanonier Heinz Sorbe, geboren am 22. Juni 1918 in Frankfurt am Main, wurde am 15. Februar 1944 vom Gericht der Division Nr. 177 unter dem Vorsitz Schwinges wegen Fahnenflucht und fortgesetzten Rückfalldiebstahls zum Tode verurteilt (Str. L. Nr. II/1193/1943). In Wüllners Forschungsbericht wird das Soldatenleben des Kanoniers zusammengefasst:

*»Sorbe hatte sich Mitte 1935 freiwillig zum Reichsarbeitsdienst gemeldet und nach Ableistung des Arbeitsdienstes freiwillig zur Wehrmacht. Eintritt in die Wehrmacht am 07.03.1940. Nachdem er den Frankreichfeldzug mitgemacht hatte, wurde er mit August 1940 vom Gericht der Div. Nr. 159 in Frankfurt wegen unerlaubter Entfernung zu der unerhört hohen Strafe von drei Jahren Gefängnis verurteilt. Am 09.11.1942 wurde er in Wien erneut verurteilt, und zwar wegen Fahrraddiebstahl zu einem Jahr Gefängnis, eine ebenfalls überhöhte Strafe, die vermutlich auf die Vorstrafe zurückzuführen ist. (Fahrraddiebstähle fanden zu jener Zeit – sozusagen am laufenden Band – in allen Großstädten statt. Soldaten, die Fahrräder klauten, stellten diese meistens am gleichen Tag oder ein paar Tage später an anderer Stelle wieder ab.) Nachdem er die Strafe im Januar 1943 angetreten hatte, wurde angeordnet, dass die weitere Vollstreckung in einer Feldstrafgefangenen-Abteilung erfolgen sollte, und zwar ab März 1943. Wegen einer Fußwunde, die er sich beim Russlandeinsatz dieser Feldstrafgefangenen-Abteilung zugezogen hatte, wurde er in ein Lazarett beim Hauptverbandsplatz Woroschilowsk eingeliefert. Er benutzte am 13.07.1943 eine Gelegenheit, sich aus dem Lazarett zu entfernen, und schlug sich nun durch Russland bis nach Oberschlesien durch. In der Folgezeit hielt er sich in Wien auf, dann in Kitzingen, wo er erfuhr, dass seine Mutter gestorben war, fuhr dann wieder nach Frankfurt weiter und schließlich wieder nach Wien. Am 07.11.1943 wurde er festgenommen, konnte aber am 24.11.1943*

*erneut fliehen. Kurz danach wurde er wieder festgenommen.«*

Das Urteil war am 9. März 1944 bestätigt worden. Das Gnadengesuch wird abgelehnt, das Urteil am 24. Mai 1944 vollstreckt: Scharfrichter Reichhart und drei Gehilfen enthaupten Heinz Sorbe um 19 Uhr und 12 Minuten. Ganz im Sinne des Kriegsrichters Schwinge, der im letzten Satz des Todesurteils ausgeführt hatte: »Ein derartig pflichtvergessenes Verhalten kann im Interesse der öffentlichen Sicherheit und der militärischen Manneszucht nur durch Hergabe des Lebens gesühnt werden.«

Auch der Grenadier Bela Tesch, geboren am 20. August 1904 in Ödenburg, wird vom Gericht der Division Nr. 177 am 13. Januar 1945 wegen Fahnenflucht zum Tode verurteilt (Str. L. Nr. H/1252/44). Das Todesurteil ist wieder vom Vertreter der Anklage, Oberstabsrichter Dr. Schwinge, beantragt worden.

Im letzten Absatz des Urteils zeigt er sich wieder ganz als Herr über Leben und Tod: »Der Angeklagte hat die Fahnenflucht ins Ausland begangen und hat sich während derselben schwer gegen das Deutsche Reich vergangen. Er war als deutschfeindlicher Hetzer tätig, hörte selbst feindliche Rundfunksender und hat seine Arbeitskameraden zu gleichen Straftaten aufgefordert. Er konnte sich über ein Jahr von seiner Truppe unerlaubt fernhalten. Dass er auch als Kommunistenführer tätig war, konnte in diesem Zusammenhang nicht festgestellt werden. Der Angeklagte hat sich aber durch die geschilderte Weise in erheblichem Maße während seiner Fahnenflucht verbrecherisch betätigt. Im 6. Kriegsjahr, zu einer Zeit höchster Anspannung aller Kräfte des deutschen Volkes im Endkampf um sein Bestehen, findet diese Fahnenflucht aus Gründen der Aufrechterhaltung der Manneszucht und der Notwendigkeit der Abschreckung nur in der Todesstrafe die notwendige und gerechte Sühne.« Am 3. April 1945, wenige Tage nur bevor russische Truppen Wien einnehmen, wird – nachdem ein Gnadengesuch abgelehnt worden ist – der junge Bela Tesch erschossen. Eine Niederschrift hält nüchtern fest: »Das Vollzugskommando von sechs Mann war fünf Schritte vor dem Verurteilten aufgestellt. Das Kommando ›Feuer‹ erfolgte um 18 Uhr und 49 Minuten. Der Verurteilte starb gefasst und soldatisch.«

Urteilsbegründungen wie diese haben Schwinge im Nachkriegsdeutschland nicht geschadet. Bereits 1946 ist er Rechtslehrer, ebenfalls ständiger Mitarbeiter der *Neuen Zeitschrift für Wehrrecht*, für die er bereits in der NS-Zeit Beiträge schrieb, als sie noch *Zeitschrift für Wehrrecht* hieß. In jener Zeit hat ein Wort wie »neu« für eine »neue Karriere« ausgereicht, und eine solche durchläuft Schwinge als Wissenschaftler, Professor und Publizist in rasantem Tempo.

In den frühen 1950er Jahren kann es ein Mann mit seiner Vergangenheit sogar zum stellvertretenden FDP-Vorsitzenden in Hessen bringen. In seinem

Heimatort Marburg an der Lahn gehört er zur Stadtprominenz. Bis Mitte der 1980er Jahre lebt Professor Dr. Schwinge ein ruhiges, gut dotiertes Pensionärsleben, schreibt zahlreiche Bücher, in denen er seine bewährten Geschichtsinterpretationen ausbreitet und reinwaschende Vergangenheitsbewältigung betreibt. Nicht ohne Erfolg. Dankbare Leser findet er hierzulande allemal. Ein ebenso geehrter wie geachteter Mann also – wäre da nicht Fritz Wüllner, der wie kein anderer zuvor die verdeckten Strukturen der Militärjustiz in der NS-Zeit erforscht und der Karriere des Kriegsrichters a. D. Schwinge nachspürt. In den Akten des Staatsarchivs in Wien findet Fritz Wüllner die Akte mit dem von Schwinge 1944 verkündeten Todesurteil gegen Anton Reschny. Ein Jüngling aufs Schafott, weil er einige kleine Gegenstände einsteckte?

Der Fall Reschny – eine ungewöhnliche Geschichte. Denn der von Schwinge verurteilte Junge hat – anders als die beiden jungen Soldaten Sorge und Tesch – sein Todesurteil überlebt. Trotz Schwinge. Angeklagt war der Lehrling damals, ganz korrekt, wegen Verstoß gegen die sogenannte Volksschädlingsverordnung. Dabei wäre das Jugendgerichtsgesetz anzuwenden gewesen, das derart drakonische Strafen nicht erlaubte. Stattdessen griff Kriegsrichter Schwinge zum Militärstrafgesetzbuch, das für Jugendliche den Schutz vor Todesstrafe ausschloss. Für Plünderungen in einfachen Fällen war Gefängnis oder Festungshaft vorgesehen, nur in besonders schweren Fällen Zuchthaus oder

Todesstrafe. Schwinge indessen begründete sein Urteil damit, dass »jeder Fall von Plünderung« in den großen Städten »ausnahmelos zur Todesstrafe« führen müsse. Denn Kriminelle sollen nun einmal wissen, »dass sie ihren Kopf riskieren«. Ausgerechnet Heinrich Himmler ist es, der Anton Reschny begnadigte. Der berüchtigte SS-Führer war in diesem Fall einsichtiger als der fanatische NS-Richter Schwinge und wandelte das Urteil in eine fünfzehnjährige Freiheitsstrafe um.

Fritz Wüllner ist nach Österreich gefahren und hat Reschny besucht. Der lebt als Rentner in Wien. Nach ausführlichen Gesprächen mit ihm kehrt er mit einer Vollmacht zurück, mit der er den Frankfurter Rechtsanwalt Stefan Baier beauftragt, Strafanzeige »wegen versuchten Mordes« gegen Schwinge zu erstatten.

Dies hatten zuvor auch schon andere getan, die vom Fall Reschny erfahren hatten: der österreichische Widerstandskämpfer Eduard Rabofsky in Wien, der Hildesheimer Richter Ulrich Vultejus bei den Strafverfolgungsbehörden in Marburg. Nun kommt eine weitere Anzeige hinzu. Kriegsrichter Schwinge habe versucht, stand nun in der dritten Strafanzeige »wegen versuchten Mordes und Rechtsbeugung« zu lesen, »den 17-Jährigen mit Mitteln der Justiz zu töten«, indem er unzulässigerweise statt der »Volksschädlingsverordnung« das Militärstrafrecht anwendete und überdies einen besonders schweren Fall von Plünderung annahm. Als Rechtsprofessor und einer der führenden Kommentatoren des Militärstrafgesetzbuches habe

Schwinge genau gewusst – so Anwalt Baier –, dass er aufgrund des geltenden Rechts Reschny »höchstens zu zehn Jahren Gefängnis« hätte verurteilen dürfen. Der Frankfurter Anwalt stützt sich auf die Rechtsprechung des Bundesgerichtshofs. Danach begeht ein Strafrichter stets dann Rechtsbeugung, »wenn er bewusst eine Strafe verhängt, die nach Art oder Höhe in einem unerträglichen Missverhältnis zu der Schwere der Tat und der Schuld des Täters steht«. Dass es sich, wie Baier anmerkt, »um die erstmalige unbedachte Handlung eines 17-Jährigen handelte«, dass keine Gewalt oder »besondere List« angewandt wurde und »dass der Wert der Gegenstände nicht sehr hoch« war – dies alles sei von Schwinge ignoriert worden.

Der Marburger Oberstaatsanwalt Kohl will sich den ausführlich begründeten Vorwürfen des Anwalts nicht anschließen. Die Anwendung des Militärstrafrechts, so der Jurist, sei vertretbar gewesen, weil die »unscharfen und weitmaschigen« Tatbestandsmerkmale damals »wie ausgelegt« worden seien. Zwar wertet der Oberstaatsanwalt die Verhängung der Todesstrafe als unangemessen, weil der NS-Richter keine Milderungsgründe berücksichtigt habe. Aber für eine Anklage wegen Mordversuch und Rechtsbeugung reicht die Einsicht des Marburger Oberstaatsanwalts nicht aus. Doch Anwalt Baier und Anzeigenerstatter Reschny, ebenso wie der emsige Pensionär Wüllner geben sich mit den Einstellungsargumenten aus Marburg nicht zufrieden. Baier hält nicht nur die rechtlichen Betrachtungen des

Marburger Oberstaatsanwalts für unzulässig und unbegründet, sondern hat auch bei den Ermittlungen des Falles allerlei Lücken und Versäumnisse aufgespürt. Da geht es zunächst um die Behauptung von Schwinge, er habe gleich nach dem Urteilsspruch eine Begnadigung Reschnys befürwortet. Unstrittig ist, dass die Kriegsstrafverfahrensordnung damals vorschrieb, dass die Richter eines Kriegsgerichts nach der Verkündigung des Todesurteils schriftlich zur Frage der Begnadigung Stellung nehmen mussten. Schwinge hat ausgesagt, sein Votum dafür abgegeben zu haben. Nur: Im Wiener Kriegsarchiv hat Fritz Wüllner trotz intensiver Aktensichtung kein »Gnadenpapier« von Schwinge entdeckt.

Eine Menge offener Fragen, zur Rechtslage und zu den Fakten. Damit sollte sich nun – so wollte es Anwalt Baier – der hessische Generalstaatsanwalt befassen. Doch auch dort bleibt die Anzeige gegen Schwinge ohne Erfolg. Wegen Eintritt der Verjährung und fehlenden Tötungsvorsatzes lehnt man es ab, gegen ihn Anklage zu erheben. Wörtlich heißt es im Bescheid an Rechtsanwalt Baier: »Angehörige der Wehrmacht sollten für von ihnen begangene Verbrechen nach dem Willen der NS-Machthaber zwar streng und unnachsichtig, aber jedenfalls in gesetzmäßiger Weise zur Verantwortung gezogen werden.«

Im Fall des zum Tode verurteilten Anton Reschny sei demzufolge die Strafverfolgungsverjährung bereits im August 1965 eingetreten. So bleibt nur noch das Klageerzwingungsverfahren, das schließlich ebenfalls mit dem bemerkenswerten Hinweis abgelehnt wird, die von Reschny erhobenen Vorwürfe seien »nicht begründet«! Schwinge selbst legt dem Marburger Oberstaatsanwalt eine eidesstattliche Erklärung seines früheren Divisionskommandeurs Erich Müller-Derichsweiler vor. In dieser Erklärung vom 9. September 1946 schreibt der General, er habe »schwierige Fälle« damals bewusst Erich Schwinge übertragen, »da ich wusste, dass er sein ganzes Wissen und Können daransetzen würde, um die Angeklagten vor der erbarmungslosen Härte der nationalsozialistischen Gesetzgebung zu schützen«. Er halte Schwinge deshalb »als Erzieher und Lehrer der Jugend« für besonders geeignet.

Marburg an der Lahn. Hoch über der Stadt, von seiner weiß getünchten Villa in einem gediegenen Wohnviertel, blickt Kriegsgerichtsrat a.D. Professor Dr. Erich Schwinge hinunter auf die Stadt und auf »seine« Universität. Als emeritierter Professor und ehemaliger Rektor wird er noch immer im Personalverzeichnis der Philipps-Universität geführt, genießt er immer noch das Privileg eines eigens für ihn reservierten Arbeitszimmers. Mit Aufsätzen, Vorträgen und Buchpublikationen versorgt er nach wie vor patriotische Ewiggestrige und unbelehrbare Heutige. Beispielsweise mit seinem Buch *Bundeswehr und Wehrmacht. Zum Problem der Traditionswürdigkeit* (1991), in dem er auf die großen Leistungen der »deutschen Soldaten« hinweist und die Wiederherstellung ihrer Ehre fordert. Unter der Kapitelüberschrift »Die militärische Leistung der

Wehrmacht und ihrer Soldaten« geht Schwinge in bewährtem Richterton mit allen Gegnern der Wehrmacht ins Gericht. Das Bild, das der deutsche Soldat und die Deutsche Wehrmacht in den besetzten Ostgebieten hinterlassen hätten, reiche – so Schwinge – allein aus, einseitige Historiker »mit ihrem Verdammungsurteil zu widerlegen«. Schwinges Bild der Hitler-Armee: »Als Ganzes betrachtet, ist [sie] ehrenhaft und wegen [ihrer] Vorbildeigenschaft geeignet, als traditionswürdig anerkannt und behandelt zu werden.«

Wie der allseits betriebenen Rufmordkampagne gegen das deutsche Soldatentum wirksam zu begegnen sei, verrät der Kriegsrichter a.D. seiner strammen Leserkameradschaft auf der letzten Seite. Seine Forderung: »Als Nächstes muss die Ehre der Soldaten wiederhergestellt werden, die einst der Wehrmacht angehört haben. Sie müssen von dem Makel befreit werden, dass sie einer verbrecherischen Organisation angehört, ganz Europa mit einer barbarischen Kriegsführung überzogen hätten, für Millionen von Morden verantwortlich seien und in großer Zahl an Nazi-Untaten teilgenommen hätten.« Das Geleitwort für Schwinges Legitimationsschrift liefert ein kompetenter soldatischer Praktiker: Generalmajor a.D. Dr. Jürgen Schreiber, Präsident des Rings Deutscher Soldatenverbände und Autor von Rechtfertigungsschriften mit Titeln wie *Waren wir Täter? Gegen die Volksverdummung unserer Zeit*, für die unter anderem in der Augustausgabe 1991 der Zeitschrift *Soldat im Volk* (Untertitel: *Für Tradition und Fortschritt des europäischen Soldatentums*) mit folgendem Text geworben wird: »Dieser Band ist das Bekenntnis eines Mannes, der sich nicht dem Zeitgeist und der antideutschen Gräuelhetze beugen will. Es ist gleichermaßen für die Kriegsgeneration als auch für junge Menschen wichtig, die sich ein eigenes Urteil bilden möchten.«

Karrierehöhepunkt war für ihn der Rang eines Brigadegenerals, eingesetzt als General des Erziehungs- und Bildungswesens im Heer – ausgerechnet. Ein Ex-Wehrmachtsoffizier, dekoriert mit dem Eisernen Kreuz und noch immer von strammer Gesinnung, nun zuständig für die »Erziehung« junger Soldaten der Bundesrepublik. Keine Frage: Die Bonner Republik stand auch im Bereich der Bundeswehr für Kontinuität.

Dem Zeitgeist will sich Kriegsrichter a.D. Schwinge ebenfalls nicht beugen. Eine Diskussion darüber, ob Wehrmachtsdeserteure »Vaterlandsverräter« oder »Feiglinge« seien, vor allem, ob diesen Männern ein Denkmal gesetzt werden soll, muss auf ihn, der die »soldatische Manneszucht« immer verteidigte – notfalls auch mit einem Todesurteil – wie ein Akt staatsfeindlichen Aufruhrs wirken. Im Sommer 1988 brachte die Fraktion der Grünen im Marburger Stadtparlament den Vorschlag ein, Pazifisten und Deserteuren ein Denkmal zu setzen, und löste damit in der Provinzstadt eine hitzige Debatte aus. Doch zur Affäre geriet die Debatte erst, als sich der Kommandant der Marburger Garnison, ein Oberstleutnant Leyherr, zum Thema äußerte. Ein Denkmal für solche Gesetzesbrecher, so der Befehlshaber über 3.000 Bundeswehrsoldaten, sei eine »Schande und ein Angriff auf diesen Rechtsstaat«. An Marburgs Stadtväter appellierte der Herr Kommandant, sich nicht »entwürdigen zu lassen« und einem solchen Anliegen nicht zuzustimmen. Er konnte beruhigt sein. Mit der Stimmenmehrheit von CDU und der Mehrzahl der SPD-Fraktion lehnte das Parlament die Denkmalforderung ab.

Die Marburger Provinzwelt war wieder in Ordnung. Und auch Herr Kriegsgerichtsrat a.D. Schwinge konnte erleichtert zur Kenntnis nehmen, dass in seiner Heimatstadt auf das Parlament noch Verlass ist. Nicht nur, was die Traditionswürdigkeit deutscher Vergangenheit betrifft, auch, was seine eigene Vergangenheit angeht, war er unbelehrbar geblieben. Schwinge hat zu keinem Zeitpunkt zu erkennen gegeben, dass ihn wenigstens in der Rückschau sein damaliges Wirken nachdenklich stimmt. Wer versucht, seine braune Vergangenheit zu beleuchten, der stößt auf seinen entschlossenen Widerstand.

So tritt er beim Deutschen Presserat der Berichterstattung der *Frankfurter Rundschau*, die über seine Wiener Zeit und seine Nachkriegskarriere informiert hatte, mit den Worten entgegen: »Wer mich angreift, der hat mit entschiedener Abwehr zu rechnen.« Darin erprobte er sich schon seit Jahren. Beispielsweise 1964, als er die Illustrierte *Revue* auf Schadenersatz in Höhe von 30.000 Mark verklagte – und gewann. Oder als er gegen den Westdeutschen Rundfunk vorging, wo es für ihn zu einem ebenso erträglichen wie einträglichen Vergleich kam: 10.000 Mark und Ehrenerklärung. Auch gegen den Richter Ulrich Vultejus, der in seinem Buch *Kampfanzug unter der Robe* die NS-Wehrmachtsjustiz und unter anderem auch Schwinge angegriffen hatte, klagte der ehrenwerte Kriegsrichter a.D. vor Gericht. Ob Journalist oder Student, überall lauern »Gegner«, die es zu bekämpfen gilt. Beispielsweise der Marburger Student Michael Lemling. Der hatte bei einer Podiumsdiskussion auf dem Marburger Landeskirchentag im Juni 1990 zum Thema »NS-Wehrmachtsjustiz und Desertion« Schwinges NS-Richterschaft zur Sprache gebracht und auf von diesem gefällte Todesurteile sowie auf dessen Nachkriegskarriere hingewiesen.

Dabei soll er Schwinge auch als »widerlichsten Marburger« und als »unverschämten Kerl« tituliert haben. Jedenfalls wollen es so drei Zeugen, unter ihnen ein rechtsgesinnter Burschenschaftler, gehört haben, die es umgehend dem ehrenwerten Kriegsrichter a.D. zutragen. Schwinge sucht – wieder einmal – Schutz bei der Justiz und stellt Strafanzeige gegen den Studenten wegen Beleidigung. Nachdem die Marburger Staatsanwaltschaft in diesem Fall kein öffentliches Interesse hat erkennen können und auch ein Schlichtungsversuch beim Schiedsmann keine Klärung gebracht hat, bleibt Schwinge nur noch der Weg einer Privatklage. Michael Lemling, Mitglied der Marburger Geschichtswerkstatt, die sich seit Jahren der Erforschung und Aufarbeitung der lokalen NS-Vergangenheit widmet, ist schließlich überrascht, als Schwinges Anwälte im November die Privatklage mit der Begründung zurückziehen, ihrem Mandanten sei »von seinen beiden Ärzten dringend geraten worden, sich nicht den Belastungen einer gerichtlichen Verhandlung auszusetzen«.

Vielleicht aber hatten die Anwälte den streitbaren Ex-Kriegsrichter davon überzeugt, dass dieses Verfahren allenfalls wieder eine öffentliche Auseinandersetzung um seine Vergangenheit entfachen würde. Und Schwinge hat – selten genug – diesmal zugestimmt. Kurze Zeit später jedenfalls ist der alte Herr wieder rundum vital. Mit erhobenem Haupt und strammem Schritt sieht man ihn auf dem Weg zu seinem Arbeitszimmer in der Universität, dort, wo er als Rechtsprofessor einst ganzen Juristengenerationen das notwendige deutsche Rechtsempfinden nahegebracht hat. Als Mann von höchster Kompetenz, bester deutscher Gesinnung, als »Erzieher und Lehrer der Jugend« wird er von seinen akademischen Ex-Kollegen weiterhin respektvoll geschätzt. Als verdienter Bürger wird er in der Stadt gewürdigt, als freundlicher Nachbar in seinem Wohnviertel gegrüßt.

# 8

## MEIN NACHBAR, DER KZ-MÖRDER

Die sechs Männer kommen am helllichten Tag. Unbemerkt dringen sie in das Treppenhaus ein. Die Vorbereitungen für eine geplante Ruhestörung beginnen: Flurwände werden mit Parolen besprüht, Flugblätter verstreut, Scheiben zertrümmert. Erregte Hausbewohner stürmen aus ihren Wohnungen. Es kommt zu heftigen Wortgefechten mit den Eindringlingen. Vor dem Haus bleiben die ersten Passanten stehen.

»Strippel – freier – Kinderhenker!«, skandiert die kleine Demonstrantengruppe. Der Mann, dessen Name immer wieder und immer lauter gerufen wird, steht unbeweglich hinter den Gardinen im zweiten Stock und beobachtet die Szene. Arnold Strippel, den viele Nachbarn als den ruhigen älteren Herrn aus der Talstraße im Frankfurter Vorort Kalbach kennen, ist wieder einmal von seiner Vergangenheit eingeholt worden. Aus Empörung darüber, dass sich der Mann, der für die Ermordung von zwanzig jüdischen Kindern verantwortlich ist, an denen im Konzentrationslager Neuengamme bei Hamburg zuvor Menschenversuche unternommen worden waren, noch immer in Freiheit befindet, ist die Gruppe französischer Juden nach Frankfurt gefahren. Ihre Aktion haben sie lange vorbereitet. Auf Flugblättern, die sie in die Briefkästen der umliegenden Häuser werfen, ist die Rede von einer »langen Blutspur«, die der ehemalige KZ-Mann Arnold Strippel in Buchenwald, Ravensbrück, Majdanek und Peenemünde hinter sich ließ. »Strippel, Mörder!«, rufen die Demonstranten auch jetzt, als aufgebrachte Nachbarn beginnen, handgreiflich zu werden. Nach heftigen Diskussionen und gegenseitigen Beschuldigungen werden die Demonstranten festgenommen, abtransportiert und dem Haftrichter vorgeführt. Ihr Ziel haben sie trotzdem erreicht: Am nächsten Tag berichten alle Frankfurter Tageszeitungen über die Aktion gegen den ehemaligen SS-Mann.

Und danach? Die Staatsanwaltschaft wird wegen Hausfriedensbruch ermitteln, denn nicht nur Strippel, auch seine Nachbarn haben Strafanzeige gegen die jüdischen Demonstranten erstattet. Wenige Tage später sind die demolierten Fenster wieder ersetzt, die Parolen – und damit die Erinnerung an die unbequeme Vergangenheit – wieder von den Flurwänden gewischt.

Kalbach bei Frankfurt. Eingekeilt von Schnellstraßen und Autobahnen, an der nordöstlichen Peripherie von Frankfurt, liegt das Dorf, das vor Jahren von der Metropole »eingemeindet« wurde. Im alten Dorfkern gibt es nur noch wenige kleine Gassen, gerade ein halbes Dutzend Bauernhöfe und Fachwerkfassaden. Längst ist die Dorfidylle urbaner Zweckmäßigkeit gewichen. Oben, am Ortseingang, dort, wo vor wenigen Jahren noch weite Felder den Blick in den nahen Taunus freigaben, steht jetzt ein Freizeitzentrum: Architektur aus Stahl und Metall, Stahltrassen und bunten Riesenrohren. Ein wenig überdimensioniert wirkt der gigantische Komplex. Eine Nummer, oder auch zwei, zu groß. Der ehemals beschauliche Ort will modern daherkommen. Die Talstraße liegt unten im alten Dorfkern. Dort treffe ich auf den Briefträger: »Strippel?« Ist die Vergangenheit dieses Mannes ein Problem für die Nachbarn? »Nee, das ist hier kein Thema … Aggressionen oder so etwas gegen den Mann – nein, die gibt's hier nicht.«

Einen Spion am Fenster und ein Sicherheitsschloss an der Wohnungstür, so erzählt der Briefträger, habe sich Strippel nach dem Vorfall einbauen lassen. »Aber Angst«, sagt der Mann mit einem Lächeln, »Angst braucht der Mann hier nicht haben. Keiner tut ihm was.« Dass Strippel für seine Kalbacher Nachbarn ein durchaus ehrenwerter Bürger ist, zeigt mir die Reaktion eines älteren Mannes, den ich wenig später nach der Adresse Strippels frage. »Was wolle Se denn von dem?«, platzt es unwirsch aus ihm heraus. »Könne Se den Mann denn net mal in Ruh' lasse?«

Wer ist dieser Mann, über den hier kaum einer reden will, über dessen Vergangenheit sich niemand entrüstet und dessen Nachbarschaft sich keiner schämt?

»Ich, Arnold Strippel, wurde als zweiter Sohn des Landwirts Friedrich Strippel und dessen Ehefrau Martha, geb. Wald, am 4. Juni 1911 in Unshausen, Bezirk Kassel, geboren«, schreibt er in seinem Lebenslauf für das »Rasse- und Siedlungshauptamt SS«. Und weiter: »Vom 6. bis zum 14. Lebensjahre besuchte ich die Volksschule dortselbst. Nach meiner Schulentlassung erlernte ich das Handwerk der Zimmerer. Auch nach bestandener Gesellenprüfung, welche ich nach 3-jähriger Lehrzeit ablegte, blieb ich weiterhin bei meinem Lehrmeister und war später, als das Baugeschäft daniederlag, in der Landwirtschaft meiner Eltern tätig. Im Frühjahr 1934 bewarb ich mich um die Einstellung in die aktive SS.«

Arnold Strippel wird angenommen. Äußerlich und innerlich entspricht er den Anforderungen dieses Blutordens: ein blonder germanischer Recke von einem Meter fünfundachtzig, der nach dem allgemeinen Untersuchungsbefund der SS-Ärzte sowohl »straff-aufgerichtet« als auch »nordisch« ist. Im Oktober 1934 beginnt Strippel bei der Wachgruppe des Konzentrationslagers Sachsenburg seinen Dienst. Es ist der Anfang einer blutigen SS-Karriere. Es gibt nur wenige Konzentrationslager, die er in den nächsten Jahren nicht betreten wird. Schon vier Jahre später ist er Rapportführer im Konzentrationslager Buchenwald. Eine seiner Aufgaben ist die Bestrafung der Lagerhäftlinge.

Strippel ist unter den Lagerinsassen gefürchtet. Er gilt als besonders brutal, als übler Schläger und

Peiniger. Später wird ein Zeuge vor Gericht über ihn sagen: »Strippel war ein Mann, der den größten Wert darauf legte, hundertprozentig seine Aufgaben zu erfüllen. Ich habe ihn wiederholt und mit Lust prügeln sehen [...] er trat Leuten mit den Stiefeln ins Gesäß oder schlug sie mit der Faust oder einem Knüppel ins Gesicht.« Ab Juni 1942 hinterlässt er seine blutige Spur im Vernichtungslager Majdanek, wo er rasch zum Untersturmführer befördert wird. Nun folgen das Konzentrationslager Ravensbrück, das Arbeitslager Peenemünde, das Konzentrationslager Vught in Holland. Nach einer kurzen Zwischenstation im Konzentrationslager Drütte wird er noch einmal befördert: Als SS-Obersturmführer übernimmt er das Kommando für sämtliche Hamburger Außenlager des Konzentrationslagers Neuengamme. In einem der ihm unterstellten Außenlager, im Keller einer ehemaligen Schule am Bullenhuser Damm, werden in der Nacht vom 20. auf den 21. April 1945 – wenige Tage vor Kriegsende – zwanzig jüdische Kinder bestialisch ermordet.

Der Hintergrund: Der SS-Arzt Kurt Heißmeyer erstrebte eine Professur. Dazu musste er originelle Forschungsergebnisse präsentieren. Obwohl zuvor widerlegt, vertrat er die Hypothese, dass die Injektion lebender Tuberkulosebazillen in Probanden als Impfstoff wirke. Eine weitere Komponente seiner Experimente basierte auf der pseudowissenschaftlichen Rassentheorie der Nazis, wonach die Rasse als Faktor bei der Entwicklung der Tuberkulose eine Rolle spiele.

Zunächst wurden medizinische Experimente an Häftlingen aus der Sowjetunion und anderen Ländern im Konzentrationslager Neuengamme durchgeführt. Dann wurden die Experimente auf Juden ausgedehnt. Dabei entschied sich Heißmeyer für jüdische Kinder. Zwanzig jüdische Kinder (zehn Jungen und zehn Mädchen) aus dem Konzentrationslager Auschwitz wurden von Josef Mengele ausgewählt und nach Neuengamme geschickt. Mengele fragte die Kinder angeblich: »Wer will seine Mutter besuchen?« Die Kinder wurden von vier weiblichen Gefangenen nach Neuengamme begleitet. Zwei waren polnische Krankenschwestern, eine ungarische Apothekerin. Sie wurden bei ihrer Ankunft in Neuengamme getötet. Die vierte Frau, die in Polen geborene Jüdin Paula Trocki, war Ärztin. Sie überlebte den Krieg und bezeugte später in Jerusalem, was sie gesehen hatte:

*»Der Transport wurde von einer SS-Wache begleitet. Es gab zwanzig Kinder, eine Ärztin, drei Krankenschwestern. Der Transport erfolgte in einem separaten Wagen, der an einen normalen Zug gekoppelt war. Auf diese Weise präsentiert, schien es sich um eine gewöhnliche Kutsche zu handeln. Wir mussten die Sterne Davids abnehmen, damit wir keine Aufmerksamkeit erregen. Um zu verhindern, dass sich Menschen uns nähern, sagten sie, es handele sich um einen Transport von Menschen mit Typhus [...] Das Essen war ausgezeichnet; auf dieser Reise bekamen wir Schokolade und Milch. Nach einer*

*zweitägigen Reise kamen wir um zehn Uhr nachts in Neuengamme an.«*

Die Kinder wurden mit einem Lastwagen zur Schule am Bullenhuser Damm im Hamburger Vorort Rothenburgsort gebracht und nach der Ankunft in den Keller geführt. Laut einer späteren Aussage eines SS-Mannes setzten sich die Kinder »ringsum auf die Bänke und waren fröhlich und froh, dass sie einmal aus Neuengamme herausgelassen worden waren. Die Kinder waren völlig ahnungslos.« Sie mussten sich dann ausziehen und bekamen eine Morphiumspritze. In einem angrenzenden Raum wurden sie erhängt. Überwacht wurde die Hinrichtung von SS-Obersturmführer Arnold Strippel. Das erste Kind, das gehängt wurde, war so leicht, dass sich die Schlinge nicht festzog.

Als die Truppen der Alliierten immer näher an Hamburg heranrückten, sollten alle Spuren vertuscht werden. So wurden auch 28 erwachsene Häftlinge, die als Betreuer der Kinder eingesetzt und deshalb Mitwisser waren, in einem ebenfalls Strippel unterstehenden Außenlager ermordet. Danach zogen die Täter ihre Blutuniform aus. Sie tauchten unter. Auch Strippel.

Am 31. Mai 1946 erhebt der englische Brigadier H. Shapcott vor dem Militärgericht im Hamburger Curiohaus Anklage gegen ihn und zwei weitere SS-Täter wegen »killing of 20 children at the Bullenhuser Damm«, aber er muss das Verfahren ohne Strippel durchführen. Der hat sich zuerst bei einem SS-Kumpan in der Nähe von Rendsburg versteckt, später als Landarbeiter im Hessischen. Im Herbst 1948, als sich die SS-Führer in Westdeutschland schon wieder sicher fühlen, als die nur allzu grobmaschige Entnazifizierungsprozedur auch zahllosen NS-Tätern die Rückkehr ins bürgerliche Leben ermöglicht, stellt sich auch Arnold Strippel unter seinem richtigen Namen im amerikanischen Internierungslager Darmstadt. Anstandslos bekommt er ordentliche Papiere und wird entlassen.

Doch am 13. Dezember 1948, mittags um 14 Uhr, wird Strippel zum ersten Mal von seiner Vergangenheit eingeholt. Ein Buchenwald-Häftling, der früher von Strippel zum berüchtigten »Baumhängen« verurteilt worden ist, erkennt seinen einstigen Peiniger in der Frankfurter Innenstadt. Der Mann ruft die Polizei. Strippel wird verhaftet.

Am 31. Mai 1949 beginnt vor dem Frankfurter Schwurgericht der Prozess. Strippel wird angeklagt, im Konzentrationslager Buchenwald nicht nur zahllose schwere Körperverletzungen an Häftlingen begangen zu haben, sondern auch bei der Erschießung von 21 jüdischen Gefangenen dabei gewesen zu sein. Diese waren am 9. November 1939 als Racheakt für den Bombenanschlag auf Hitler im Münchner Bürgerbräukeller ermordet worden. Der Anschlag, von dem Schreinergesellen Georg Elser geplant und durchgeführt, war gescheitert. Zur Abschreckung und als Vergeltung für die acht Hitler-Anhänger, die bei dem Attentat ums

Leben gekommen waren, wurden von den Nazis zahllose Morde begangen. Auch in Buchenwald. Auf den Befehl »Marsch«, so die Anklage, seien die »Häftlinge strahlenförmig auseinandergelaufen«. Jeder SS-Mann habe dann den ihm zugeteilten Häftling erschossen. Strippel bestreitet seine Beteiligung: Er habe an diesen Erschießungen nicht mitgewirkt, weil ihn diese Angelegenheit »seelisch zu sehr mitgenommen« habe, sagt er vor Gericht aus. Ganz anders hat der ehemalige Häftling Walter Poller die Rolle Strippels an der Mordaktion in Erinnerung, wie er in seinem Erinnerungsbuch *Arztschreiber in Buchenwald* (1946) berichtet:

*»Kurz nach 10 Uhr rief mich Hauptscharführer Strippel telephonisch an. Seine Stimme klang rauh und betrunken: Na, weißt du, wo die 21 Mistvögel sind? Ich wusste nicht recht, was ich antworten sollte. Zwar bestand für mich über das Schicksal der Juden kein Zweifel, auch wusste ich, dass man dem Hauptscharführer gegenüber nicht jedes Wort auf die Goldwaage zu legen brauchte, aber der Ton seiner Stimme war derart grauenhaft, dass ich mich schnell entschloss, mich unwissend zu stellen. […]*

*Und dann diktierte mir Strippel telephonisch 21 Häftlingsnummern und 21 Namen. Ich ging an die Kartei und zog 21 Karten, schrieb 21 Totenmeldungen, und 21mal schrieb ich als Todesursache: ›Auf der Flucht erschossen.‹ Am nächsten Tag sah ich die Leichen in der Totenbaracke.«*

Doch Strippel bestreitet jede Mitwirkung an der Erschießungsaktion. Es nützt ihm nichts. Am 1. Juni 1949 fällt das Gericht sein Urteil: Strippel wird »wegen gemeinschaftlichen Mordes in 21 Fällen« zu einundzwanzigmal lebenslänglich verurteilt. Obendrein erhält er noch zehn Jahre Haft wegen schwerer Körperverletzung »in einer unbestimmten Zahl von Fällen«.

Er kommt in die Haftanstalt Butzbach, vierzig Kilometer nördlich von Frankfurt. Hier wird er Kalfaktor beim Anstaltsarzt und hat, nicht zuletzt wegen seines selbstbewussten, häufig auch barschen Auftretens, bald erheblichen Einfluss unter den Internierten und den Aufsehern. Im Konzentrationslager, so sagt er gegenüber den Beamten, habe er nur seine Pflicht getan, sonst nichts. Nicht wenige stimmen ihm zu.

Die inhaftierten Nazi-Verbrecher, neben Strippel unter anderem auch der Frankfurter Gestapo-Chef Heinrich Baab, können sich über mangelndes Verständnis von Seiten der Beamten nicht beklagen. Am 20. April feiert die Gruppe ganz ungestört Hitlers Geburtstag. Dabei hätte Strippel gerade an diesem Tag Anlass gehabt, sich an Vorfälle zu erinnern, die das Finale seiner grausamen SS-Karriere markierten: Es war der Tag, an dem die zwanzig jüdischen Kinder in den Kellerräumen am Bullenhuser Damm ermordet wurden. Strippel aber will sich an nichts mehr erinnern, am wenigsten an seine Mitwirkung:

»Von einer Exekution, die im Keller der Schule am Bullenhuser Damm stattgefunden haben soll, erfahre ich heute zum ersten Mal. Ich habe für diese Exekution weder Befehle von irgendeiner Stelle erhalten, noch habe ich Befehle an mir Untergebene weitergegeben. Wo ich mich in der Nacht vom 20. zum 21. April 1945 befunden habe, kann ich heute nicht mehr sagen«, gibt er am 10. Mai 1965 zu Protokoll, als ihm ein Ermittler der Staatsanwaltschaft in Butzbach gegenübersitzt.

Die Erklärung von vier tatbeteiligten SS-Männern, auch er habe am Erhängen der Kinder teilgenommen, stellt Strippel als Verschwörung hin. »Das kann ich mir nur so erklären, dass jeder der Angeschuldigten jedes erdenkliche Interesse hatte, die Schuld an der Tötung der Kinder auf mich abzuwälzen«, sagt er zu den Vorwürfen. Die Staatsanwaltschaft akzeptiert die Schutzbehauptung und stellt das Ermittlungsverfahren ein.

Kurz danach nimmt das Frankfurter Schwurgericht zu Strippels Gunsten den Buchenwald-Prozess wieder auf. Einer der Belastungszeugen war in einem anderen Verfahren als »allgemein unglaubwürdig« bezeichnet worden. Zwar war dieser Zeuge im Prozess gegen Strippel nur eine Randfigur, aber die Justiz gewährt Letzterem nun Strafrabatt: Aus einer zehnjährigen Haftstrafe für die schweren Körperverletzungen »in einer unbestimmten Zahl von Fällen« werden fünf Jahre. Lebenslänglich bleibt bestehen. Die 21 toten Juden aus Buchenwald sind nicht wegzuplädieren. Doch Arnold Strippel gelingt ein weiterer Coup: Noch einmal wird die Wiederaufnahme des Verfahrens zugelassen, weil Strippel beim kollektiven

Morden möglicherweise »nicht als fanatischer Nationalsozialist« gehandelt habe, wie das erste Urteil bislang unterstellte. Zunächst wird der Haftbefehl aufgehoben. Strippel verlässt am 21. April 1969 das Butzbacher Gefängnis.

Als Mann mit brauner Vergangenheit muss er sich in Deutschland keine existenziellen Sorgen machen. Rasch findet er wieder eine Anstellung. Bei einer Frankfurter Firma führt er die Buchhaltung. Er arbeitet gewissenhaft, die Firma ist mit ihrem Buchhalter zufrieden.

Dann folgt der Wiederaufnahmeprozess. Wie so viele andere NS-Verfahren zieht er sich in die Länge. Ehemalige Häftlinge, soweit sie das Lager überlebt haben, können sich häufig kaum an Details erinnern. Die Verteidiger wissen dies im Sinne ihres Mandanten zu nutzen. Nach fünf Monaten endlich verkündet das Gericht das Urteil der Wiederaufnahme: Es steht nach wie vor fest, dass Strippel am 9. November an der Erschießung von 21 jüdischen Häftlingen beteiligt war. Aber: Die Frankfurter Richter Seiboldt, Steffgen und Dr. Zander sehen in ihm nur einen »Gehilfen« – und dafür verurteilen sie ihn zu einer Gefängnisstrafe von sechs Jahren, verbüßt durch die Butzbacher Haft. Nun bekommt Strippel eine Haftentschädigung: 121.500 Mark. Viel Geld in dieser Zeit, siebenmal so viel wie seine KZ-Häftlinge als Wiedergutmachung für den gleichen Zeitraum erhalten hätten – falls sie Strippel entronnen wären.

In einer Fragestunde des Deutschen Bundestags vom 9. Mai 1973 spricht der SPD-Abgeordnete Norbert Gansel für viele, wenn er fragt: »Wie beurteilt die Bundesregierung, dass der ehemalige SS-Obersturmführer und KZ-Wächter Strippel [...] eine Haftentschädigung von 120.000 Mark erhält, während Opfer der NS-Gewaltherrschaft nur eine Entschädigung von 5 DM pro Tag der Freiheitsentziehung erhalten haben; und wird die Bundesregierung eine Änderung des Bundesentschädigungsgesetzes mit dem Ziel in die Wege leiten, dass Opfer der NS-Gewaltherrschaft nicht gegenüber ihren Peinigern auf diese makabre Weise diskriminiert werden?«

Dagegen verwahrt sich CDU-Staatssekretär Hermsdorf: »Die Entschädigung des KZ-Wächters Strippel bezog sich demgemäß nur auf materielle Schäden wie Verdienstausfall, Erstattung von Sozialversicherungsbeiträgen sowie Auslagen im Strafverfahren. [...] Angesichts des Ausmaßes der Schäden und der Zahl der Opfer konnte der durch den Verlust an Freiheit eingetretene Schaden weder voll ausgeglichen noch voll abgegolten werden.«

Arnold Strippel kümmern die parlamentarischen Erklärungen und öffentlichen Debatten wenig. Er ist jetzt ein wohlhabender Bürger. In Frankfurt-Kalbach kauft er sich eine komfortable Eigentumswohnung. Und der Ex-SS-Obersturmführer weiß seinen Besitz und seine Rechte zu wahren. Als hinter dem Haus Bäume gepflanzt werden sollen, erscheint er auf einer

Sitzung des Ortsbeirats. Einer der Teilnehmer erinnert sich: »Ein großer, strammer Mann, lautstark und selbstbewusst. Er beschwerte sich darüber, dass die Bäume seinen Balkon beschatten würden.« Die Bäume werden schließlich weit weg von Strippels Wohnung gepflanzt. Doch auch in seiner bürgerlich-beschaulichen Eigentumswohnung kann er der Vergangenheit nicht entfliehen. Im November 1975 steht er mit dreizehn anderen KZ-Schergen wieder einmal vor Gericht. Diesmal im Düsseldorfer Majdanek-Prozess.

Majdanek – die Ortsbezeichnung für ein Konzentrationslager, das fünf Kilometer östlich der polnischen Stadt Lublin von der Waffen-SS angelegt worden war. Wie viele Menschen hier in Gaskammern den Tod fanden, wie viele erschossen oder totgeprügelt wurden – keiner weiß es. Historiker nennen die Zahl von 350.000 Toten. Mehr als 1.500 SS-Verbrecher und KZ-Wächter haben hier ihren mörderischen Dienst getan. Nur wenige von ihnen sind nach Ende des Krieges vor Gericht gestellt, geschweige denn verurteilt worden. Die Justiz zeigte trotz überreichen Belastungsmaterials, das aus Polen stammte, nur geringes Interesse an der Verfolgung der Majdanek-Verbrecher.

Zwölf Jahre lang haben die Staatsanwälte ermittelt: zunächst gegen 47 Beschuldigte, schließlich nur noch gegen vierzehn Angeklagte. Es ist der Rest, der in dem allzu grobmaschigen Netz der bundesdeutschen Justiz hängen geblieben ist. Ein Hundertstel der Mörderbande in Uniform.

Als der Vorsitzende Richter Günter Boden im Saal L 111 des Düsseldorfer Landgerichts die Verhandlung eröffnet, ahnt er noch nicht, dass dieser Prozess zu einem der längsten in der Justizgeschichte der Bundesrepublik Deutschland werden würde. Erst im Mai 1981 sollten die Urteile verkündet werden. Und er kann an diesem Tag nicht wissen, dass dieses über fünf Jahre dauernde Verfahren, dieser jahrelange Streit über Täter und Taten, über Schuld und Strafe, eher zum Symbol für die deutsche Rechtsprechung werden würde, als die Wirklichkeit und Dimension der »Todesfabrik von Lublin« erkennbar zu machen.

Am Eröffnungstag des Prozesses befindet sich auch Arnold Strippel unter den Angeklagten. Der Vorwurf: In Majdanek soll er im Juli 1942 an der Tötung von 42 sowjetischen Kriegsgefangenen beteiligt gewesen sein. Selbstverständlich streitet der Angeklagte Strippel alles ab. Wieder einmal. Mit düsterer Miene, zeitweise seine Augen mit einer dunklen Sonnenbrille schützend, dann wieder den Eindruck vermittelnd, dies alles langweile ihn, gehe ihn nichts an, sitzt er auf der Anklagebank. Am 337. Verhandlungstag, es ist der 6. Juni 1979, kommt es im Gerichtssaal zu einem Tumult – Strippel gerät ungewollt in den Mittelpunkt. Im Zuhörerraum verfolgen elf Franzosen, Mitglieder der Vereinigung »Söhne und Töchter deportierter Juden aus Frankreich«, den Prozess. Unter ihnen der Pariser Zahnarzt Henri Morgenstern. Sein Vater ist in Dachau ermordet und seine Cousine Jacqueline am 20. April 1945 im

Keller der Hamburger Volksschule am Bullenhuser Damm gehängt worden. Sie war gerade zwölf Jahre alt. Kommandoführer der Mordaktion war Arnold Strippel.

»Nazimörder, Nazimörder ...!«, skandiert die Gruppe, indem sie auf Strippel zeigt. Saalordner greifen ein, die Richter verlassen den Saal, mit ihnen einige Angeklagte und deren Anwälte. Strippel bleibt demonstrativ sitzen. Henri Morgenstern stellt sich vor ihn. Mit ungeheurer Erregung beginnt er zu reden – in deutscher Sprache: »Wir sind hier, weil wir die Kinder der Opfer sind, die Sie hingerichtet haben. Dass wir heute noch leben, haben wir einem wahren Wunder zu verdanken. Es ist fast unglaublich, dass heute überhaupt noch jemand von uns diesen Protest erheben kann, weil nahezu alle Juden hingerichtet wurden ... Seht Strippel an, diesen Mörder, der es nicht wagt, mir ins Gesicht zu sehen, ein Feigling, ein Kindermörder ...! Er hat meine kleine Cousine Jacqueline Morgenstern aufgehängt ... Sehen Sie diesen Mörder an, wie er seinen Kopf senkt ...!«

»Eine Szene wie aus dem Alten Testament«, schreibt Günther Schwarberg später über diese Augenblicke in seinem Buch *Der Juwelier von Majdanek*, einem aufrüttelnden Zeitdokument, in dem er Leben und Tod des jüdischen Juweliers Samuel Antmann und seiner Familie im Konzentrationslager Majdanek schildert.

Nach dem Tumult findet der Prozess rasch zu seiner Normalität zurück. Einer unerträglichen Normalität.

Während sich ehemalige Häftlinge mit innerer Erregung und häufig unter Tränen an die Grauen in Majdanek erinnern, sitzen die Angeklagten scheinbar unbeeindruckt auf ihren Bänken, unterhalten sich mit ihren Verteidigern, lesen Zeitung oder dösen vor sich hin – so als gehe sie das, was hier geschieht, nichts an. Sind sie im Verfahren einmal aufgerufen, sich zu äußern, rechtfertigen sie sich monoton: »Ich habe nur Befehle ausgeführt« oder »Daran kann ich mich nicht mehr erinnern«. Keiner will sich erinnern. Niemand fühlt sich schuldig. Alle wissen von nichts.

Strippel verhält sich nicht anders als seine Mitangeklagten. »Ich habe nur Befehle meiner Vorgesetzten ausgeführt«, sagt er und sieht diesen Prozess als »grobe Ungerechtigkeit«, als Schauprozess. Einige der Verteidiger scheinen die Meinung ihrer Mandanten zu teilen. Mit allen Mitteln versuchen sie, das Verfahren zu behindern. Immer wieder zweifeln sie die Glaubwürdigkeit der Zeugen an. »Gleich null« sei deren Beweiswert, darf Rechtsanwalt Stratmann ohne Rüge des Richters sagen. Am 26. Juni 1981 halten die Verteidiger ihre Plädoyers. Alle fordern einen Freispruch für ihre Mandanten. Und auch der Angeklagte Strippel spricht sein Schlusswort: »Ich bin völlig unschuldig im Sinne der Anklage«, sagt er. Und: »Ich habe in meinem Leben immer für alles das, was ich getan habe, eingestanden.« Die Anklagevertretung hält Strippel in ihrem Schlussplädoyer für einen »Menschen, der für alles zu gebrauchen war«. Am

30. Juni 1981 verkündet Richter Bogen, sichtlich nervös und mit bewegter Stimme, die Urteile:

Hermine Ryan-Braunsteiner, Mord in zwei Fällen: lebenslange Haft.

Hildegard Lächert, Beihilfe zum Mord an 100 Menschen: zwölf Jahre Haft.

Hermann Hackmann, Beihilfe zum Mord an 141 Menschen und Exekution von 200 bis 400 Seuchenkranken: zehn Jahre Haft.

Emil Laurich, Beihilfe zum Mord in fünf Fällen: acht Jahre Haft.

Heinz Villain, Beihilfe zum Mord in zwei Fällen, Beihilfe zum Mord in 18.000 Fällen und Teilnahme an der Selektion von 1.500 Menschen: sechs Jahre Haft.

Fritz Heinrich Petrick, Beihilfe zum Mord in 41 Fällen: vier Jahre Haft.

Thomas Ellwanger, Beihilfe zum Mord in 100 Fällen: drei Jahre Haft.

Heinrich Groffmann: Freispruch.

Und Arnold Strippel? Für Beihilfe zum Mord in 41 Fällen lautet sein Urteil auf drei Jahre und sechs Monate Haft. Nach der Urteilsverkündung bricht im Gerichtssaal ein Proteststurm los. »Skandal«, »Pfui«, »Unglaublich« tönt es aus dem Zuschauerraum. Nachdem wieder Ruhe eingekehrt ist, begründet Richter Bogen elf lange Stunden die Urteilssprüche. Zu Strippel führt er aus, »es seien keine Exzesse berichtet worden«. Und obwohl Arnold Strippel zu einer mehrjährigen

Haftstrafe verurteilt wird, kann er noch am gleichen Abend als freier Mann nach Hause fahren. Der Haftbefehl ist außer Kraft gesetzt worden. Strippel kann sich sicher sein: Seine Mordtaten in Majdanek braucht er nicht zu büßen. Er hat Anwälte, er hat Ärzte, er hat Atteste. So kehrt er in das gewohnte Leben als wohlversorgter Rentner in seine Eigentumswohnung nach Kalbach zurück.

Ein Prozess ist zu Ende gegangen. Ein skandalöser Prozess. Ein deutscher Prozess. Da wurde der Verteidiger einer angeklagten SS-Aufseherin vom Düsseldorfer Karnevalsverein zum Karnevalsprinzen gewählt; da erhielt eine ältere Frau, die sich besonders engagiert um eine der angeklagten SS-Aufseherinnen während des Prozesses gekümmert hatte, aus der Hand des Bundespräsidenten Carstens für ihre »aufopfernde Arbeit« den Verdienstorden der Bundesrepublik Deutschland; da verließ ein ehemaliger SS-Unterscharführer, Heinrich Groffmann aus Behringen, ein sadistischer Schläger, den Zeugen als besonders grausam beschrieben und der wegen Mord an 17.102 Menschen angeklagt war, als freier Mann den Gerichtssaal.

Und auch im Fall der grausamen Mordaktion an den zwanzig jüdischen Kindern in Hamburg muss Strippel von Seiten der Justiz keinerlei Störungen seines beschaulichen Pensionärsdaseins befürchten. Angehörige hatten zwar erneut Anzeige erstattet. Doch die Mühlen der deutschen Justiz mahlen langsam – wie so häufig, wenn es um NS-Täter geht. Bevor es zu einem neuen

Prozess kommen soll, wollen die Richter wissen, ob er überhaupt verhandlungsfähig sei. Die Antwort liefern drei Frankfurter Gutachter – allesamt renommierte Herren – auf Bestellung. Ihre Diagnose: nicht verhandlungsfähig. Ein Professor Fischer, Neurologie, bescheinigt, dass es sich bei Strippel um einen »multimorbiden Patienten« handele. Und sein Kollege Professor Schöppe, leitender Arzt der Inneren Medizin, der Strippel schon in einem Gutachten vom 17. September 1985 vor einer Haftstrafe nach dem Majdanek-Urteil bewahrt hat (Diagnose: »haftunfähig«), schließt sich auch diesmal dem »Verhandlungsunfähig« an.

Jahre danach, wieder in Kalbach. In der Talstraße steht der Name Strippel nicht mehr auf dem Klingelschild. Die Nachbarn erinnern sich nur noch vage an den alten Mann mit dem robusten Auftreten. »Strippel? Nein, den gibt's hier nicht mehr, der ist vor paar Jahren gestorben«, lässt mich ein älterer Mann wissen.

Auf dem Friedhof hinter der kleinen Kirche ist sein Grab nicht zu finden.

# 9

## EIN FURCHTBARER JURIST

Susanna Filbinger-Riggert, Tochter des langjährigen Ministerpräsidenten von Baden-Württemberg Hans Filbinger, hat ein Buch geschrieben. In *Kein weißes Blatt. Eine Vater-Tochter-Biografie*, in der sie erstmals auch die bislang unbekannten Tagebuchnotizen ihres Vaters ausgewertet hat, kommt sie zu der Einschätzung: »Mein Vater war kein Gegner des Nationalsozialismus. Das waren die Stauffenbergs und Goerdelers.« Worte einer Tochter, die Respekt verdienen.

Ihr Vater musste 1978 nach zwölf Jahren im Amt des Ministerpräsidenten zurücktreten, nachdem bekannt geworden war, dass er in der Zeit des Nationalsozialismus als Marinerichter an Todesurteilen beteiligt gewesen war. Rolf Hochhuth prägte damals den Begriff des »furchtbaren Juristen«. Diese Juristen beharrten auch nach dem Ende der Hitler-Diktatur auf der Rechtmäßigkeit ihrer Urteile. Ihre beschämende Rechtfertigung: »Was damals Recht war, kann heute nicht Unrecht sein.« Auch Filbinger, der ehemalige

NS-Richter, sah sich als Opfer einer Rufmordkampagne.

Die Diskussion wurde im Jahr 2007 erneut entfacht, als Günther Oettinger, einer der Nachfolger Filbingers als Ministerpräsident des Landes Baden-Württemberg, in einer Trauerrede im Freiburger Dom für den zuvor im Alter von 93 Jahren gestorbenen Ex-Marinerichter für Empörung sorgte. Oettinger sagte: »Hans Filbinger war kein Nationalsozialist. Im Gegenteil, er war ein Gegner des NS-Regimes.« Eine unerträgliche, nachträgliche Verhöhnung der Opfer.

Doch niemand der zahlreichen Trauergäste hatte ob dieser Ungeheuerlichkeit die Trauerfeier demonstrativ verlassen. Eine Rede, die selbst die Bundeskanzlerin zwang, sich öffentlich zu äußern. Sie hätte sich, so Angela Merkel, eine Differenzierung »insbesondere im Blick auf die Gefühle der Opfer und Betroffenen gewünscht«. So vage spricht eine Kanzlerin, immerhin.

Aber auch die öffentliche Rüge der Kanzlerin machte die nächsten rhetorischen Scharfschützen nicht klug – jedenfalls nicht jene, die in der politischen Arena Gladiatorenkämpfe ausfechten und Parteitreue beweisen wollen. »Jedes Wort war richtig, da kann man nur fünf Ausrufezeichen dahinter machen«, ließ etwa Georg Brunnhuber, damaliger CDU-Landesgruppenchef im Deutschen Bundestag, verlauten. Ein anderer Parteimann meldete sich im Deutschlandfunk zu Wort und wies darauf hin, dass Oettinger »vielen Menschen des Bundeslandes Baden-Württemberg aus dem Herzen« gesprochen habe.

Man könnte derlei Äußerungen als verbale Irrläufer gereizter, überarbeiteter Politiker abtun, wenn sich darin nicht ein strukturelles Symptom abbilden würde: die nachträgliche Solidarität mit den Tätern, die wiederholte Beleidigung der Opfer. In jedem Fall eine erlesene Geschmacklosigkeit, die von historischer Ahnungslosigkeit und opportunistischer Dreistigkeit zeugt. Der Freiburger Trauergottesdienst: ein düsteres Ereignis. Bis heute verknüpft mit Oettingers – ja, so muss man es sagen – geschmackloser Trauerrede.

Susanna Filbinger-Riggert, die im Freiburger Haus ihrer Familie etwa sechzig Tagebücher entdeckte, kritisiert Oettinger für seine damalige Rede. Den Moment, als im August 1978 ihr Vater vom Amt des Ministerpräsidenten zurückgetreten war, schildert sie in einem Gespräch mit der *Frankfurter Allgemeinen Sonntagszeitung*: »Als er nach Hause kam, war er nicht mehr derselbe. War er nicht mehr mein Vater. Da war er zutiefst erschüttert. Sein Leben lag in Trümmern.« Heute hegt sie keinen Groll mehr gegen ihn. Sie hat ihrem Vater vergeben, was er ihr und seiner Familie zugemutet hat. Auch seine Beteiligung am Tod des jungen Matrosen Walter Gröger?

Als am 15. März 1945, kurz nach 16 Uhr, der junge Matrose Walter Gröger wegen »Fahnenflucht im Felde« hingerichtet wurde, fand nicht nur ein junges Leben ein Ende, sondern auch das Leben einer Frau lag fortan in

Trümmern: das Leben seiner Mutter. Ihr war – wenige Monate vor Kriegsende – der einzige Sohn genommen worden. Das Hinrichtungsdokument trug die Unterschrift des Marinestabsrichters Filbinger.

IM NAMEN DES VOLKES

G e r i c h t des Kommandanten der E.O., den 16. März 1945
Seeverteidigung Oslofjord
R.H.J II 178/44
Gegenwärtig:
Marinestabsrichter Dr. Filbinger
Marinejustizinspektor Magerle

Im Kriegswehrmachtsgefängnis Oslo-Akershus wurde vorgeführt der Matrose II Walter G r ö g e r.

Demselben wurde um 14:05 Uhr durch den unterzeichneten Richter bekanntgegeben, dass der Oberbefehlshaber der Kriegsmarine das Feldurteil vom 16. Januar 1945 am 23. Januar 1945 dahingehend bestätigt hat, dass der Angeklagte wegen Fahnenflucht im Felde zum T o d e, zur Wehrunwürdigkeit und zum Verlust der bürgerlichen Ehrenrechte auf Lebenszeit verurteilt wird. Es ist ihm weiter bekanntzugeben, dass die Vollstreckung des Urteils angeordnet und ein Gnadenerweis abgelehnt ist und die Vollstreckung des Urteils um 16 Uhr erfolgt.

Als weiteres Zeichen für Filbingers Uneinsichtigkeit wird gewertet, dass er sich bislang nicht mit Worten des

Bedauerns an die Mutter des Soldaten Walter Gröger gewandt hat. Die alte Frau kommt dem Ministerpräsidenten am 7. Juli 1978 mit einer schriftlichen Kontaktaufnahme zuvor und sendet folgenden, im *Stern* abgedruckten Brief:

*Sehr geehrter Herr Filbinger!*
*Bis heute ist es mir nicht gelungen, mit der Aufregung über die öffentliche Auseinandersetzung um den Tod meines Sohnes fertig zu werden, an dem Sie als Marinestabsrichter beteiligt waren. Damals sagten Sie, es sei das einzige Urteil gewesen. Nun habe ich erfahren, dass Sie nicht die Wahrheit gesagt haben, dass Sie in Wirklichkeit noch an anderen Todesurteilen beteiligt waren.*

*Wenn Sie sofort alles zugegeben hätten, würde sich niemand mehr mit den anderen Fällen beschäftigen. Da Sie aber Ihre damalige Tätigkeit immer nur Stück für Stück bekennen, bleibt es nicht aus, dass jede Woche neue Fälle an die Öffentlichkeit kommen und dadurch für viele Familien wie für uns die schrecklichen Ereignisse von vor über 30 Jahren wieder aufgerollt werden.*

*Seit durch Ihre Klage gegen Herrn Hochhuth das Schicksal meines Sohnes bekannt wurde, bin ich nicht zur Ruhe gekommen. Die Aufregungen verschlimmerten mein Herzleiden so, dass ich für drei Wochen ins Krankenhaus musste. Ich kann einfach nicht verstehen, warum Sie Ihre Vergangenheit immer noch verdrängen, als ob Sie das alles nichts anginge, was damals geschehen ist und worunter wir heute noch leiden. Und ich kann nicht verstehen, wieso ein Politiker, der sich so verhält wie Sie, unbedingt im Amt bleiben muss.*

*So wird doch niemals Ruhe einkehren für uns – und für Sie auch nicht.*

*Anna Gröger*

Eine Woche später druckt der *Stern* Filbingers Antwort ab, die ein typisches Beispiel für das rein reaktive Verhalten des Ministerpräsidenten im Sommer 1978 ist:

*Sehr geehrte Frau Gröger!*
*Ihren Brief vom 7. Juli habe ich erhalten. Es tut mir leid, dass Sie noch einmal schwere Zeiten durchmachen müssen. Ich hoffe sehr, dass sich Ihr Herzleiden inzwischen gebessert hat, und ich wünsche Ihnen gute Besserung. Ich möchte Ihnen sagen, wie sehr ich es bedaure, dass Ihr Sohn ein Opfer dieses schrecklichen Zweiten Weltkrieges geworden ist. Als ich mit dem Verfahren befasst wurde, gab es keine Möglichkeit mehr, Ihrem Sohn zu helfen. Ich bitte mir diese Aussage, der eine strenge Gewissensprüfung zugrunde liegt, in allem menschlichen Ernst abzunehmen.*

*Gegen einen Vorwurf muss ich mich freilich wehren. Es ist nicht richtig, dass ich die Wahrheit verschwiegen hätte. Wahr ist vielmehr, dass ich mich an die beiden jetzt bekannt gewordenen Todesurteile nicht erinnert habe. Das erkläre ich mir damit, dass diese Urteile in Abwesenheit ergingen und mithin für die Betroffenen keine Konsequenzen hatten.*

*Mit Ihnen bedaure ich, dass nunmehr manche der schrecklichen Ereignisse des Krieges wieder aufgerollt werden. Bitte überlegen Sie sich aber, ob die Öffentlichkeit, in die das Schicksal Ihres Sohnes und das Ihrige gestellt wurde, wirklich nur Ihrem Sohn und Ihnen zuliebe aufgerührt wird. Könnte es nicht sein, dass es denjenigen, die Ihrem Sohn und Ihnen nun keine Ruhe mehr lassen, in Wahrheit um ganz andere Dinge geht?*

*Ihnen persönlich wünsche ich alles Gute und verbleibe mit freundlichen Grüßen*

*Hans Filbinger*

Filbingers kurze Erklärung vor dem Stuttgarter Landtag lautet wie folgt:

*Herr Präsident! Meine Damen und Herren!*
*Der Herr Landtagspräsident hat soeben die Erklärung wiedergegeben, mit der ich meinen Rücktritt vom Amte des Ministerpräsidenten des Landes Baden-Württemberg bekanntgegeben habe. Ich scheide aus meinem Amte, ohne in Bitterkeit zu verharren. Ich durfte diesem Lande zwölf Jahre lang dienen. Es bewegen mich in dieser Stunde Gefühle des Dankes an die Bürger, die den von mir geführten Regierungen und mir selbst so lange Zeit ihr Vertrauen gegeben haben. Vor Ihnen als den gewählten Vertretern der Bevölkerung von Baden-Württemberg möchte ich diesen Dank aussprechen. Das Urteil über meine Amtszeit überlasse ich getrost der Geschichte. Ich werde auch in Zukunft diesem unserem Lande, seinen*

*Bürgerinnen und Bürgern mit ganzer Kraft zu dienen bestrebt sein.*

*(Starker, langanhaltender Beifall der CDU)*
*Protokoll der 54. Sitzung vom 30. August 1978*

Filbinger hatte immer wieder betont, er selbst habe kein Todesurteil gefällt. Vor dem Stuttgarter Landgericht hatte er zudem erklärt, er habe als Marinerichter überall geholfen, »wo irgendeine Aussicht auf Hilfe war«, und dabei Menschen gerettet oder vor harter Strafe bewahrt. Dabei habe er auch »Leib und Leben« riskiert.

Eine Lebenslüge, die Trauerredner Oettinger – war es Kalkül oder Ignoranz? – nun wiederholte. Filbinger sei »kein Nationalsozialist« gewesen, sondern »ein Gegner des NS-Regimes«. Es gebe kein Urteil, »durch das ein Mensch sein Leben verloren hätte«. Die Schwester des 1945 in Oslo als Fahnenflüchtiger hingerichteten Walter Gröger zeigte sich in der *Bild*-Zeitung empört.

»Ein Mensch von seiner Intelligenz sollte nicht so lügen. Wer so dumm daherredet, ist eines solchen Amtes nicht würdig. Es würde nicht schaden, wenn er geht.« Ursula Galke (78) sagte dem Blatt: »Herr Filbinger war bei der Tötung meines Bruders dabei. Er hat ihm das Todesurteil selbst verlesen und ihm zynischerweise noch die Bürgerrechte vor der Hinrichtung aberkannt.«

Nicht nur sie forderte von Oettinger eine Rücknahme seiner Äußerungen und eine öffentliche Entschuldigung. »Es würde politisch-moralische Größe zeigen, wenn Oettinger einen Satz der Entschuldigung formulieren würde«, sagte Bundestagsvizepräsident Wolfgang Thierse (SPD) der *Frankfurter Rundschau*. Er nannte Oettingers Äußerungen bei der Trauerfeier »peinlich bis dreist«. »Filbinger, den Protagonisten der Uneinsichtigen, zum Widerstandskämpfer umzudeuten, ist wirklich fatal«, so Thierse.

»Widerstandskämpfer« Filbinger? Vor allem im sozialdemokratisch-liberalen Spektrum sah man in Filbinger einen Repräsentanten der »Ewiggestrigen«, der Selbstgerechten und Unbußfertigen. In den linken Milieus galt er Jahrzehnte als Unperson. Selbst einige Freunde in der CDU hatten immer befürchtet, durch seine starrsinnige Rechtfertigungshaltung könne der »Schatten des NS-Unheils« auch auf die eigene Partei fallen. Doch öffentlich wollten sie den alten Parteifreund nicht diskreditieren. Hans Filbinger kultivierte seine Lebenslüge – und seine Partei unterstützte ihn tatkräftig dabei.

Wolfram Wette und andere haben Filbingers zweifelhafte Karriere dokumentiert. Ihre Forschungsarbeiten belegen: Filbinger war an Todesurteilen beteiligt, und er hat selbst Todesurteile gefällt. Er hat in dem militärischen Gewaltapparat des NS-Regimes funktioniert. Er hat sich in der Rolle des Militärrichters genau so verhalten, wie es die militärische und politische

Obrigkeit des NS-Staates von ihm erwartete. Filbinger war also ein »furchtbarer Jurist«, einer von 3.000 Juristen, die vormals als Richter, Ankläger und Rechtsberater in der Wehrmacht Dienst getan hatten. Er war Täter, nicht Opfer. Doch davon wollte Günther Oettinger nichts wissen, als er im April 2007 in seiner Trauerrede im Freiburger Dom Filbinger als einen »Mann des Widerstandes im Dritten Reich« würdigte. Schon Jahre zuvor, im Juni 1993, hatte Volker Kauder, später Vorsitzender der CDU/CSU-Fraktion im Deutschen Bundestag, verlautbaren lassen: »Dr. Filbinger war ein ausgewiesener Gegner des nationalsozialistischen Regimes. Die Kampagne gegen ihn gehört zu den spektakulärsten Enthüllungs- und Fälschungskampagnen der Stasi.«

Dieser bizarren Erzählung folgte Oettinger in seiner Trauerrede, was das Ende des Landespolitikers einleitete – und ihm eine gut dotierte Abschiebung als EU-Kommissar nach Brüssel bescherte. Von 2010 bis 2019 gehörte er der EU-Kommission an, zuletzt als Kommissar für Haushalt und Personal. Nach seinem Ausscheiden aus der Kommission heuerte er als Aufsichtsratsmitglied beim Tunnelbohrmaschinenhersteller Herrenknecht an, dem Weltmarktführer und Global Player in diesem Bereich. Daneben hat die EU-Kommission ihm etliche weitere Beschäftigungen erlaubt, unter anderem für die Unternehmensberatung Deloitte, die Fondsgesellschaft Amundi und die Kommunikationsberatung Kekst CNC. Oettinger hat auch eine eigene Firma gegründet, die Oettinger Consulting Wirtschafts- und Politikberatung GmbH in Hamburg. Kurzum: Der Mann berät gerne und veredelt nun sein politisches Netzwerk. Eine exemplarische Ex-Politiker-Karriere, wie viele andere – von Scharping über Fischer bis Schröder.

Mitte Mai 2020 bekam ich Post von der Chefredaktion der *Frankfurter Rundschau*, darin ein weiteres Kuvert, adressiert zu meinen Händen. Absender: Frau Susanna Filbinger-Riggert. Als Replik auf meinen Artikel »Schuld, Schutt und Scham – 75 Jahre Kriegsende am 8. Mai«, der zuvor in der *Frankfurter Rundschau* erschienen war, schrieb sie mir einen zweiseitigen Brief, der hier nicht gänzlich veröffentlicht werden soll – nur so viel: Sie monierte, dass ich ihren Vater in meinem Beitrag in der *Frankfurter Rundschau* als »Kriegsrichter« bezeichnet habe, »der es zum Ministerpräsidenten eines Bundeslandes brachte«. Und Frau Filbinger-Riggert zitierte in ihrem Brief Presseartikel, die schon damals die Version Hochhuths, ihr Vater sei für den Tod des jungen Matrosen Gröger verantwortlich, als Lüge bezeichnet hatten.

»Ich wäre Ihnen dankbar, wenn mehr Genauigkeit und auch juristische Differenzierung beim Verfassen von Artikeln angewandt würden insbesondere aus Anlass wichtiger Gedenktage wie dem 75. Jahrestag des Endes des 2. Weltkrieges«, mahnte sie mit »freundlichen Grüßen«.

Ihr Brief endete mit einem persönlichen Appell: »Es ist auch die historische Genauigkeit, die dazu beiträgt, nachfolgende Generationen aufzuklären und dabei mitzuwirken, dass sich das Schreckliche eines solchen Krieges nie wiederholen kann.«

Wenige Tage später schrieb ich ihr:

*Sehr geehrte Frau Filbinger-Riggert,*
*Ihr Brief vom 13. Mai 2020, betr. meinen Artikel »Schutt, Schuld und Scham« in der Frankfurter Rundschau, wurde mir von der Redaktion zugeleitet.*

*Dazu: Brachte nicht das Zitat vom damaligen Recht, das heute nicht Unrecht sein könne, Ihren Vater ums Amt des Ministerpräsidenten? Das Zitat belegt in seiner prägnanten Kürze, dass da jemand nicht begriffen hatte und nicht begreifen wollte, dass formales Recht nur allzu rasch Unrecht werden kann.*

*Es ist dem gerade verstorbenen Rolf Hochhuth zu verdanken, dass er 1978 die Vergangenheit des NS-Marinerichters Filbinger enthüllt und ihn einen »furchtbaren Juristen« genannt hat. Ich möchte ihm uneingeschränkt zustimmen.*

*Sie sorgen sich darum, sehr geehrte Frau Filbinger-Riggert, das Schreckliche des Krieges möge sich nie mehr wiederholen. Ich möchte anmerken: Erst ein Heer opportunistischer Karrieristen, die bereit waren, verwerfliche, erniedrigende, menschenunwürdige Gesetze blind zu akzeptieren und im Namen des »Führers« bis zum bitteren Ende zu vollstrecken – ermöglichten die Nazi-Barbarei.*

*Ihr Vater steht exemplarisch für diese willfährige Tätergeneration.*

*Mit freundlichen Grüßen …*

# 10

## AUSCHWITZ IN DETMOLD

Im westfälischen Detmold ging im Juni 2016 ein weltweit beachteter Prozess zu Ende. Vor Gericht stand ein 94-jähriger Greis: der ehemalige Auschwitz-Wachmann Reinhold Hanning. Obwohl ihm die Richter keine konkrete Tatbeteiligung nachweisen konnten, wurde er wegen Beihilfe zum Mord in mindestens 170.000 Fällen zu fünf Jahren Haft verurteilt. Ein ungewöhnliches Urteil. Während der Verhandlung tat Hanning das, was die meisten seiner Generation seit siebzig Jahren getan haben, wenn es um ihr Tun und Nichttun zwischen 1933 und 1945 ging: Er schwieg.

Nicht einmal seiner Familie habe er über Auschwitz erzählt, berichteten seine Verteidiger. Hannings erwachsener Sohn saß hinten im Gerichtssaal: ratlos, sprachlos, verunsichert. Was wusste er über das Tun seines Vaters? Was hätte er wissen können? Hatte er ihn jemals befragt? Zu Hitler-Deutschland, zu Auschwitz, zu seiner Zeit als junger Soldat? Zum Schweigen gehören häufig zwei: einer, der nichts sagt, und ein anderer, der nichts fragt. Nach dem Krieg wurde in vielen deutschen Familien geschwiegen.

»Sie waren knapp zweieinhalb Jahre in Auschwitz und haben damit den Massenmord befördert«, sagte Richterin Anke Grudda zu Beginn der Urteilsbegründung. Ursprünglich hatte die Staatsanwaltschaft eine Freiheitsstrafe von sechs Jahren gefordert. Sie sah es als erwiesen an, dass der frühere Wachmann des Vernichtungslagers mit seinem Einsatz zum Funktionieren der Mordmaschinerie in Auschwitz beigetragen hatte. Hanning war von Januar 1942 bis Juni 1944 dort eingesetzt. Er hatte im Prozess zugegeben, Mitglied der SS-Wachmannschaft des Vernichtungslagers der Nationalsozialisten gewesen zu sein und vom Massenmord gewusst zu haben.

Die Verteidigung hatte Freispruch gefordert. In der Verhandlung waren nach ihrer Ansicht keine Beweise für die direkte Beteiligung ihres Mandanten an den Morden vorgelegt worden. Er habe zu keinem Zeitpunkt Menschen getötet oder dabei geholfen. Er habe nur seinen Dienst als Wachmann verrichtet.

In einer Erklärung hatte Hanning Reue über seine SS-Mitgliedschaft bekundet: »Ich schäme mich dafür, dass ich das Unrecht sehend geschehen lassen und dem nichts entgegengesetzt habe.« Er wünsche, nie in dem Konzentrationslager gewesen zu sein. Man konnte ihm abnehmen, dass er das aufrichtig meinte. Aber das Gericht hatte dennoch Zweifel. Man habe »keine Möglichkeit gehabt, den echten Menschen Reinhold Hanning kennenzulernen«, stellte die Richterin nüchtern fest. Die Nebenkläger waren erst recht nicht von der Aufrichtigkeit der Reue des ehemaligen SS-Mannes überzeugt.

Hanning habe einen Beitrag zum »reibungslosen Ablauf der Massenvernichtung« geleistet, das Morden billigend in Kauf genommen. Da spielte es demnach eine untergeordnete Rolle, wie groß dieser Beitrag gewesen war, so das Gericht. Es gab ihn – und dadurch machte er sich schuldig. Die Richterin wandte sich direkt an den 94-Jährigen, der im Rollstuhl sitzend ihre Worte äußerlich weitgehend regungslos aufnahm. »Sie haben zweieinhalb Jahre zugesehen, wie Menschen in Gaskammern ermordet wurden. Sie haben zweieinhalb Jahre zugesehen, wie Menschen erschossen wurden. Sie haben zweieinhalb Jahre zugesehen, wie Menschen verhungerten.«

Hanning habe sich mit seiner Tätigkeit arrangiert, sei in Auschwitz zweimal befördert worden und habe sich nicht an die Front versetzen lassen. Dass er keinen Dienst an der Rampe verrichtet haben will, wo Menschen für den Arbeitseinsatz aussortiert und der Rest direkt in die Gaskammer geschickt wurde, sei eine Schutzbehauptung, so die Richterin. Mehr noch: Sie äußerte erhebliche Zweifel: »Dass Sie nie an der Rampe gestanden haben, halten wir für völlig abwegig.« Genauso sei »ausgeschlossen, dass Sie nicht ein einziges Mal erlebt haben, wie Menschen in die Gaskammern gingen«. Der Greis blickte zu Boden. Stille im Gerichtssaal.

Eine Stunde lang sprach Richterin Grudda. Ihre Worte markieren »einen Meilenstein in der Aufarbeitung des NS-Unrechts in Deutschland«, ließ der Staatsanwalt danach verlauten. Der Nebenklageanwalt sagte, es sei zum ersten Mal von einem deutschen Gericht gesagt worden, dass man als SS-Mann für alle Morde in Auschwitz mitverantwortlich sei. Tatsächlich sendete der Schuldspruch eine Botschaft: Als SS-Angehöriger in Auschwitz ist jeder zum Täter geworden. »Das gesamte Lager glich einer Fabrik, ausgerichtet darauf, Menschen zu töten«, sagte die Richterin. »In Auschwitz durfte man nicht mitmachen.«

Nach dem Prozess blieben viele Fragen. Kann die Justiz ein Verbrechen nach mehr als siebzig Jahren noch sühnen? Kann ein Gericht jemanden angemessen bestrafen für die Beteiligung am Holocaust? Und was ist mit den Opfern? Kann ihnen überhaupt Gerechtigkeit widerfahren? Und vor allem die eine Frage, die über dem gesamten Verfahren schwebte: Warum hat es mehr als sieben Jahrzehnte gedauert, bis dem Angeklagten der Prozess gemacht wurde?

Die Antwort ist so einfach wie erschreckend: weil die Gesellschaft, der Staat, die Justiz es nicht wollten. Nicht nach dem Krieg, nicht in der Adenauer-Republik, nicht in der sozialdemokratischen Brandt-Schmidt-Ära, nicht unter Helmut Kohl (der gerne – missverständlich genug – von der »Gnade der späten Geburt« sprach), auch nicht in der rot-grünen Regierungszeit (in der immerhin zahlreiche Kommissionen damit beauftragt wurden, die NS-Verstrickungen und personellen Kontinuitäten in den Ministerien zu untersuchen) und in den zurückliegenden Jahren der großen CDU-SPD-Koalition.

Nun möchte man die Regierungen für das mangelnde Interesse der zuständigen Staatsanwaltschaften und Ermittlungsbehörden sowie die Verschleppung der Verfahren nicht unmittelbar verantwortlich machen – aber es fehlte durchweg an gesetzgeberischen Signalen. Es fehlte das »Wollen«, NS-Täter, als diese noch keine Greise waren, vor Gericht zu bringen.

»Dieses Verfahren ist das Mindeste, was eine Gesellschaft tun kann, um den Überlebenden des Holocaust ein wenig Gerechtigkeit widerfahren zu lassen«, sagte Anke Grudda, die Vorsitzende der Schwurgerichtskammer. Und: Der Fall sei eine Warnung an die heutige Generation vor den Versäumnissen der Justiz.

So blieb das Strafverfahren vor allem ein Symbol. Es erinnerte daran, dass eine Beteiligung an staatlichen Massenmorden nicht ungesühnt bleiben dürfe, selbst wenn dies erst nach vielen Jahrzehnten geschehe. Der SS-Wachmann wurde verurteilt – mit 94 Jahren. Ähnliche Verfahren wird es kaum noch geben. Auch das macht Hanning zur Symbolfigur: Der Schuldspruch gegen ihn erinnert daran, dass Zigtausende von Mördern, Schreibtischtätern und Mordgehilfen davonkamen.

Man darf festhalten: Die Aufarbeitung des NS-Unrechts durch die deutsche Nachkriegsjustiz ist eine Geschichte der Verspätung und Verzögerung. Sie hat gründlich versagt. Ein beschämendes Versagen.

Einige Zahlen: In den drei Westzonen und der Bundesrepublik wurde von 1945 bis 2005 insgesamt gegen 172.294 Personen wegen strafbarer Handlungen während der NS-Zeit ermittelt. Das ist angesichts der monströsen Verbrechen und der Zahl der daran Beteiligten nur ein winziger Teil. Das hatte seine Gründe: Im Justizapparat saßen anfangs dieselben Leute wie einst in der NS-Zeit. Viele machten sich nur mit Widerwillen an die Arbeit. Auch politisch wurde auf eine Beendigung der Verfahren gedrängt, dafür sorgten schon zahllose Amnestiegesetze.

Straffreiheit für bestimmte maßnahmenstaatliche Akte der NS-Diktatur zum Bestandteil der Rechtsordnung zu machen, darum ging es. So verwandelten sich Tötungs- und Gewaltdelikte in eine »von oben« befohlene Straftat ohne eigene Verantwortung. Die Täter und ihre Taten wurden weißgewaschen. Sie hatten angeblich keine eigene, sondern gewissermaßen eine »fremde« Tat begangen, gewissermaßen stellvertretend ihre Pflicht erfüllt, einem Eid verpflichtet – für Partei, Volk und Vaterland. Wo Gehorsam höchste Tugend war, konnte die Erfüllung der Tugend nichts Schlechtes sein. Es war ein Geist, der biedere Bürger dazu brachte, verwerfliche, erniedrigende, menschenunwürdige Anweisungen blind zu befolgen, weil die meisten sie befolgten. Befehl ist Befehl.

Den Auftakt zu dieser Vergangenheitsumdeutung bildete zum Jahresende 1949 ein erstes vom Bundestag einstimmig im Eilverfahren verabschiedetes Straffreiheitsgesetz, das sämtliche Straftaten amnestierte, die vor dem 15. September 1949 begangen worden waren und mit einer Gefängnisstrafe bis zu sechs Monaten geahndet werden konnten. Gut 80.000 Personen profitierten davon. Ein Spezialparagraph schaffte explizit auch für jene Straffreiheit, die es als nationalsozialistische Amtsverwalter und SS-Leute nach 1945 vorgezogen hatten, sich durch falsche Angaben zu ihrer Identität den Entnazifizierungsprozeduren zu entziehen. Dem Straffreiheitsgesetz folgten auf Druck der rechtslastigen FDP ab 1950 mehrere Bundestagsdebatten, in denen immer wieder das Ende der Entnazifizierung gefordert wurde. Hier wurde nichts anderes verlangt als ein Schlussstrichdenken – und mit dem sogenannten 131er-Gesetz gelang nun tatsächlich eine große Amnestie für all jene, die als »verdrängte Beamte« oder Berufssoldaten wieder eingestellt und versorgt werden konnten.

Die bei den Deutschen ohnehin bestehende Neigung, den fundamentalen Unrechtscharakter des NS-Regimes und seiner Eroberungskriege aus dem kollektiven Bewusstsein auszublenden, wurde also von der Adenauer-Regierung konsequent umgesetzt. Unter diesem Eindruck war vor allem die Justiz kaum bereit, ehemalige NS-Täter zur Verantwortung zu ziehen, zumal dort bekanntlich eine besonders starke personelle Kontinuität über die NS-Zeit hinweg gegeben war. Die

Bereitschaft, in NS-Strafsachen zu ermitteln und zu handeln, ging nahezu gegen null.

Es gab Ausnahmen: Fritz Bauer, Generalstaatsanwalt in Hessen, ein Sozialdemokrat jüdischer Herkunft, der zu den wenigen unbelasteten Juristen gehörte, die in der jungen Bundesrepublik eine Führungsposition innehatten, und der nichts so hasste wie die gängigen Verteidigungsentschuldigungsformeln der Verharmlosung. Bauer setzte die Aufhebung der Verjährungsfrist für NS-Morde durch; ohne ihn hätte es 1963 den großen Frankfurter Auschwitz-Prozess nicht gegeben. Und ohne diesen Prozess gegen ehemalige Bewacher des Vernichtungslagers wäre die deutsche Öffentlichkeit noch viel länger vor den NS-Verbrechen »davongelaufen«. Fritz Bauer zwang die Deutschen zum Hinsehen, trotz und inmitten einer Justiz, die noch immer von braunen Seilschaften durchsetzt war. »Wenn ich mein Büro verlasse, betrete ich feindliches Ausland«, beschrieb er einmal seine Lage später in einem Fernsehinterview.

Bauer erkannte klarsichtig, dass der NS-Staat kein Betriebsunfall der Geschichte war, und wies auf die historisch gewachsenen Strukturen und Mentalitäten hin, die den NS-Verbrechen so sehr entgegenkamen und die aufzubrechen mehr erfordern würde als Gerichtsprozesse. Damit handelte er sich nicht nur den Zorn konservativer Kreise ein. Bauer wurde gemieden, bekämpft und bedroht. In einer Nachkriegsjustiz, die die personelle Kontinuität mit der NS-Justiz wieder hergestellt hatte, war er ein Ketzer. Wie ihm ging es vielen.

So beispielsweise der jüdischen Journalistin Inge Deutschkron, die in ihrem Versteck in Berlin den nationalsozialistischen Terror überlebt hatte. Als sie 1955 nach Bonn kam, war sie mehr als irritiert, nicht nur, weil Bonn für eine Berlinerin ein schwer zu ertragendes provinzielles Nest war, sondern vor allem wegen der Tatsache, dass alte Nazis wieder zahlreiche Ämter in hohen Positionen bekleideten und ohne Scham verkündeten, jetzt eine Demokratie aufbauen zu wollen. »Das fand ich dann doch etwas merkwürdig«.

Zu diesem Zeitpunkt war in der provinziell-behäbigen Bundeshauptstadt Bonn auch ein Mann als Staatssekretär im Kanzleramt, an dem niemand in der Adenauer-Republik vorbeikam: Dr. Hans Maria Globke. Eine exemplarische Täterfigur. Ein Prototyp des geschmeidigen Anpassers. Als Jurist und Ministerialbeamter im NS-Reichsinnenministerium hatte er 1936 den ersten Rechtskommentar zu den »Nürnberger Rassengesetzen« mitverfasst, detaillierte, mit Fallbeispielen angereicherte Erläuterungen zu deren praktischer Anwendung, die der »Reinerhaltung des deutschen Blutes« dienen sollte. Ehen und außerehelicher Geschlechtsverkehr zwischen Juden und Nichtjuden wurden darin als sogenannte Rassenschande geahndet. Die Kommentierungen des Schreibtischtäters Globke waren kein Papierwerk, sondern sie lieferten die juristische Legitimation für harte Strafen. Wegen

»beischlafähnlicher Handlungen« waren in der Folge Menschen sogar zum Tode verurteilt worden.

Globkes oberster Dienstherr, Reichsinnenminister Frick, zeigte sich jedenfalls sehr zufrieden mit seinem Mitarbeiter, der zwar nie NSDAP-Parteimitglied war, aber als ehemaliges Mitglied der katholischen Zentrumspartei nun als diensteifriger Beamter loyal zu seiner nationalsozialistischen Aufgabenerfüllung stand. Am 25. April 1938 schrieb Frick in einem Vorschlag zu dessen Beförderung: »Oberregierungsrat Globke gehört unzweifelhaft zu den fähigsten und tüchtigsten Beamten meines Ministeriums.« Bis zum Untergang des »Dritten Reiches« blieb Ministerialrat Globke auf seinem Posten, auch nachdem Heinrich Himmler Frick als Innenminister abgelöst hatte. Ein stets pflichtgetreuer Beamter, ein loyaler Diener des Staates – bis zum bitteren Ende.

Nach dem Krieg setzte schlagartig Globkes Gedächtnisverlust ein. Er hatte sich mit seinen juristischen Arbeiten im NS-System bewährt und wurde nun als heimlicher CDU-Generalsekretär und Schatzmeister Adenauers wichtigster Helfer. Ein Mann für alle Fälle. Verschwiegen, loyal, gut vernetzt.

Ein Mann, der die Systeme nahtlos wechselte, sich anpasste, aber nie für sein Handeln Verantwortung übernahm. Anpassungsfähigkeit und Expertentum halfen ihm, in jeder Lage und jedem System seine Stellung zu festigen und seine Person zu retten. Später beschreiben Alexander und Margarete Mitscherlich seine Rolle treffend in ihrem Buch *Die Unfähigkeit zu trauern*: »Durch Globke und seinesgleichen wäre die nationalsozialistische Herrschaft nie zu Fall gekommen. Es wäre für Globke also bei der Identifikationslinie mit den Rassengesetzen seiner damaligen Vorgesetzten geblieben. Er wäre als einer der Repräsentanten dieser nationalsozialistischen Politik gestorben.«

Gestorben ist der gut versorgte Pensionär am 13. Februar 1973 in Bonn als angesehener Bürger der Bonner Gesellschaft und engagiertes Mitglied im dortigen Rotary Club. Globke – eine deutsche Karriere, tatkräftig unterstützt und gefördert von Adenauer, dem politischer Pragmatismus wichtiger war als Moral und dessen Devise lautete: »Man kann bei dem Aufbau wichtiger Ministerien nicht von vorneherein auf die Mitarbeit von erfahrenen Leuten verzichten.« Vor allem die Übernahme zahlreicher ehemaliger NS-Diplomaten in das Außenministerium der Adenauer-Regierung ist dafür ein Beleg. Hier waren Anfang der 1950er Jahre rund zwei Drittel der leitenden Beamten und etwa vier Fünftel der Referatsleiter ehemalige NSDAP-Mitglieder. In anderen Ministerien sah es nicht viel anders aus.

Hans Maria Globke – vom NS-Juristen zur grauen Eminenz der Bonner Republik. Zehntausende von Juristen, Ärzten, Unternehmern, Journalisten und Offizieren, die dem NS-Regime in wichtigen Positionen gedient hatten, setzten – ausgestattet mit »Persilscheinen« und erfolgreich »entnazifiziert« – in der Bundesrepublik ihre Karrieren fort, unter anderem Hermann Josef

Abs, Hans Filbinger, Reinhard Gehlen, Werner Höfer, Erich Manstein, Josef Neckermann.

Neben solchen direkten gibt es auch »indirekte« personelle Kontinuitäten, die bis heute fortwirken – hinein in jedes Jurastudium, jede Kanzlei und jedes Gericht. Hierzu zählen etwa die bei C. H. Beck erscheinenden Gesetzessammlungen *Palandt* und *Schönfelder*, benannt nach Otto Palandt und Heinrich Schönfelder, die beide während des Nationalsozialismus wichtige Positionen in der Justiz bekleidet hatten. Im Kapitel »Entnazifizierte Juristen« wird davon ausführlich die Rede sein.

Fassen wir zusammen: Namen und Namensgeber des »Dritten Reiches« wurden nicht marginalisiert, Täter nicht verfolgt oder gar verurteilt. Die Generation der Täter und die ihrer Kinder schlossen gewissermaßen einen generationsübergreifenden Pakt: eine Komplizenschaft, die auf eine konsequente Ausgrenzung, Strafverfolgung und Verurteilung verzichtete. Die Ära Adenauer: der große Frieden mit den Tätern. Danach, was die Großväter und Väter angerichtet, zugelassen und worüber sie weggesehen hatten, wurde erst in den 1960er Jahren gefragt.

Und in der DDR? Der »sozialistische Arbeiter- und Bauernstaat« glaubte sich der braunen Vergangenheit entledigen zu können. »Antifaschismus« war staatstragende Ideologie – mit den personellen Hinterlassenschaften des NS-Regimes wollte man nichts zu tun haben. Die Hitler-Diktatur und die Nazi-Täter versuchte die SED in den Westen zu exportieren. Auch die Bevölkerung hatte kein besonderes Interesse, sich mit der Hitler-Diktatur auseinanderzusetzen.

Über eine Million NS-Parteigänger wurde lautlos integriert, bei brisanten Täterbiographien unter aktiver Mithilfe der Staatssicherheit. Dort sorgte eine gesonderte Expertengruppe – bestehend aus über fünfzig Mitarbeitern – dafür, den antifaschistischen Schein zu wahren. Stasi-Chef Mielke selbst entschied, wer vor Strafverfolgung geschützt und wer – wenn überhaupt – propagandistisch wirkungsvoll in einem Schauprozess vor Gericht gestellt werden sollte.

In der renommierten Fachzeitschrift *Deutschland-Archiv* kommt der Stasi-Experte Henry Leide, Mitarbeiter der Stasiunterlagen-Behörde (BStU), zu dem Ergebnis, viel wichtiger als jeder »Antifaschismus« seien bei der Verfolgung von NS-Tätern in der DDR vor allem »geheimdienstliche Opportunitätsüberlegungen« gewesen. Mit anderen Worten: Die Stasi betrieb ihre Ermittlungen gegen mutmaßliche NS-Mittäter nur dann, wenn sie der Strategie der SED gerade nützten. Dazu gehörte auch, die Gesamtzahl solcher Verfahren niedrig zu halten: »Zu viele Prozesse gegen NS-Täter hätten spätestens ab den 1960er Jahren die antifaschistische Reputation der DDR in Zweifel gezogen, weil deutlich geworden wäre, dass in der DDR viele Täter unentdeckt ›überwintert‹ hatten«, so Henry Leide.

In seinem Beitrag stellt er fest, dass die DDR sich nie an rechtsstaatliche Grundsätze bei der Verfolgung von NS-Tätern hielt. Weder musste hier die individuelle Schuld des Angeklagten nachgewiesen werden noch konkrete Taten; es genügte die allgemeine Feststellung, er habe Verbrechen gegen die Menschlichkeit begangen. Da zudem alle Regeln über Verjährung pauschal außer Kraft gesetzt worden waren, gab es die Verfahrenshindernisse nicht, mit denen sich die Ermittler in westdeutschen Schwerpunktstaatsanwaltschaften und der Zentralen Stelle für die Aufklärung von NS-Verbrechen in Ludwigsburg herumschlagen mussten. Unter solchen Bedingungen war es natürlich leichter, Verfahren mit einer Verurteilung abzuschließen als in Westdeutschland.

Sicher, es gab – anders als in der Bundesrepublik – Todesurteile gegen NS-Täter. Vierzehn besonders schwer belastete Angeklagte wurden hingerichtet. Doch es zeigt sich, dass die Stasi bei den Ermittlungen gegen mutmaßliche NS-Täter weit hinter ihren Möglichkeiten zurückblieb. Leide stellt ernüchternd fest: »Zahlreiche, dem MfS [Ministerium für Staatssicherheit] bekannte NS-Täter blieben unbehelligt, und bei den Prozessen, die letztlich geführt wurden, standen häufig propagandistische Gesichtspunkte im Vordergrund.«

Es war Kalter Krieg. Deutschland – einig Täterland. Die Auseinandersetzung mit der deutschen Vergangenheit – ein propagandistisches Minenfeld. Heute lagern die Täterakten im Bundesarchiv oder in der Stasiunterlagen-Behörde in Berlin. Ob Ost oder West: Gibt es eine kollektive Schuld? Gibt es nicht eine individuelle

Moral, eine ganz und gar persönliche Schuld? Und machen sich alle, die die Vergangenheit verdrängen oder gar leugnen und zudecken, nicht mitschuldig? Der Publizist Ralph Giordano hat dafür den Begriff der »zweiten Schuld« geprägt.

Wer waren die Täter des nationalsozialistischen Vernichtungskrieges? Waren sie Bestien oder Befehlsempfänger, desinteressierte Bürokraten und willenlose Rädchen im Getriebe? Waren sie ideologisierte Überzeugungstäter oder gewöhnliche Verbrecher? Die Geschichtswissenschaft hat sich jahrzehntelang fast ausschließlich auf die Haupttäter Hitler, Himmler und Heydrich oder auch Schreibtischtäter wie Eichmann konzentriert und die Akteure der zweiten und dritten Ebene, die Vollstrecker vor Ort, ausgespart. Jasager, Mitläufer, Befehlsempfänger, Mittäter, Täter – die Grenzen waren fließend. Das geschmeidige Wechseln war situationsbedingt. »Deshalb konnte, anders als die Geschichtsfolklore es nahelegt, auch ein totalitäres System wie der Nationalsozialismus auf den flexiblen Menschen, nicht auf den starren, unflexiblen Funktionsträger bauen«, konstatieren die Autoren Michael Pauen und Harald Welzer, die sich seit Jahren mit Täterbiographien wissenschaftlich beschäftigen und nach den zugrundeliegenden Mustern und Prägungen, Erfahrungen und Weichenstellungen der Beteiligten fragen.

Wie wird man zum Täter? Zum Befehlsverbrecher? Wie extrem sich Konformitätsbereitschaft entladen kann, illustrieren diverse Studien der Täterforschung. Nicht sadistische Vollstrecker, sondern »ganz gewöhnliche Männer« werden zu Massenmördern – wenn Gruppendruck und Situationen es erfordern oder soll man sagen: ermöglichen?

Einen Fall, der das Spannungsverhältnis zwischen Verweigerung und Mitmachen besonders eindringlich illustriert – die Vorkommnisse des Reservepolizeibataillons 101, über die Christopher Browning ausführlich berichtet –, beschreiben Pauen und Welzer als Beispiel für den Konformitätsdruck innerhalb militärisch-polizeilicher Gruppierungen:

*»Am Morgen des 13. Juli 1943 traten die Männer des Reservebataillons 101 an. Der bei seinen Männern sehr beliebte Kommandeur, der 53-jährige Wilhelm Trapp, war bei dem, was er nun sagte, bleich und nervös. [...] Er teilte den 500 Angehörigen seiner Truppe mit, es gäbe in Jozefow Juden, die mit den Partisanen unter einer Decke stünden. Das Bataillon habe nun den Befehl, diese Juden aufzufinden, zusammenzutreiben und danach die Männer im arbeitsfähigen Alter auszusondern, damit diese in ein Arbeitslager gebracht werden. Alle anderen, Frauen, Kinder und Alte, seien auf der Stelle zu liquidieren. Und er machte seinen Männern ein außergewöhnliches Angebot: Wer sich dieser Aufgabe nicht gewachsen fühle, könne beiseitetreten. Den Männern war also freigestellt, ob sie beim Massenmorden mitmachen wollten. Heraustreten oder stehen bleiben?*

*Nur zehn oder zwölf Männer machten davon Gebrauch – 448 blieben stehen.«*

Was aber trieb sie dazu, zu Mördern zu werden? Loyalität, Gruppenzwang oder Angst vor Konsequenzen? In jedem Fall, so die beiden Autoren, unabhängig von nationalsozialistischer Gesinnung oder individueller moralischer Einstellung, vor allem der Konformitätsdruck. Soldaten handeln unter den Bedingungen des Krieges nie allein, es dominiert das WIR-Gefühl. Die Rolle der Gruppe, des Verbandes, der Einheit, des Bataillons ist für das Verhalten der einzelnen Soldaten wichtiger als ideologische, politische oder persönliche Motive.

Gilt das, was für Soldaten zutrifft, auch für »gewöhnliche« Deutsche? Sind sie nur mitgelaufen, haben sie nur weggesehen, weil alle weggesehen haben? Säuberung und Verhaftung, Vertreibung und Inhaftierung, Judenstern und Bücherverbrennung – fast alle konnten es sehen. Dass Juden kein Fahrrad mehr fahren, weder die Straßenbahn benutzen noch zu beliebigen Zeiten einkaufen, keine Haustiere mehr halten oder Zeitungen abonnieren durften. Dass Razzien gegen Oppositionelle durchgeführt und diese verhaftet wurden und die Todesurteile des Volksgerichtshofs auf blutroten Plakaten der Öffentlichkeit präsentiert wurden. Wer sehen wollte, konnte es sehen, es erleben, davon hören.

Vergangenheitsbewältigung – eine Lebenslüge der Deutschen? Ein juristischer, gesellschaftlicher und politischer Etikettenschwindel? Kann, was geschehen ist, überhaupt bewältigt werden? Keine Frage: Am Tag null nach Hitler gab es auch hierzulande Menschen, die Scham und Trauer empfanden über das, was in den Jahren zuvor geschehen war. Doch tatsächlich gab es schon damals weit mehr Menschen, die, gerade der Katastrophe entkommen, das Erlebte und Geschehene verdrängten, statt es im Bewusstsein der Verantwortung als eigene Geschichte anzunehmen. Ein Volk auf der Flucht vor der eigenen Vergangenheit.

Deutschland heute: Die Vergegenwärtigung der Vergangenheit folgt anderen Prämissen. Nicht die Verleugnung und Verdrängung der Adenauer-Ära, nicht die Fragen der skeptischen Generation der 1970er Jahre nach der Schuld und Mitschuld ihrer Väter und Großväter stehen im Vordergrund: Heute bestimmen einerseits kontroverse Auseinandersetzungen über eine neue Gedenkkultur die öffentliche Debatte, andererseits ist die Erinnerung an die Verbrechen des Nationalsozialismus mehreren Relativierungen ausgesetzt, in denen es vor allem um »deutsche Opfer« geht: die Brandbomben auf deutsche Städte, die Verbrechen des Stalinismus – grausame Wirklichkeiten in der Tat. Freilich: Kausalitäten und Dimensionen des Terrors sind nicht aufrechenbar. Ein Vergleich ist historisch mehr als fragwürdig.

Will die Nachkriegsgeneration, der ich angehöre, jene Generation also, die, um den früheren Bundeskanzler Kohl zu zitieren, mit »der Gnade der späten Geburt«

gesegnet ist, nun endlich einen Schlussstrich unter eine nicht allzu lang zurückliegende belastete Vergangenheit ziehen? Ist sie, die politisch und moralisch schuldlose Generation, nun endgültig entlassen aus der Auseinandersetzung mit dem Hitler-Regime und seinem Erbe? Oder beginnt nicht die Verantwortung dieser Generation bei der Frage, wie sie zur Schuld ihrer Großeltern und Eltern steht? Damit, ob sie sich erinnern will? Die Frage »Wie war es möglich?« darf nicht verjähren. Für sie gibt es keine Verjährungsfrist.

So bleibt die juristische Aufarbeitung der monströsen NS-Verbrechen zutiefst unbefriedigend. Und dennoch, so paradox es klingt: Es hat niemals in der Weltgeschichte ein Land gegeben, das mit größerer Energie und längerem Atem die Täter des vorangegangenen unheilvollen Regimes rechtsstaatlich zur Verantwortung gezogen hat als Deutschland. Das ist kein Trost und auch keine Entschuldigung – man sollte es aber wissen.

Und der Schuldspruch von Detmold gegen den greisen SS-Mann Hanning bleibt vor allem eines: ein Symbol, das uns daran erinnert, was geschehen ist – und nie mehr geschehen darf.

Nachtrag:
Am 20. Mai 2017 starb Reinhold Hanning, bevor das Urteil rechtskräftig wurde.

# 11

# VERKANNTE HELDEN

Georg Elser, der am 8. November 1939 im Münchner Bürgerbräukeller mit einer selbstgebastelten Bombe ein Attentat auf Adolf Hitler verüben wollte, wurde im Konzentrationslager Sachsenhausen als »Sonderhäftling« der Gestapo gefangen gehalten, weil die Nazis ihn für ihre Pläne nach Kriegsende noch brauchten. Als die Kriegsniederlage unabwendbar ist und einen Strich durch diese Rechnung macht, wird Elser am 9. April 1945 auf Geheiß Himmlers erschossen. (Siehe hierzu das Kapitel »Allein gegen Hitler« in diesem Buch.)

Georg Elser führte in der Erinnerungskultur der Deutschen lange ein Schattendasein. Das Bild vom Widerstand gegen die Nazi-Diktatur war geprägt von Adel, Militär, Partei oder Kirche. Elser aber, »der Mann, der es tat«, war Einzelgänger. Wohin also mit Elser? Ihm erging es wie vielen anderen Frauen und Männern des Widerstands, sie wurden im Nachkriegsdeutschland ignoriert, vergessen – oder einmal mehr gedemütigt.

So im Jahr 1955 am Berliner Landgericht im Rahmen eines Wiedergutmachungsverfahrens im Fall Maurice Bavaud. Die Geschichte des jungen Schweizers weist zahlreiche Parallelen zu Georg Elser auf: Im Oktober 1938 kauft der 22-jährige Maurice eine Pistole und reist nach Deutschland, um Hitler während des Gedenkmarsches der SA zur Feldherrnhalle zu töten. Von Berlin fährt er nach München, wo er seinen Plan vor Ort wegen des ungünstigen Schusswinkels aufgeben muss. Bavaud wird später im Zug auf der Strecke München–Paris ohne Fahrkarte aufgegriffen, verwickelt sich in Widersprüche, wird schließlich der Gestapo überstellt, die ihn verhört und ihm ein Geständnis abpresst; vom Volksgerichtshof zum Tod verurteilt, wird er im Mai 1941 in Berlin-Plötzensee durch die Guillotine hingerichtet.

Bavaud findet nicht nur in der Erinnerung der Nachwelt keinen Platz, er wird zehn Jahre nach Kriegsende von der Justiz des Landes, die ihn einst aus seinem jungen Leben in den Tod beförderte, erneut verurteilt. Bavauds Familie hatte ein Wiederaufnahmeverfahren gegen die Bundesrepublik Deutschland beantragt. Es ging dabei auch um eine Wiedergutmachung in Höhe von 40.000 Schweizer Franken, die freilich nur dann als »Schadenersatz« gezahlt werden müsste, wenn Maurice von einem deutschen Gericht nachträglich freigesprochen würde. Doch der hingerichtete Hitler-Attentäter wurde diesmal zu fünf Jahren Zuchthaus und fünf Jahren Ehrenverlust verurteilt. Immerhin erging die Entscheidung »gerichtsgebührenfrei«. Man habe – so das Gericht – nicht anders entscheiden können, weil »das Leben Hitlers im Sinne der Vorschrift des Paragraphen 211 StGB in gleicher Weise als geschütztes Rechtsgut anzuerkennen war. Der Antrag auf Aufhebung des Todesurteils des Volksgerichtshofs vom 18.12.1939 wird zurückgewiesen.«

Vom Volksgerichtshof waren Bavaud die bürgerlichen Ehrenrechte – trotz Todesurteil – auf Lebenszeit aberkannt worden, jetzt hatten die Nachkriegsjuristen ihn immerhin zu fünf Jahren Ehrenrechtsaberkennung begnadigt. Wie der Tote die fünf Jahre Haft absitzen sollte, wurde nicht näher ausgeführt. Erst in einem dritten Verfahren – 1956 – wurde das Todesurteil aus dem Jahr 1939 endlich aufgehoben und keine Freiheitsstrafe mehr ausgesprochen. Endlich überwies die Bundesrepublik Deutschland der Familie Bavaud 40.000 Franken, die bestätigen musste, dass damit »diese Affäre definitiv liquidiert sei«. Georg Elser und Maurice Bavaud: zwei Hitler-Attentäter, die ohne jede Unterstützung durch eine Verschwörergruppe früher als andere wagten, »es« zu tun. Und mit ihrem Leben bezahlten.

Beide Schicksale fanden lange Zeit kaum Eingang in die Geschichte des Widerstands gegen Hitler, nicht allein aufgrund der Tatsache, dass sich Historiker über deren Tatmotive nicht einigen konnten. Vierzig Jahre lang wurde in München über Elsers Tat gestritten, ehe sich die Stadtregierung zu einer Ehrung durchrang. Heute, mehr als siebzig Jahre nach seinem

Attentatsversuch, ist Georg Elser endlich rehabilitiert: Mehr als fünfzig Straßen und Plätze sowie drei Schulen sind mittlerweile in ganz Deutschland nach ihm benannt; die Post legte 2003 sogar eine Georg-Elser-Sondermarke auf. Sein Geburtsort erinnert seit 2010 an ihn mit einem Denkmal aus Stahl. Es ist zwei Meter zehn hoch und steht gleich am Bahnhof der schwäbischen Kleinstadt. Im Berliner Regierungsviertel wiederum steht am Spreeufer in der Straße der Erinnerung eine Elser-Büste neben Thomas Mann, Edith Stein und Walther Rathenau, dem ermordeten Außenminister der Weimarer Republik. Und es gibt seit November 2011 eine siebzehn Meter hohe Skulptur inmitten des alten Regierungsbezirks an der Wilhelmstraße, ein Stahlband mit Lichterkette, das Profil Elsers skizzierend. Die Silhouette, so wollen es die Initiatoren um den Schriftsteller Rolf Hochhuth verstanden sehen, soll sich in der Nähe des einstigen Bunkers von Adolf Hitler »über den Ort der Täter erheben«. Der flüchtige Passant, der Elser nicht erkennt, erfährt auf einer kleinen Informationstafel, wer hier geehrt wird. Das »Denkzeichen« mit den geschwungenen Neonröhren ist ein wenig reklamehaft geraten, das Individuum wird erst auf den zweiten Blick sichtbar. Georg Elser, der Zurückgezogene, der Solitär, der einzig seinem Gerechtigkeitssinn folgte, drängt sich auch hier nicht in den Vordergrund.

Mittlerweile gibt es hörbar auch Kritik an der »unheimlichen Gedenkkultur des Georg Elser«. Die Kritiker stellen fest, Elser biete sich als Identifikationsfigur deshalb an, weil er »weit leichter zur Selbstvergewisserung« genutzt werden könne als etwa der elitäre Offizier Stauffenberg, ein konservativer Verschwörer wie Carl Friedrich Goerdeler oder gar Mitglieder kommunistischer Widerstandszellen wie der »Roten Kapelle«. Er tauge deshalb als optimale Projektionsfläche für jedwede nachgeholte Opposition gegen den Nationalsozialismus, eigne sich ideal als Vorbild für alle »zeitgeistigen Gut-Menschen«. Als sei allein das Bekenntnis zu Elser und seiner Tat schon eine mutige Haltung.

Die Rechtshistorikerin Angelika Nußberger, ehemalige Vizepräsidentin am Europäischen Gerichtshof für Menschenrechte, hat auf die Instrumentalisierung der Schicksale von Menschen hingewiesen, die in einem bestimmten historischen Kontext aus der Menge herausgetreten sind, und darauf, wie sich die rechtlichen und moralischen Wertungen und Bewertungen in der Nachbetrachtung verändern. Aus Attentätern und Vaterlandsverrätern werden Helden.

Das gilt auch für deutsche Widerstandskämpfer. Die Tatsache, dass aus heutiger Sicht die NS-Zeit, was Angriffskriege, Rassenideologie und Holocaust angeht, eine barbarische Zeit war, macht es gewissermaßen einfach, die Gegner des Systems als aufrechte und aufrichtige, mutige Menschen zu identifizieren. Sie sind ganz und gar unstrittige Helden. Wer denjenigen Respekt zollt, die gegen den nationalsozialistischen Unrechtsstaat, gleich aus welchen Gründen, gekämpft haben, steht auf der Seite von Demokratie und Rechtsstaatlichkeit. Wer sie verehrt, hat mit keinem großen Widerspruch zu rechnen. Es sind »bequeme« Helden. An ihrer Ehrenhaftigkeit ändert das nichts.

Spätestens seit der ehemalige Bundeskanzler Helmut Kohl den Schreinergesellen Elser öffentlich würdigte, ist die Frage »Wem gehört Elser?« obsolet. Der große Historiker Joseph Peter Stern nannte Elser einmal einen »Mann ohne Ideologie«. Dem ist nichts hinzuzufügen. Dasselbe gilt für Maurice Bavaud.

# 12

## ENTNAZIFIZIERTE JURISTEN

Der renommierte juristische Verlag C.H. Beck ließ im Sommer 2021 verlautbaren, er wolle fortan mehrere Standardwerke aus seinem Verlagsprogramm umbenennen, die für alle Jurastudierenden, jede Kanzlei und in allen Gerichtssälen hierzulande prägende Begriffe sind, gewissermaßen die erklärenden, verlässlichen Leitplanken durch die juristischen Höhen und Niederungen im deutschen Gesetzesdschungel. Aus dem *Palandt*, dem 3.216-Seiten-»Kurzkommentar« zum Bürgerlichen Gesetzbuch, werde nun der *Grüneberg*, auch die dicke rote Sammlung *Schönfelder* mit Gesetzen zum Zivil- und Strafrecht erhalte künftig einen neuen Namen und werde vom Münchner Zivilrechtsprofessor Mathias Habersack herausgegeben. Nicht genug damit: Der mehrbändige Grundgesetzkommentar *Maunz/Dürig* werde fortan als *Dürig/Herzog/Scholz* erscheinen.

Dass es sich hier nicht um ein übliches Re-Branding eines angesehenen Verlags handele, sondern um die Einsicht, dass es nicht akzeptabel und auch nicht verantwortungsvoll sei, dass die Standardwerke im Verlagsprogramm Namen von Juristen tragen, die während der nationalsozialistischen Diktatur eine aktive und prominente Rolle innehatten – das wollen die Münchner Verleger in einer Presseerklärung glauben machen.

Der *Palandt* gehört zum Inventar in fast jedem Richter- und Anwaltsbüro hierzulande. Namensgeber Otto Palandt trat im Mai 1933 der NSDAP bei. Ab Juni 1933 war er Vizepräsident und seit Dezember 1933 Präsident des Preußischen Landesprüfungsamtes. 1934 wurde Palandt von Roland Freisler, Hitlers Blutrichter und späterer Präsident des Volksgerichtshofes, zum Präsidenten des Reichsjustizprüfungsamts und Abteilungsleiter im Reichsjustizministerium ernannt. Otto Palandt zählte damit zu den einflussreichsten Juristen des »Dritten Reichs«, ein Mann, der die sogenannte Arisierung des Rechtswesens mit vorantrieb. Er forderte, junge Juristen müssten lernen, »Volksschädlinge zu bekämpfen«, und die »Verbindung von Blut und Boden, von Rasse und Volkstum« begreifen. Kommentiert hat Otto Palandt in dem nach ihm betitelten Werk nie, seine »Mitarbeit« beschränkte sich darauf, glorifizierende Vorworte auf das nationalsozialistische Regime zu verfassen.

Dennoch druckte und verbreitete der Verlag C.H. Beck nach dem Krieg den *Palandt* mit der Rechtfertigung, Otto Palandt sei bereits 1948 in der britischen Besatzungszone entnazifiziert worden. »Entscheidend für uns ist«, so der Verlag, »dass der Name des Werkes schon früh losgelöst von der Person ein Eigenleben entwickelte und sich über mehrere Generationen hinweg in Wissenschaft und Praxis etabliert hat.« So blieb es über Jahrzehnte. Bis heute. Mittlerweile in der 80. Auflage.

Nun also soll der *Palandt* nicht mehr Palandt heißen. Bleibt die Frage: Warum erst jetzt? »Geschichte kann man nicht ungeschehen machen. Deshalb haben wir zunächst die historischen Namen beibehalten«, erklärt Verleger Hans Dieter Beck in der Pressemitteilung des Verlags. »Um Missverständnisse auszuschließen«, fährt er fort, habe man sich nun aber dazu entschlossen, dieses und auch andere »Werke mit Namensgebern, die in der NS-Zeit eine aktive Rolle gespielt haben, umzubenennen«. Als Grund, warum das erst jetzt geschehe, führt Beck an: »In Zeiten zunehmenden Antisemitismus ist es mir ein Anliegen, durch unsere Maßnahmen ein Zeichen zu setzen.«

Für dieses »Zeichensetzen« gab es umgehend öffentliches Lob vom bayerischen Justizminister Georg Eisenreich. Der CSU-Politiker nannte die Namensänderung »eine sehr bedeutsame Entscheidung«, die »notwendig« sei, denn »Namensgeber für Gesetzessammlungen und Kommentare müssen integre Persönlichkeiten sein. Keine Nationalsozialisten.« Denn, so der Minister:

*»Wir tragen in Deutschland eine besondere historische Verantwortung. Antisemitismus und Rechtsextremismus*

*haben in unserer Gesellschaft keinen Platz. Ich halte es daher für unerlässlich, dass das historische Bewusstsein für das nationalsozialistische Unrecht in allen Bereichen geschärft wird. Der NS-Unrechtsstaat und die menschenverachtenden Verbrechen waren auch deshalb möglich, weil sich nicht wenige Juristen, die eigentlich Recht und Gesetz verpflichtet waren, in den Dienst des Regimes gestellt haben. Wir müssen aus dem dunkelsten Kapitel unserer Vergangenheit und dem beispiellosen Zivilisationsbruch lernen und uns mit den gravierenden Folgen eines von rechtsstaatlichen und ethischen Maßstäben losgelösten juristischen Handelns auseinandersetzen.«*

Und deshalb hat Eisenreich in diesem Frühjahr eine Studie zu Palandt und Schönfelder beim Münchner Institut für Zeitgeschichte in Auftrag gegeben.

Der Lernaufruf des fünfzigjährigen Ministers spiegelt 76 Jahre nach Kriegsende die Rhetorik eines pflichtbesorgten Politikers – und ist dennoch von geradezu irritierender Geschichtslosigkeit. Hatte nicht die politische Klasse, allen voran auch seine Partei, in der Adenauer-Republik alles getan und ebenso viel unterlassen, diese »furchtbaren Juristen« (Ingo Müller) reinzuwaschen und zu integrieren? Zehntausende von Juristen, schwer und schwerst belastet, die dem NS-Regime in wichtigen Positionen gedient hatten, konnten – ausgestattet mit »Persilscheinen« und erfolgreich »entnazifiziert« – in der Bundesrepublik ihre Karrieren fortsetzen. Die Generation der Täter und die ihrer Nachfolger schlossen gewissermaßen einen generationsübergreifenden Pakt: eine Komplizenschaft, die auf eine konsequente Ausgrenzung, Strafverfolgung und Verurteilung verzichtete. Die Ära Adenauer: der große Frieden mit den Tätern, Mitläufern und Wegsehern.

Die personelle Kontinuität nach 1945 ist ein zweifelhaftes Lehrstück politischen Verhaltens zwischen Strafe und Reintegration, Kontrolle und Unterwanderung, Reform und Restauration. In Ministerien und Gerichtssälen hielten ehemalige Parteigänger und Funktionsträger wieder Einzug, auch in den juristischen Fakultäten der Universitäten. Das alles ist bekannt – und wird gerne vergessen.

Dazu kein Wort des Ministers. Auch kein kritisches Wort zur jahrzehntelangen Tolerierung der nazinahen Herausgeber- und Autorschaft durch den Verlag. Dabei hatten bereits 2018 Eisenreichs Ministerkollegen der Länder Hamburg, Thüringen und Berlin die Umbenennung des Standardkommentars zum Bürgerlichen Gesetzbuch, des *Palandt*, gefordert. Berlins Justizsenator Dr. Dirk Behrendt, einer der Unterzeichner, mahnte mit deutlichen Worten: »Wir haben den *Palandt* in Berlin als Hilfsmittel für das zweite Staatsexamen zugelassen. Damit steht der Beck-Verlag in der Verantwortung. Ich erwarte daher von dem Verlag, dass er seiner Verantwortung gerecht wird und den Kommentar umbenennt.«

Auch die Initiative »Palandt umbenennen!« (IPU) hatte immer wieder eine Namensänderung gefordert und mit einem provozierenden Vergleich argumentiert: »Wir Guten akzeptieren heute keinen Rudolf-Heß-Platz mehr, kein Auto-Modell namens ›Himmler‹ und keine Hermann-Göring-Schule. Die Selbstverständlichkeit, mit der solche Namensgebungen als undenkbar gesehen werden, stehen in starkem Kontrast dazu, dass in jeder rechtswissenschaftlichen Fakultät, fast jedem Amt, jedem Gericht und jeder Kanzlei ein juristisches Standardwerk zu finden ist, welches den Namen eines führenden Nationalsozialisten trägt. Wenn Hermann Göring und Rudolf Heß, Heinrich Himmler und Roland Freisler als Namensgeber tabu sind, dann muss es auch Otto Palandt sein.« Es sei Zeit, dieser »grotesken Ehrerweisung« ein Ende zu setzen, so die Initiative.

Freilich, der *Palandt* ist nicht das einzige nazikontaminierte Sammelwerk im Verlagsprogramm. Auch der *Schönfelder*, benannt nach dem Erfinder der Gesetzessammlung Heinrich Schönfelder, einem Mann, der 1933 der NSDAP sowie dem Bund Nationalsozialistischer Deutscher Juristen beitrat und 1942 als Kriegsgerichtsrat in Italien seinen Dienst tat. Im Juli 1944 wurde er bei einem Partisanenangriff getötet.

Die 1931 von Schönfelder begründete Sammlung mit dem typischen roten Einband ist eine der wichtigsten Gesetzessammlungen der Richterschaft. Im Jahr 1935, damals bereits in der 5. Auflage, bejubelte Schönfelder, dass es ihm gelungen sei, die »zwölf wichtigsten

Gesetze der Regierung des Führers« darin aufzunehmen, darunter selbstverständlich auch die »Nürnberger Gesetze«.

Alle Gesetze sind durchnummeriert. Das erste trägt aber nicht die Nummer 1, sondern die Nummer 20. Warum? Weil der Herausgeber seinerzeit mit dem NSDAP-Parteiprogramm begann, dann folgten einige Rassengesetze, etwa unter Nummer 12a das »Gesetz zum Schutz des deutschen Blutes und der deutschen Ehre«. Und so beginnt im *Schönfelder* bis heute das Bürgerliche Gesetzbuch erst mit der Nummer 20. Bis 1943 wurde das Sammelwerk noch von Schönfelder selbst betreut. Seit der 14. Auflage von 1947 führt der Münchner Verlag C.H. Beck neben dem *Palandt* auch diese Gesetzessammlung fort, mittlerweile – 880 Seiten stark – in der 182. Ergänzungsauflage.

Schließlich ist noch Theodor Maunz zu nennen, der Begründer des *Maunz/Dürig*, des bedeutendsten Grundgesetzkommentars: 1933 trat er der NSDAP und der SA bei, 1935 wurde er ordentlicher Professor für Öffentliches Recht in Freiburg. In seinen zahlreichen Texten war er bestrebt, dem NS-Regime juristische Legitimität zu verschaffen. Nach seinem Tod 1993 wurde bekannt, dass er eine enge Liaison mit der rechten *National-Zeitung* unterhalten hatte. Maunz, gerne als »Kronjurist des Grundgesetzes« bezeichnet, von 1957 bis 1964 auch bayerischer Kultusminister und CSU-Mitglied, war bei dem rechtsradikalen Blatt anonym als Rechtsberater und Autor tätig.

Für den Münchner C.H. Beck Verlag kein Grund, die Zusammenarbeit infrage zu stellen. Bis heute ist der *Maunz/Dürig* im Sortiment. Für 478 Euro liefert der Verlag die 94. Auflage der Loseblattsammlung portofrei.

Halten wir fest: Auch wenn sich – wie schon bei Gründerkollege Palandt – Person und Funktion auch beim *Schönfelder* und beim *Maunz/Dürig* auf wundersame Weise »voneinander gelöst« haben und seitdem »ein Eigenleben führen«, greifen die derzeitige und die kommende Juristengeneration hierzulande trotz nazikontaminierter Herausgeberschaft auf die drei Gesetzeskommentare zurück, demnächst mit neuem Titeletikett.

Man möchte dem Verlag zurufen: Wie wäre es bei künftigen Ergänzungsauflagen mit einem Nachwort, einem aufklärenden, ausführlichen Text über die Karrieren der Ex-Namensgeber? Gerne auch einem selbstkritischen Hinweis auf eigene fragwürdige publizistische Kontinuitäten.

# 13

## ER IST IMMER NOCH DA! POPSTAR HITLER

Der Führer meldete sich 2015 zurück. Mitten in Berlin. Aus einer Rauchschwade heraus trat er plötzlich unter uns. *Er ist wieder da* heißt die Verfilmung des gleichnamigen Romans von Timur Vermes, der, mehr als zwei Millionen Mal verkauft und in 41 Sprachen übersetzt, die Bestsellerlisten stürmte.

Im Film lässt der Regisseur seinen Hauptdarsteller in Nazi-Uniform mitten im Berliner Kiez aus einem Gully in die Gegenwart emporsteigen. Adolf Hitler (gespielt von Oliver Masucci) ist selbst mehr als überrascht, als er realisiert, dass er auf einmal wieder am Leben ist. Und wie sich die Welt verändert hat! Der gerade bei einem großen Privatsender namens MyTV gefeuerte Journalist Fabian Sawatzki (gespielt von Fabian Busch) wittert als Erster die Chance, mit diesem seltsam-faszinierenden vermeintlichen Adolf-Hitler-Imitator, der dem echten Führer verblüffend ähnlich ist, Geld zu verdienen und seinen alten Job wiederzubekommen. Es wird ihm gelingen. Dieser Hitler begeistert einfach alle: Alte Menschen erinnern sich an eine Zeit, in der nicht alles schlecht und vieles besser war, junge Leute finden ihn cool, einen »irren Typen« …

Der zurückgekehrte Führer tritt seinen Siegeszug an, tingelt durch Talkshows, wird bestaunt von der Presse, bejubelt vom Boulevard und zum Hit auf You-Tube. Die Führung der NPD macht er derweil beim Ortsbesuch in der Parteizentrale zur Minna, weil sie so ein verlorener Haufen sei. Wenn er bloß die SS wiederhätte! Hitlers scheinbar unaufhaltsamer Aufstieg bekommt erst dann einen Knick, als ein Video auftaucht, das zeigt, wie er einen Hund erschießt. Hetze gegen Minderheiten, Gefasel vom Wohl des deutschen Volkes – das geht. Kein Herz für Tiere – das geht nicht, vor allem nicht mit den Grünen, die sich der neue, alte Hitler gut als Koalitionspartner vorstellen kann. Schließlich ist Naturschutz nichts anderes als Heimatschutz, und wie man die Heimat schützt, das weiß niemand besser als er.

Regisseur David Wnendt spielt scheindokumentarisch mit Menschen, denen der vermeintliche Hitler in Alltagssituationen vor die Nase gestellt wird. Sie jubeln ihm zu, er posiert vor dem Brandenburger Tor und lässt sich fotografieren, geht ins Gasthaus zum Stammtisch, an dem rechte Parolen die Runde machen. Asiatische Touristen finden ihn lustig, eine junge Frau sagt: »I love Hitler«, auf Sylt oder in Passau schwadronieren ältere

Herren, sie hätten nichts gegen Ausländer, aber ...! Die Frau von der Imbissbude schließlich fasst zusammen, was uns innerhalb zweier Stunden an Ressentiments um die Ohren gehauen wird: Es gibt keine Demokratie, Politiker sind korrupt, Ausländer kriminell, schon deren Kinder eine Plage, und seine Meinung darf man auch nicht sagen. Das werde ich ändern, verspricht der freundliche Herr Hitler. Da bittet die Frau vom Imbiss um ein Selfie ... Hitler irritiert: Ein Erinnerungsfoto? *Er ist wieder da* ist über weite Strecken beängstigend komisch. Welche Idioten echt sind und welche Teile der Inszenierung allein für die Dramaturgie, das ist nicht ganz klar.

Gleich fragten viele besorgt: Darf man das? Diese Frage beantwortete schon Charlie Chaplins famose Satire *Der große Diktator* aus dem Jahr 1940 – man darf! Das gilt auch 75 Jahre später noch. Im Rahmen der Kunst und Unterhaltung ist es durchaus erlaubt, sich über Adolf Hitler lustig zu machen, um den Tyrannen mit den Waffen der Satire zu bekämpfen. Doch was passiert, wenn man nicht über, sondern mit Adolf Hitler lacht?

*Er ist wieder da* bietet nicht den eindimensionalen Dämon Hitler, sondern einen nicht uncharmanten Pragmatiker, der das moderne Leben schnell adaptiert und für seine Zwecke nutzt. Dieser »neue« Hitler hält weitgehend an seinen menschenverachtenden Thesen fest, sie kommen aber nun als Comedy getarnt daher, ohne dabei ihre Wirkung zu verfehlen. Mit der

Parodiefigur Hitler sind die Menschen vertraut, vertrauter als mit dem echten Tyrannen, den die wenigsten noch persönlich erlebt haben. Somit begibt sich der Film auf ideologisch unwegsames Terrain, wenn er sein Publikum mit diesem – und über diesen – Adolf Hitler lachen lässt.

Ein Kritiker bemerkte dazu, die toxische Komödie sei gleichermaßen unterhaltsam-lustig und schmerzhaft, »wenn man sieht, wie viele dem Hitler 2.0 schon wieder auf den Leim gehen«. David Wnendt hält den Deutschen einen Spiegel vor.

Hitler und die Nazis: Kaum ein Abend vergeht, an dem nicht irgendeine Dritte-Reich-Doku durch die Fernsehprogramme rauscht – unermüdlich, die Leute wollen es offensichtlich sehen. Das Thema lässt das Land einfach nicht los. Hitler ist eine omnipräsente Figur. Als Karikatur, als Werbefigur, als Comic.

Kaum eine historische Figur vermag die Deutschen mehr zu bewegen. Hitler ist ein Popstar, ein »Headliner« der Medien- und Unterhaltungsindustrie. In seinem Erregungs- und Entrüstungspotenzial wird er von keiner anderen historischen Schreckensgestalt übertroffen. Ein Magazin, das Hitler auf das Cover setzt, verkauft sich gut. Als Dani Levys Film *Mein Führer – Die wirklich wahrste Wahrheit über Adolf Hitler* 2007 in die Kinos kam, war die Aufregung im Feuilleton groß. Auch damals schon fragten nervöse Journalisten, ob man über Hitler lachen dürfe. Als hätte es Mel Brooks' *Frühling für Hitler* nie gegeben. Als hätte die

Kulttrickserie *Die Simpsons* Adolf Hitler nicht mehrere Auftritte gewährt.

Keine Frage: Es gibt eine neue Leichtigkeit im Umgang mit Hitler und dem Nationalsozialismus. Nicht weil der Gegenstand seinen Schrecken verloren, sondern weil sich der Schrecken vom Gegenstand gelöst hat. Ob als Film, Buch oder Parodievorlage: Es scheint, als sei Hitler den Deutschen siebzig Jahre nach Kriegsende näher denn je. Guido Knopps TV-Dokureportagen (*Hitlers Helfer, Hitlers Frauen* …) sind auch heute, nach der fünften Wiederholung, noch Quotenbringer, BBC-Serien über Hitlers Nazideutschland finden auf Phoenix in Wiederholungsendlosschleifen ihre Zuschauer. Die »dokumentarischen« TV-Filme leben von der Fiktionalisierung. Und die ist unaufhaltsam, schon allein deshalb, weil die letzten Augenzeugen aussterben.

Das tatsächlich Geschehene weicht einem historischen Mythos, der keine Widersprüche kennt. Die Gestalten, die Propaganda, die Verbrechen der Nationalsozialisten, das reale Grauen schlagen um in schaudernde Faszination. So wird das nationalsozialistische Deutschland vernebelt und marktgängig in die Jetztzeit transferiert. Die Nazi-Ära verkommt zur beliebig ersetzbaren Chiffre des Bösen – mit einem verhängnisvollen Nebeneffekt: der Verharmlosung. Und diese Verharmlosung braucht ein Gesicht: Hitler. Er ist zur popkulturellen Ikone des Bösen mutiert. »The Führer«, ein globaler Popstar.

In seiner Studie mit dem Titel *Hi Hitler!* weist der US-amerikanische Historiker Gavriel D. Rosenfeld auf eine seit Jahren anhaltende »Normalisierungswelle« hin, eine Tendenz, die die Einzigartigkeit der NS-Verbrechen negiert. Mit dem Verschwinden von Zeitzeugen werde das Geschehene zunehmend aus dem kollektiven Gedächtnis gelöscht. Begünstigt werde diese Entwicklung – so Rosenfeld – durch die Informationsrevolution. Der Aufstieg digitaler Technologien und vor allem des Internets erleichtere, ja erzeuge »kontrafaktisches Denken«. Die NS-Vergangenheit löse sich zunehmend vom historischen Kontext.

Adolf Hitler, in der westlichen Welt jahrzehntelang der Inbegriff des Bösen, erlebt seit Jahren eine Normalisierung. Nun erscheint er zunehmend als skurrile, groteske, schräge Figur. Nirgendwo wird der Wandel sichtbarer als im Internet. Wer bei Google eine einfache Bildsuche zu Hitler startet, sieht neben dokumentarischen Archivfotos vermehrt digital veränderte humoristische Fotos. Hitler wird dargeboten als Witzfigur, als Lachnummer, als »Disco Hitler« und als flotter Tänzer unter einer 70er-Jahre-Discokugel oder in dem Buch *Bedtime for Hitler* im Schlafanzug auf einem Schlitten, der durch den Nachthimmel gleitet. Es gibt zahllose Bildmakros von Hitlers Kopf, die mit Photoshop auf die Körper von Supermodels, Popsängern und Sport-Heroes montiert wurden, und in Sprechblasen wird der einstige Führer statt mit »Heil« mit einem coolen »Hi« begrüßt.

Der Ausruf »Hi Hitler« steht nicht nur wegen seiner Komik für eine neue Tendenz in der Darstellung der NS-Vergangenheit. Tatsache ist, dass unterschiedliche Genres wie die der Satire, Fantasy und kontrafaktischen Geschichtserzählung zur historischen und moralischen Verflachung beitragen. Sie laufen dadurch Gefahr, Inhalte zugunsten von Gags und Pointen zu opfern. Zwar geben die Produzenten an, ebenfalls hehre moralische Ziele zu verfolgen und sich der historischen Aufklärung verpflichtet zu fühlen. Es gehe darum, mit modernen visuellen Darstellungsformen vor allem jüngere Menschen anzusprechen.

Für Gavriel D. Rosenfeld sind die satirischen Darstellungen Hitlers im Internet Teil eines größeren Wandels, der sich aktuell in der Erinnerungskultur rund um die NS-Zeit vollzieht, nämlich der Normalisierung und Relativierung der Vergangenheit. »Die Befürworter dieser Normalisierung tragen ebenfalls dazu bei, der NS-Vergangenheit die historische Besonderheit zu nehmen, etwa indem sie mehr auf Ähnlichkeiten als auf Unterschiede abheben. Historische Vergleiche werden – etwa durch Universalisierung der Vergangenheit – bemüht.«

Die öffentliche und veröffentlichte verharmlosende Beliebigkeit steht in schroffem Gegensatz zum Verfolgungs- und Kriminalisierungswahn im Kampf gegen jede Nazi-Hinterlassenschaft. Hakenkreuz, SS-Rune und Reichskriegsflagge sind verboten. Wer sie öffentlich zur Schau stellt, ruft die Justiz auf den Plan.

Wohin die Versuche der Austreibung von NS-Symbolen führen können, zeigt eine Justizposse aus dem Schwabenland. Dort beschäftigten sich fast zwei Jahre lang Polizisten, Staatsanwälte und Richter mit der Frage, ob ein durchgestrichenes Hakenkreuz gegen das Verbot von NS-Symbolen verstößt. Wohnungen wurden durchsucht, Aufkleber und Transparente beschlagnahmt, Geldstrafen verhängt. Dann entschied der Bundesgerichtshof: Demonstranten dürfen verfremdete Nazi-Symbole verwenden, NPD-Gegner dürfen Hakenkreuze bildlich in die Tonne treten, Punks dürfen sie symbolisch mit dem Stiefel zerquetschen oder mit dem Hammer zertrümmern. Antifa-Aktivisten dürfen Hakenkreuze auch in ein rotes Halteverbotsschild integrieren und sich als Button ans Revers heften.

Der dritte Strafsenat des Bundesgerichtshofs konnte darin, anders als das Landgericht Stuttgart, keine Straftat erkennen, und er sprach deshalb einen Versandhändler auch vom Vorwurf der »Verwendung von Symbolen verfassungswidriger Organisationen« (§ 86a StGB) frei. Wenn die Symbole »in offenkundiger und eindeutiger Weise« die Gegnerschaft zum Nationalsozialismus zum Ausdruck brächten, dürfe deren Gebrauch nicht kriminalisiert werden, begründete der Bundesgerichtshof sein Urteil.

Einerseits der Kult um die Person Hitler, andererseits die rigorose juristische Verfolgung und gesellschaftliche Ächtung jeder Zurschaustellung von Nazi-Devotionalien und sonstiger NS-Hinterlassenschaften.

Ein sozialpsychologischer Zwiespalt oder eine realpolitische Groteske?

Tatsächlich sind Hitler-Vergleiche zwar weiterhin kontaminiert (freilich als gezielter Tabubruch durchaus marketingkompatibel, siehe die Veröffentlichungen von Eva Herman oder Thilo Sarrazin) – doch nicht mehr die große Grenzüberschreitung, die sie lange Jahre waren. Hitler dient als Projektionsfläche für die vermeintlich dunklen Charakteristika seiner Persönlichkeit, eingedampft auf »das Böse«. Und das Böse ist faszinierend und bedrohlich zugleich. Wir wollen nichts mit ihm zu tun haben und können uns doch nicht davon abwenden. Wir wünschen es aus unserer Welt und benötigen doch seine Anwesenheit.

Und so passte es in die Dramaturgie, dass pünktlich zum Neujahrsfeuerwerk am 31. Dezember 2015 das Urheberrecht für Hitlers *Mein Kampf* erlosch. Zwar war Hitlers Text schon immer im Internet auffindbar, doch nun konnte jeder mit der Hetzschrift machen, was er wollte. Der gesamte Text wurde – siebzig Jahre nach dem Todestag des Autors – »gemeinfrei«. Als Volksausgabe 1930 erstmals erschienen, über elf Millionen Mal verkauft, 1945 von den Alliierten verboten, war die Hetzschrift in gedruckter Form bislang nur in Antiquariaten zu bekommen. Nach Ablauf der Urheberrechte ist das umstrittene Werk nun wieder im Handel. Diesmal als »kritische Edition«: 1.948 Seiten plus 3.700 Fußnoten, herausgegeben und kommentiert von Historikern des Münchner Instituts für

Zeitgeschichte. Die Wissenschaftler haben diverse Auflagen miteinander verglichen, jede Korrektur wurde erfasst und vermerkt. Vor allem wird jede Lüge und Halblüge aufgedeckt. Vieles hat der Mann aus Braunau absichtlich verzerrt, noch mehr schlampig recherchiert. Allein die Zahl der sachlichen Fehler ist immens. Das Verdienst der Historiker ist es, den ebenso pompösen wie mühsamen »Hitler-Sound« von jeder Form ideologischen Gifts »entschlackt« zu haben. Tatsächlich macht die Kommentierung zahlreiche Passagen des Buchs für viele Leser erst verständlich.

Sein Erscheinen geriet zum Ereignis: Das Editionsprojekt schaffte es ins koreanische Frühstücksfernsehen, in die BBC und zu Al Jazeera. Die italienische *La Stampa* berichtete, ebenso wie die spanische *El Pais* und die *New York Times.* Alle deutschen Leitmedien druckten lange Artikel, ARD und ZDF produzierten Dokumentationen. So viel öffentliche Aufmerksamkeit haben die Münchner Historiker wohl selten erfahren.

Mehr als 50.000 Exemplare – immerhin für stolze 59 Euro – wurden bislang verkauft. Und wem diese Historikeredition zu umfangreich ist, der findet zahlreiche weitere Neuerscheinungen, die weniger voluminös, aber dennoch profund und seriös sich mit der zweifelhaften Karriere des deutschen Bestsellers befassen. Sie erzählen und dokumentieren die Geschichte des Machwerks aus Antisemitismus, Hass und Größenwahn von seiner Entstehung in den frühen 1920er Jahren bis hin zu den Verbotsdebatten der Gegenwart. Die Autoren räumen mit den bekannten Mythen auf und entlarven Hitler als Verfälscher seiner eigenen Biographie. Verdienstvolle und gelungene Versuche einer notwendigen Entzauberung.

Hitler und kein Ende? Das Nachleben des »Führers« setzt sich in immer neuen Büchern und Filmen sowie in der Forschung fort. Seine Präsenz erfreut nicht nur geschichtsvergessene dumpfe Nostalgiker, sondern die darin gezeichneten Bilder bieten vielen Deutschen – ob jung oder alt – eine willkommene Gelegenheit, die NS-Vergangenheit zu relativieren, zu beschönigen und vergessen zu machen.

Hitler – er allein soll es gewesen sein, verantwortlich für das Verderben der Deutschen und ihre millionenfachen Verbrechen. Die Vergangenheit freilich will nicht vergehen, nur weil sie vergangen ist.

# ANMERKUNGEN UND QUELLEN

**Prolog: Die Gegenwart der Vergangenheit**

Jahrzehntelang hatte die Justiz NS-Verbrechen nicht verfolgt und angeklagt. Jetzt stand eine greise Tätergeneration vor Gericht. Besonders der Prozess gegen einen bald hundertjährigen KZ-Aufseher sorgte im Herbst 2021 für eine lebhafte öffentliche Debatte. Vgl. dazu: https://www.spiegel.de/panorama/justiz/brandenburg-ehemaliger-kz-wachmann-im-alter-von-100-jahren-vor-gericht-a-117f8123-01d5-4640-b800-f606322a9b57; https://www.deutschlandfunkkultur.de/spaete-ns-prozesse-mord-ist-mord-ist-mord-ist-mord.1008.de.html?dram:article_id=503895; https://www.dw.com/de/früherer-kz-wächter-mit-100-jahren-vor-gericht/a-59401565.

Die Anstrengungen der Deutschen, sich von ihrer Vergangenheit zu befreien, sowie die Versuche, persönliche Schuld zu relativieren und eine »verführte« Volksgemeinschaft zu exkulpieren, untersucht Hannes Heer exemplarisch in seinem Buch *»Hitler war's!« Die Befreiung der Deutschen von ihrer Vergangenheit*, Berlin 2005.

Zum grassierenden Opportunismus und zur gedankenlosen Unterwürfigkeit der Deutschen vgl. auch die erhellenden Tagebuchaufzeichnungen von Friedrich Kellner. Der Justizinspektor aus dem hessischen Laubach schrieb von 1939 bis 1945 beinahe täglich seine Kritik am NS-Regime nieder und dokumentierte die vielen kleinen und großen Verbrechen der NS-Diktatur. Seine Tagebücher zeigen, dass jeder in der Lage gewesen wäre, die nationalsozialistischen Propagandaphrasen zu entlarven und von den Untaten der Nazis zu wissen. Kellner hat mit seinen Aufzeichnungen – erschienen unter dem Titel »*Vernebelt, verdunkelt sind alle Hirne*«, Göttingen 2011 – der Nachwelt ein bedeutsames Zeitdokument hinterlassen.

Vgl. auch die beeindruckende Sammlung der Tagebuchaufzeichnungen von Hermann Stresau, die in zwei Bänden unter dem Titel *Von den Nazis trennt mich eine Welt* und *Als lebe man nur unter Vorbehalt*, herausgegeben von Peter Graf und Ulrich Faure, 2021 erschienen. Geboren 1894 in Milwaukee in den USA, übersiedelte Hermann Stresau mit seinen Eltern nach Frankfurt am Main, wo er die Schule besuchte und das Abitur ablegte. 1915 erwarb er die deutsche Staatsangehörigkeit und meldete sich als Freiwilliger zum Kriegsdienst. Nach einem bibliothekarischen Volontariat 1928 begann Stresau 1929 seine Tätigkeit als wissenschaftliche Hilfskraft in Berlin, weigerte sich aber, in die NSDAP einzutreten. 1933 wurde er »als Nationalbolschewik« denunziert und wegen angeblicher »marxistischer Betätigung« entlassen. Danach arbeitete er als Journalist für die *Neue Rundschau* und die *Frankfurter Zeitung* sowie aufgrund seiner guten Kenntnisse der amerikanischen Sprache als Übersetzer. 1939 zog er mit seiner Frau von Berlin nach Göttingen, wo er zwangsverpflichtet bis zur Befreiung durch die US-Armee als Hilfsarbeiter in einem Werk für optische Geräte arbeiten musste.

Von 1939 bis zum Kriegsende im April 1945 führte Stresau Tagebuch. Darin notierte er klarsichtig, wie sich Deutschland veränderte, wie die Nationalsozialisten mit Propaganda, inszenierten Machtdemonstrationen und einer gut organisierten Bürokratie ihre Herrschaft absicherten und ausweiteten. Er beschrieb auch sein unmittelbares Umfeld, das Verhalten derjenigen, die sich aus Überzeugung oder Karrieregründen dem System andienten, mitmarschierten, mitmachten und zu Komplizen des staatlichen Terrors wurden. So entstand ein beeindruckendes Psychogramm der Hitler-Deutschen.

Die Persil-Werbung wird zitiert nach dem Roman *Die Verteidigung* (2021, S. 197) von Fridolin Schley. Darin verwandelt er die Ereignisse um den Nürnberger Wilhelmstraßen-Prozess in ein fesselndes Drama über Moral und Verantwortung. Im Mittelpunkt steht die Anklage gegen Ernst von Weizsäcker, den früheren NS-Diplomaten und Staatssekretär. Die besondere Konstellation: Sein Sohn Richard – der spätere Bundespräsident – gehört zum Verteidigerteam des Vaters.

Vgl. Per Leo: *Tränen ohne Trauer. Nach der Erinnerungskultur*, Stuttgart 2021.

**Die zweite Karriere des Roland Freisler**

Das Gespräch mit Frau Margot Diestel fand im Februar 1991 in ihrem Haus in Steinhorst statt. Das zitierte Buch *Gerettetes Leben. Erinnerungen an eine Jugend in Deutschland* erschien unter ihrem Mädchennamen Margot von Schade (München 1988). Das Faksimile des Volksgerichtshofurteils gegen sie befindet sich auf den Seiten 179 bis 185.

Eine ausführliche Dokumentation der Ermittlungen der Staatsanwaltschaft beim Landgericht Berlin gegen ehemalige Richter und Staatsanwälte am Volksgerichtshof enthält die Broschüre *Der Volksgerichtshof* von Bernhard Jahntz und Volker Kähne, Berlin 1986.

Zu den Urteilen des Volksgerichtshofs vgl. auch das von Heinz Hillermeier herausgegebene Buch *»Im Namen des deutschen Volkes!« Todesurteile des Volksgerichtshofs*, Darmstadt und Neuwied 1980.

Weiter gehende Informationen zur Entstehung, Rechtspraxis und inneren Struktur des Volksgerichtshofs bietet das Standardwerk *Der Volksgerichtshof im nationalsozialistischen Staat* von Walter Wagner, Stuttgart 1974, sowie das ebenso gut lesbare wie informative Buch von Hannsjoachim W. Koch: *Volksgerichtshof. Politische Justiz im 3. Reich*, München 1988.

Zur Person Roland Freislers, zu seiner Karriere und seinem Wirken sowie zur Verurteilungspraxis des Volksgerichthofs vgl. *Der Hinrichter. Roland Freisler – Mörder im Dienste Hitlers* von Helmut Ortner, Darmstadt 2013.

Freislers zitierter Beitrag über die Aufgabe des Volksgerichtshofs erschien unter dem Titel »Der Volksgerichtshof – das Reichsstrafgericht« in: *Zeitschrift der Akademie für Deutsches Recht*, Jg. 2, 1935, S. 90-94. Seine Visionen eines »germanischen Gerichtsverfahrens« sind nachzulesen in seinem Aufsatz »Einiges vom werdenden deutschen Blutbanngericht«, in: *Deutsche Juristen-Zeitung*, Jg. 40, 1935, S. 584-596 und 649-655.

Einen Bericht über das über den Nachlass Roland Freislers verhängte Sühneverfahren veröffentlichte die *Süddeutsche Zeitung* am 30. Januar 1958. Dem Autor dieses Buches liegt eine Kopie des Urteils vom 29. Januar 1958 der Spruchkammer Berlin mit dem Aktenzeichen »Sprkn. 7/56« vor. Presseberichte zum Rentenfall der Witwe Freislers erschienen in allen großen bundesdeutschen Tageszeitungen, unter anderem in der *Süddeutschen Zeitung* vom 13. bis 19. Februar 1985, im *Spiegel* vom 18. Februar sowie in der *Frankfurter Rundschau* vom 13. und 18. Februar 1985.

**»Aus Gründen der Abschreckung ...«**

Die Todesurteile gegen Dietrich Tembergen und Ehrengard Frank-Schultz werden ausführlich dokumentiert in: Helmut Ortner: *Der Hinrichter. Roland Freisler – Mörder im Dienste Hitlers*, Darmstadt 2013, S. 174 und 223. Der Band befasst sich mit weiteren Todesurteilen des Volksgerichtshofs unter dem Vorsitz Freislers.

**Der Mann am Fallbeil**

Leben und Wirken des Scharfrichters Johann Reichhart schildert Roland Ernst in: *Der Vollstrecker. Johann Reichhart, Bayerns letzter Henker*, München 2019, ebenso Josef Dachs faktenreich in seinem Buch *Tod durch das Fallbeil. Der deutsche Scharfrichter Johann Reichhart (1893-1972)*, Regensburg 1996.

**»Mein geliebter Führer!«**

Helmut Heiber: *Die Rückseite des Hakenkreuzes. Absonderliches aus den Akten des »Dritten Reiches«*, Stuttgart 1993. Vgl. auch Theresa Ebeling u.a. (Hrsg.): *Geliebter Führer. Briefe der Deutschen an Adolf Hitler*, Berlin 2011.

**Allein gegen Hitler**

Über Georg Elsers Lebensgeschichte, die Pläne und Vorbereitung seines Attentats, seine Verhaftung und die Verhöre sowie seine Gefangenschaft und Ermordung informiert umfassend *Der einsame Attentäter. Georg Elser, der Mann der Hitler töten wollte* von Helmut Ortner, Darmstadt 2013.

Lesenswert ist auch: *Georg Elser. Sprengstoffanschlag im Bürgerbräukeller München 8.11.1939. Die Verhörprotokolle*, Waging am See 2009, sowie *Die Akte Elser*, Schriftenreihe der Georg Elser Gedenkstätte, Königsbronn 2000.

Zur Debatte über den Künstlerwettbewerb für ein Georg-Elser-Denkmal in Berlin siehe die Presseerklärung der Berliner Senatskanzlei vom 12.10.2011 sowie zahlreiche Presseberichte, darunter »Georg Elser-Denkmal in Berlin« auf: www.spiegel-online/kultur.de und »Denkmal für einen tragischen Helden« auf: www.süddeutsche.de.

Zur Kritik an einer undifferenzierten Gedenkkultur, die exemplarisch auch an der Person Georg Elsers sichtbar werde, vgl. unter anderem »Mythos Elser« von Peter Koblanz auf: www.georg-elser-arbeitskreise.de. Dort sind auch alle nach Georg Elser benannten Schulen, Plätze und Straßen in Deutschland aufgeführt.

**Keine Stunde null**

Was den Umgang mit der NS-Vergangenheit angeht, gibt die Aufsatzsammlung von Magnus Brechtken: *Aufarbeitung des Nationalsozialismus*, Göttingen 2021, einen brillanten Überblick zum Stand der Forschung.

Lesenswert ist auch Norbert Frei: *1945 und wir. Das Dritte Reich im Bewusstsein der Deutschen*, München 2005, ebenso der von ihm herausgegebene Band *Karrieren im Zwielicht. Hitlers Eliten nach 1945*, München 2003, in dem zahlreiche Juristen, Ärzte, Unternehmer, Journalisten und Offiziere genannt werden, die dem NS-Regime in wichtigen Positionen gedient hatten und in der Bundesrepublik ihre Karrieren fortsetzen konnten, unter anderem Hermann Josef Abs, Hans Filbinger, Reinhard Gehlen, Hans Globke, Werner Höfer, Erich Manstein, Josef Neckermann. Diese Namen verdeutlichen, in welchem Maße die entstehende Demokratie von Männern mit Vergangenheit geprägt wurde.

Die wichtigsten Personen im »Dritten Reich« aus Justiz, Kirchen, Wohlfahrtseinrichtungen, Kultur, Wirtschaft, Publizistik, Wissenschaft, Medizin,

Polizei, Wehrmacht sowie aus NSDAP, SA und SS hat Ernst Klee erfasst. Das konkurrenzlose Personenlexikon informiert mit seinen 4.300 Artikeln auch ausführlich über deren Karrieren nach 1945. Vgl. Ernst Klee: *Das Personenlexikon zum Dritten Reich: Wer war was vor und nach 1945*, Frankfurt am Main 2015.

Auch Jörg Friedrich analysiert und dokumentiert in seinem Buch *Die kalte Amnestie. NS-Täter in der Bundesrepublik*, Frankfurt am Main 1988, die gezielte Integration der NS-Tätergemeinde in die Nachkriegsgesellschaft.

Die Integration von SS-Führern in die Nachkriegsgesellschaft und wie diese ihre neuen Karrieren gestalteten, beschreibt Christina Ullrich anhand neunzehn beispielhafter Lebensläufe in ihrer Studie: *»Ich fühl' mich nicht als Mörder«*, Darmstadt 2011.

Wie in der Bundesrepublik Ex-Nazis ihre früheren Karrieren bruchlos fortsetzen konnten, beschreibt Willi Winkler faktenreich in: *Das braune Netz. Wie die Bundesrepublik von früheren Nazis zum Erfolg geführt wurde*, Berlin 2019.

Unmittelbar nach dem Zweiten Weltkrieg waren in zahlreichen westeuropäischen Ländern NS-Kriegsverbrecher inhaftiert. Im Zuge der Westbindung der Bundesrepublik wurden die meisten von ihnen entlassen. Aus Kirchenverbänden, Veteranenvereinigungen und Diplomaten formierte sich eine einflussreiche Interessenvertretung, die, politisch gut vernetzt, rechtliche und materielle Hilfe leistete. Während die Opfer des NS-Regimes um gesellschaftliche Anerkennung und Entschädigung kämpften, organisierte diese Lobby Unterstützung für die Kriegsverbrecher. Vgl. dazu die faktenreiche Aufarbeitung *Die Kriegsverbrecherlobby* von Felix Bohr, Frankfurt am Main 2018.

Zur Nachkriegskarriere des SS-Generals Heinz Reinefarth vgl. Sven Felix Kellerhoff: »Der Henker von Warschau« in: *Die Welt* vom 27. April 2016.

Zur Kollektivschuld der Kriegs- und Nachkriegsgeneration, zu ihrer Auseinandersetzung mit dem Nationalsozialismus und seinen Folgen, zur besonderen Rolle der Justiz und zu den Möglichkeiten von Vergebung und Versöhnung vgl. auch Bernhard Schlink: *Vergangenheitsschuld. Beiträge zu einem deutschen Thema*, Zürich 2007.

Zu den sozialpsychologischen Grundlagen kollektiver Verdrängung vgl. das Standardwerk von Alexander und Margarete Mitscherlich: *Die Unfähigkeit zu trauern*, München 1967, Neuauflage München 2007.

Dass die Versuche, die Deutschen von ihrer düsteren Vergangenheit zu »befreien«, nicht nur in der Adenauer-Republik Hochkonjunktur hatten, sondern bis heute anhalten, zeigt Hannes Heer in: *»Hitler war's!« Die Befreiung der Deutschen von ihrer Vergangenheit*, Berlin 2005.

Warum Millionen von Deutschen Hitler gewählt haben und warum die Nationalsozialisten als Massenpartei alle Bevölkerungsschichten für sich gewinnen konnten, diese Frage beantwortet kenntnisreich Peter Fritzsche in: *Wie aus Deutschen Nazis wurden*, Zürich 1999.

Die personelle Kontinuität im Justizbereich, vor allem im Bereich der Richter- und Staatsanwaltschaft, wird im Anhang meines Buches *Der Hinrichter. Roland Freisler - Mörder im Dienste Hitlers*, Darmstadt 2013, umfassend dokumentiert.

Auch auf die unrühmliche Vergangenheit des Auswärtigen Amtes sei hier hingewiesen. Dessen Rolle während der NS-Zeit und nach 1945 wurde - beauftragt vom Grünen-Außenminister Joschka Fischer - im Jahr 2005 von einer unabhängigen Historikerkommission aufgearbeitet. Die gründliche und umfangreiche Untersuchung räumt auch mit der Legende auf, dass das NS-Außenministerium ein Hort des Widerstandes gewesen sei, dass die Mitarbeiter vom Holocaust entweder nichts gewusst oder aber diesen nach Kräften sabotiert hätten. Zutreffend ist vielmehr, dass das von deutschnationalen Adligen dominierte Amt die antisemitische Politik der Nazis seit 1933 nach außen hin verteidigte und verharmloste, dass die Mitarbeiter »wie auch sonst überhaupt« scharenweise der Partei beitraten und dass die »Endlösung der Judenfrage« im Amt nicht nur bekannt war, sondern seine Mitarbeiter dabei durchaus vielfach eine aktive, verbrecherische Rolle spielten.

Die Studie belegt zudem, wie es den diplomatischen Seilschaften nach 1945 gelang, sich gegenseitig »Persilscheine« auszustellen: Sehr rasch gelangten zahlreiche führende Mitarbeiter wieder in leitende Positionen des Bonner Außenministeriums. Verblüffend ist die Erkenntnis, dass sich auch unter der Kanzlerschaft Willy Brandts an dieser grundsätzlichen Praxis nur wenig änderte. Zu einer Selbstreinigung war weder das Amt in der Lage, noch gab es den notwendigen politischen Druck. Wenn gelegentlich belastete Personen in den Ruhestand geschickt werden mussten, dann lag das zumeist an der Skandalisierung bestimmter Fälle durch Aufmerksame.

Die Untersuchung ist unter dem Titel *Das Amt und die Vergangenheit. Deutsche Diplomaten im Dritten Reich und in der Bundesrepublik* in Buchform erschienen. Verfasst und herausgegeben wurde sie von den Autoren Eckart Conze, Norbert Frei, Peter Hayes und Moshe Zimmermann. Sie gilt mittlerweile als Standardwerk.

Eine exemplarische NS-Täter-Karriere im Nachkriegsdeutschland verkörpert Hans Globke, vormals Mitverfasser der Nürnberger Rassengesetze, später Adenauers mächtigster und einflussreichster Staatssekretär. Vgl. Jürgen Bevers: *Der Mann hinter Adenauer. Hans Globkes Aufstieg vom NS-Juristen zur Grauen Eminenz der Bonner Republik*, Berlin 2009; ebenso die gleichnamige TV-Dokumentation von Bevers, Pflechtinger, ARTE, Sendung vom 8.10.2008.

Eine neue Studie über die NS-Vergangenheit der Bundesanwaltschaft haben der Historiker Friedrich Kießling und der Jurist Christoph Safferling 2021 vorgelegt. Untersucht haben sie den Zeitraum 1950 bis 1974. Dabei wird deutlich, dass es einen personellen Bruch mit dem NS-System in der Generalbundesanwaltschaft nicht gab. 1953, so die Autoren, waren achtzig Prozent der Juristen der Karlsruher Behörde bereits im NS-Justizsystem tätig gewesen. Zehn Jahre später lag der Anteil bei den Bundes- und Oberstaatsanwälten bei 75 Prozent.

Zum späteren Bundesanwalt Wolfgang Fränkel: Als Mitglied der Reichsanwaltschaft hatte er bis 1943 in rund fünfzig Verfahren für die Todesstrafe votiert, etwa im Fall des Polen Stanislaw Klepacz, der auf der Flucht ein Fahrrad gestohlen hatte. Die Richter folgten Fränkel hier nicht, in mindestens dreißig Fällen hatten seine Anträge aber Erfolg: Die Todesurteile wurden vollstreckt.

Hatte es 1951, vor seiner Ernennung zum Bundesanwalt, noch eine Auseinandersetzung darüber gegeben, ob ehemalige Angehörige der Reichsanwaltschaft in Staatsschutzbehörden tragbar seien, berief ihn am 23. März 1962 mit Zustimmung des Bundesrats und der Adenauer-Regierung Bundespräsident Lübke ohne größere Diskussionen zum höchsten Ermittler der Bundesrepublik. Erst nach Medienberichten und öffentlichen Protesten wurde Fränkel schließlich wenige Monaten nach Amtsantritt in den einstweiligen Ruhestand versetzt, freilich mit vollen Pensionsansprüchen bis zu seinem Tod. Vgl. dazu auch die Rezension von Marlene Grunert: »Braunes Wasser«, in: *Frankfurter Allgemeine Zeitung* vom 22. November 2021.

**Ein »ehrenwerter« Herr**

Schwinges Bedeutung im Zusammenhang mit der Geschichte der NS-Militärjustiz basiert auf zwei Publikationen: Sein *Kommentar zum Militärstrafgesetzbuch*, bereits 1936 in Berlin erschienen (6. Auflage 1944), galt als Standardkommentar der NS-Militärjustiz, die andere ist die von ihm bearbeitete, eingeleitete und herausgegebene Monographie von Otto Peter Schweling: *Die deutsche Militärjustiz in der Zeit des Nationalsozialismus* (2. Auflage, Marburg 1978). Gegen diese geschichtsklitternde Rechtfertigungsschrift hat der Privatforscher Fritz Wüllner gemeinsam mit dem Historiker Manfred Messerschmidt das Buch *Die Wehrmachtsjustiz im Dienste des Nationalsozialismus. Zerstörung einer Legende*, Baden-Baden 1987, vorgelegt, das große Beachtung fand und heftige Attacken von Seiten der »Weißwäscher« der NS-Militärgeschichtsschreiber wie Schwinge auslöste.

Einen »grundlegenden Forschungsbericht« nannte Fritz Wüllner seine Arbeit *Die NS-Militärjustiz und das Elend der Geschichtsschreibung*, Baden-Baden 1991. Die faktenreiche Untersuchung widerlegt anhand zahlreicher Dokumente die manipulierten Zahlen und Argumente der Schwinge'schen NS-Militärhistorie. Die tatsächliche Zahl der Verfahren vor NS-Kriegsgerichten ist noch heute Gegenstand heftiger Kontroversen, auch die der Verfahren gegen Zivilisten in den besetzten Ländern sowie gegen Kriegsgefangene. Tatsache ist: Die deutsche NS-Militärjustiz ging besonders hart gegen Angeklagte vor. Schon die beinahe 30.000 Todesurteile (vgl. Wüllner 1991, S. 90) belegen dies.

Lesenswert ist auch das Buch von Detlev Garbe: *»In jedem Einzelfall ... bis zur Todesstrafe«. Der Militärstrafrechtler Erich Schwinge. Ein deutsches Juristenleben*, Hamburg 1989, erschienen in der »Kleinen Historischen Bibliothek« der Hamburger Stiftung für Sozialgeschichte des 20. Jahrhunderts; ebenso das Buch von Ulrich Vultejus: *Kampfanzug unter der Robe. Kriegsgerichtsbarkeit des Zweiten und Dritten Weltkrieges*, Hamburg 1984.

Schwinges Sicht der deutschen Vergangenheit und sein politisches Weltbild sind unter anderem nachzulesen in seinem Buch *Bilanz der Kriegsgeneration*, Marburg 1979. Die zitierte Rezension dazu von Georg Geismann wurde bei Amazon am 12. April 2013 veröffentlicht.

Das Zitat aus dem Vorwort von Schwinges Buch *Der Staatsmann. Anspruch und Wirklichkeit*, München 1983, befindet sich auf Seite 9 des Buches. Schwinges Aufsatz »Die Behandlung der Psychopathen im Militärstrafrecht« ist abgedruckt in: *Zeitschrift für Wehrrecht*, Jg. 4, 1939/40, S. 110-125 (hier S. 120). Die Todesurteile gegen die Soldaten Sorge und Tesch, die hier auszugsweise zitiert sind, finden sich bei Wüllner (1991, S. 66-69). Er dokumentiert in seinem Buch weitere Todesurteile, die Schwinge als Anklagevertreter gefordert oder als Richter verhängt hat.

Schwinges Buch *Bundeswehr und Wehrmacht. Zum Problem der Traditionswürdigkeit* erschien 1991 in Bonn beim Verlag Soldat im Volk. Die beiden verwendeten Zitate finden sich auf den Seiten 35 und 74.

Schwinge hat seine Kritiker und Gegner mit einer Reihe von Klagen überzogen. Die Angaben zu den hier genannten gerichtlichen Auseinandersetzungen sind dem Aufsatz »Schwinge und seine Art von Vergangenheitsbewältigung«, in: *Jura ALSO*, der Zeitung der Fachschaft Jura an der Philipps-Universität Marburg an der Lahn, Ausgabe Wintersemester 1991/1992, S. 14, entnommen.

Die Kontinuität der NS-Wehrmachtsjustiz und das Wirken ehemaliger Wehrmachtsjuristen nach 1945, vor allem die damit einhergehenden Folgen für die »demokratische« Rechtsordnung, sind behandelt in dem von

Joachim Perels und Wolfram Wette herausgegebenen Band *Mit reinem Gewissen. Wehrmachtsrichter in der Bundesrepublik und ihre Opfer*, Berlin 2011.

Dass eine NS-Vergangenheit keineswegs hemmend für eine akademische Nachkriegslaufbahn war, zeigt nicht nur der Fall Schwinge. Auch sein unmittelbarer Nachfolger als Rektor der Marburger Philipps-Universität, der Psychiater Professor Dr. med. Dr. jur. h. c. Werner Villinger, machte eine »deutsche« Karriere.

Einst NS-Mediziner, der an Zwangssterilisationsverfahren teilgenommen hatte, erschien er später unter anderem ausgerechnet als Sachverständiger im Wiedergutmachungsausschuss des Deutschen Bundestags. Eine faktenreiche Bestandsaufnahme zur Person Werner Villingers und seiner exemplarischen Karriere liefert Wolfram Schäfers Arbeit »Bis endlich der langersehnte Umschwung kam ... Anmerkungen zur Rolle des Marburger Psychiaters Werner Villinger in der NS- und Nachkriegszeit«. Sie erschien mit weiteren Beiträgen in dem von der Fachschaft Medizin der Philipps-Universität Marburg herausgegebenen Sammelband *»Bis endlich der langersehnte Umschwung kam ...«. Von der Verantwortung der Medizin unter dem Nationalsozialismus*, Marburg 1991, S. 178-283.

Hinzuweisen ist auf ein Grundsatzurteil des Bundessozialgerichts in Kassel vom 11. September 1991, das wenig Beachtung in den Medien fand. Erstmals wird darin auch den Witwen und Kindern von durch die NS-Militärjustiz hingerichteten Deserteuren eine Hinterbliebenenversorgung zugestanden. Dieses Urteil markiert einen Wendepunkt in der deutschen Nachkriegsrechtsprechung. »Grundsätzlich sind«, so die Ausführungen des Gerichts, »die Todesurteile der Wehrmachtsgerichte offensichtlich unrechtmäßig«. Dieser Urteilsspruch ließ lange auf sich warten. Viele Hinterbliebene von »Deserteuren«, »Zersetzern« und »Befehlsverweigerern« haben die Wende nicht mehr erlebt und sind nie entschädigt worden. Der zwar späte, aber dennoch notwendige Urteilsspruch kam vor allem vor dem Hintergrund einer anderen Bewertung der deutschen Militärgerichte zustande, und die Untersuchungen von Manfred Messerschmidt und Fritz Wüllner haben daran entscheidenden Anteil. Siehe zu diesem Urteil auch den Bericht »Der Terror der deutschen Militärgerichte im Weltkrieg« von Otto Gritschneder, in: *Süddeutsche Zeitung* vom 1./2. Februar 1992, S. 11.

Die Festschrift zu Erich Schwinges siebzigstem Geburtstag unter dem Titel *Persönlichkeit und Demokratie*, Bonn 1973, wurde herausgegeben von Hans Ulrich Evers, Karl Heinrich Friauf, Ernst Walter Hanack und Rudolf Reinhardt.

**Mein Nachbar, der KZ-Mörder**

Die KZ-Karriere des Arnold Strippel hat Günther Schwarberg, zwanzig Jahre Reporter beim *Stern* und Autor zahlreicher Bücher zur Geschichte des »Dritten Reichs«, wie kein anderer recherchiert und an die Öffentlichkeit gebracht. Alle Angaben zum Lebenslauf Arnold Strippels sowie die Zeugenaussagen und die Auszüge aus Gerichtsurteilen sind seinen beiden Büchern *Der SS-Arzt und die Kinder vom Bullenhuser Damm*, Göttingen 1988, und *Der Juwelier von Majdanek*, Göttingen 1991, entnommen.

Der Bericht Walter Pollers findet sich in seinem Buch *Arztschreiber in Buchenwald*, Hamburg 1946, S. 136. Und die Antwort von Staatssekretär Hermsdorf aus der Fragestunde des Deutschen Bundestages kann man nachlesen in den *Verhandlungen des Deutschen Bundestages*, 7. Wahlperiode, 29. Sitzung, Mittwoch, den 9. Mai 1963, Stenographische Berichte, Band 81, S. 1424. Die Eindrücke Günther Schwarbergs im Majdanek-Prozess sind seinem Kommentar »Der Kreuzworträtsellöser« entnommen, der im Oktober 1990 in der Frankfurter Stadtillustrierten *Prinz* veröffentlicht wurde.

Zur Geschichte und Wirklichkeit des Vernichtungslagers Majdanek möchte ich auf das Buch *Majdanek* von Josef Marszalek, Reinbek bei Hamburg 1982, verweisen.

**Ein furchtbarer Jurist**

Der Fall Filbinger wurde in zahlreichen Beiträgen und Büchern dokumentiert. Eine umfassende, kritische Darstellung findet sich in dem von Wolfram Wette herausgegebenen Buch *Filbinger. Eine deutsche Karriere*, Springe 2006.

Ebenfalls faktenreich ist die Dokumentation der Publizistin Rosemarie von dem Knesebeck: *In Sachen Filbinger gegen Hochhuth. Die Geschichte einer Vergangenheitsbewältigung*, Hamburg 1980. Ausgehend von einer Klage, die Filbinger gegen den Schriftsteller Rolf Hochhuth angestrengt hat, finden sich darin Briefe, Bundestagsprotokolle und Presseberichte, die auf beklemmende Weise deutlich machen, wie die – vor allem politische – Debatte über Schuld und Sühne geführt wurde.

Das Buch *Kein weißes Blatt* von Susanna Filbinger-Riggert erschien 2013. Die Auseinandersetzung mit der Vergangenheit ihres Vaters, seiner Tätigkeit als NS-Marinerichter, seiner Politikerkarriere als Ministerpräsident des Landes Baden-Württemberg und seinem Rücktritt beschreibt die Autorin in ihrer »Vater-Tochter-Biographie«.

**Auschwitz in Detmold**

Zum Prozess gegen den SS-Mann Reinhold Hanning vgl. den lesenswerten Beitrag von Anna Pritzkau: »Lage der Nation«, in: *Frankfurter Allgemei-*

*ne Zeitung* vom 18. April 2016. Zum Prozess gegen den SS-Mann Oskar Gröning vgl. Nora Bossong: »Das letzte Gefecht«, in: *Die Zeit* vom 16. Juli 2015, S. 30, und Hans Holzhaider: »Der letzte Angeklagte von Auschwitz«, in: *Süddeutsche Zeitung* vom 12. Juli 2015, S. 11 ff., sowie Alexander Hanecke: »Der lange Arm der Tat«, in: *Frankfurter Allgemeine Sonntagszeitung* vom 31. Mai 2015, S. 51.

Die Ausnahme: Fritz Bauer. Er zwang die Deutschen zum Hinsehen. Inmitten einer Justiz, die in der jungen Bundesrepublik noch immer von braunen Seilschaften geprägt war, setzte er den Frankfurter Auschwitz-Prozess durch. Er kooperierte mit dem israelischen Geheimdienst, um Adolf Eichmann vor Gericht zu bringen. Erst in jüngster Vergangenheit – nicht zuletzt durch den Film *Der Staat gegen Fritz Bauer*, Regie: Lars Kraume (2015) – erfuhr er eine späte und breite Anerkennung. Lesenswert auch: Ronen Steinke: *Fritz Bauer oder Auschwitz vor Gericht*, München 2013, sowie Heribert Prantl: »Ein Erschütterer«, in: *Süddeutsche Zeitung* vom 24./25. Oktober 2015, und Erardo Cristoforo Rautenberg: »Zu Haus unter Feinden«, in: *Die Zeit* vom 13. November 2014.

Die institutionellen, politischen und gesellschaftlichen Verzögerungen und Versäumnisse im Nachkriegsdeutschland beschreibt Ralph Giordano eindrücklich in: *Die zweite Schuld oder Von der Last Deutscher zu sein*, Hamburg 1987.

Die Lebenserinnerung von Inge Deutschkron, ein lesenswertes Dokument über Entrechtung, Verfolgung, Deportation und Tod, über Illegalität und Identitätsverlust und zugleich stiller menschlicher Hilfsbereitschaft, erschien unter dem Titel *Ich trug den gelben Stern*, München 1992. Fortgesetzt wurde sie unter dem Titel *Mein Leben nach dem Überleben*, München 2000.

Wie Tötungsbereitschaft und Massengewalt entstehen, wie aus »ganz normalen Männern«, gutmütigen Familienvätern und harmlosen Durchschnittsmenschen enthemmte Mörder werden, untersucht der Sozialwissenschaftler Harald Welzer in seiner Studie *Täter. Wie aus ganz normalen Menschen Massenmörder werden*, Frankfurt am Main 2005. Er zeigt auf, wie das Töten zu einer routinierten Arbeit werden kann, die erledigt wird wie jede andere auch. Mit seiner sozialpsychologischen Studie öffnet sich eine Perspektive auf die Täter, die auf beunruhigende Weise erhellt, wie Tötungsbereitschaft erzeugt wird und wie wenig unseren moralischen Überzeugungen zu trauen ist.

Massengewalt bedarf immer der individuellen Umsetzung. Und dass sie weniger eine Geschichte von Apparaten als vielmehr eine Geschichte sozialer Akteure ist, beschreibt Christian Gerlach in seinem Buch *Der Mord an den europäischen Juden. Ursachen, Ereignisse, Dimensionen*, München 2017.

Gerlachs Thema sind extrem gewalttätig gewordene Gesellschaften, besonders die deutsche während der NS-Diktatur, aber auch solche, die von deutschen Soldaten besetzt wurden. Zwölf bis vierzehn Millionen nicht an Kampfhandlungen beteiligte Bürger wurden im Zweiten Weltkrieg getötet, darunter ungefähr sechs Millionen Juden, etwa drei Millionen nichtjüdische Polen sowie drei Millionen sowjetische Kriegsgefangene (nur um die größten Gruppen zu nennen). Über 95 Prozent der ermordeten Juden und Nichtjuden besaßen nicht die deutsche Staatsangehörigkeit.

**Verkannte Helden**

Leben und Tod von Maurice Bavaud beschreibt Niklaus Meienberg eindringlich in: *Es ist kalt in Brandenburg, Ein Hitler-Attentat*, Berlin 1990, und Rolf Hochhuth würdigt Bavaud in seinem Buch *Tell 38*, Reinbek bei Hamburg 1979.

**Entnazifizierte Juristen**

Die Diskussion hatte sich schon vor Jahren vor allem am *Palandt* entzündet, dem wichtigsten Kurzkommentar zum Bürgerlichen Gesetzbuch. Vgl. dazu Alexander Haneke: »Zeichen gegen Antisemitismus«, in: *Frankfurter Allgemeine Zeitung* vom 27. Juli 2021, https://www.faz.net/aktuell/politik/inland/zeichen-gegen-antisemitismus-beck-benennt-palandt-um-17456750.html; ebenfalls Ronen Steinke: »Verlag beendet Ehrung von Nazis«, in: *Süddeutsche Zeitung* vom 27. Juli 2021, https://www.sueddeutsche.de/politik/justiz-nationalsozialisten-beck-verlag-ehrung-1.5364430.

**Er ist immer noch da! Popstar Hitler**

Vom Geheimtipp zum Millionenbestseller avanciert und in zahlreiche Sprachen übersetzt: Timur Vermes: *Er ist wieder da*, München 2012. Das Buch erzählt folgende Geschichte: Adolf Hitler erwacht im Sommer 2011 auf einem leeren Grundstück in Berlin-Mitte. Ohne Krieg, ohne Partei, ohne Eva, dafür unter Tausenden von Ausländern und Angela Merkel. Sechsundsechzig Jahre nach seinem vermeintlichen Ende startet er gegen jede Wahrscheinlichkeit eine neue Karriere im Fernsehen.

Dieser Hitler aber ist keine Witzfigur, sondern erschreckend real, und das Land, auf das er trifft, die Bundesrepublik Deutschland, die sogenannte weltoffene »Berliner Republik«.

Der Roman und die im Oktober 2015 gestartete Verfilmung (Regie: David Wnendt) lösten Beifall und Debatten aus. Die Streitfrage: Eine Persiflage? Eine Satire? Polit-Comedy? Oder alles zusammen? – Und was ist erlaubt?

Vgl. dazu auch das Gespräch zwischen dem Autor Timur Vermes und dem NS-Historiker Axel Drecoll über die Tatsache, wie ein »auferstandener Hitler« heute wieder so populär werden kann und wie verführbar Deutschland heute ist, in: *Die Zeit* vom 8. Oktober 2015, S. 20.

*Hitler, Mein Kampf. Eine kritische Edition*, herausgegeben im Auftrag des Instituts für Zeitgeschichte von Christian Hartmann, Thomas Vordermayer, Othmar Plöckinger und Roman Töppel, München, Berlin 2015.

Zur Debatte zur Mein-Kampf-Edition vgl. »Das Monstrum«, in: *Der Spiegel*, Nr. 2, 2016, S. 107 ff., sowie Jeremy Adler: »Das absolute Böse«, in: *Süddeutsche Zeitung* vom 7. Januar 2016, S. 9.

Lesenswert sind ebenfalls: Sven Felix Kellerhoff: *Mein Kampf. Die Karriere eines deutschen Buches*, Stuttgart 2015, sowie Rolf Rietzler: *Mensch Adolf. Das Hitler-Bild der Deutschen seit 1945*, München 2016.

Eine faszinierende Studie hat Gavriel D. Rosenfeld verfasst: *Hi Hitler! Der Nationalsozialismus in der Popkultur*, Darmstadt 2021. Darin untersucht er den sich verändernden Status des Nationalsozialismus: von seiner eingehenden Verharmlosung bis hin zur Geschichtsvergessenheit. Er beschreibt exemplarisch den Trend zur Normalisierung der Figur Hitlers in Romanen, Filmen und im Internet.

# LITERATUR

Anregungen, Inspiration und Spuren haben hinterlassen und sind unbedingt zur Lektüre empfohlen:

Ahlheim, Hannah: *»Deutsche, kauft nicht bei Juden!«. Antisemitismus und politischer Boykott in Deutschland 1924-1935*, Göttingen 2011.

Benz, Wolfgang, Pehle, Walter H. (Hrsg.): *Lexikon des deutschen Widerstandes*, Frankfurt am Main 1994.

Bevers, Jürgen: *Der Mann hinter Adenauer. Hans Globkes Aufstieg vom NS-Juristen zur Grauen Eminenz der Bonner Republik*, Berlin 2009.

Beyer, Susanne, Doerry, Martin (Hrsg.): *»Mich hat Auschwitz nie verlassen«. Überlebende des Konzentrationslagers berichten*, München 2015.

Binet, Laurent: *HHhH. Himmlers Hirn heißt Heydrich*, Hamburg 2011.

Birnbaum, Shlomo, Seligmann, Rafael: *Ein Stein auf meinen Herzen. Vom Überleben des Holocaust und dem Weiterleben in Deutschland*, Freiburg 2019.

Bohr, Felix: *Die Kriegsverbrecherlobby. Bundesdeutsche Hilfe für im Ausland inhaftierte NS-Täter*, Frankfurt am Main 2018.

Brechtken, Magnus: *Albert Speer. Eine deutsche Karriere*, Berlin 2017.

Brechtken, Magnus: *Aufarbeitung des Nationalsozialismus*, Göttingen 2021.

Browning, Christoper R.: *Ganz normale Männer. Das Reservebataillon 101 und die »Endlösung« in Polen*, Reinbek 1996.

Conze, Eckart, Frei, Norbert, Hayes, Peter, Zimmermann, Moshe: *Das Amt und die Vergangenheit. Deutsche Diplomaten im Dritten Reich und in der Bundesrepublik*, München 2010.

Dachs, Josef: *Tod durch das Fallbeil. Der deutsche Scharfrichter Johann Reichhart*, Regensburg 1996.

Denzler, Georg, Fabricius, Volker: *Die Kirchen im Dritten Reich. Christen und Nazis Hand in Hand?*, Frankfurt am Main 1984.

Deutschkron, Inge: *Ich trug den gelben Stern*, München 1992.

Deutschkron, Inge: *Mein Leben nach dem Überleben*, München 2000.

Doerfer, Achim: *»Irgendjemand musste die Täter ja bestrafen«*, Köln 2021.

Falter, Jürgen: *Hitlers Parteigenossen. Die Mitglieder der NSDAP 1919-1945*, Frankfurt am Main 2020.

Falter, Jürgen: *Hitlers Wähler. Die Anhänger der NSDAP 1924-1933*, Frankfurt am Main 2020.

Fest, Joachim C.: *Hitler*, Berlin 1989.

Filbinger-Riggert, Susanna: *Kein weißes Blatt. Eine Vater-Tochter Biografie*, Frankfurt am Main 2013.

Frei, Norbert: *Vergangenheitspolitik. Die Anfänge der Bundesrepublik und die NS-Vergangenheit*, München 1997.

Frei, Norbert (Hrsg.): *Karrieren im Zwielicht. Hitlers Eliten nach 1945*, München 2003.

Frei, Norbert: *1945 und wir. Das Dritte Reich im Bewusstsein der Deutschen*, München 2005.

Friedrich, Jörg: *Die kalte Amnestie. NS-Täter in der Bundesrepublik*, Frankfurt am Main 1988.

Fritzsche, Peter: *Wie aus Deutschen Nazis wurden*, Zürich 1999.

Garbe, Detlef: *»In jedem Einzelfall bis zur Todesstrafe«. Der Militärstrafrechtler Erich Schwinge. Ein deutsches Juristenleben*, Hamburger Stiftung für Sozialgeschichte, Hamburg 1989.

Gerwarth, Robert: *Reinhard Heydrich. Biographie*, München 2011.

Giordano, Ralph: *Die zweite Schuld oder Von der Last Deutscher zu sein*, Hamburg 1987.

Goldhagen, Daniel Jonah: *Hitlers willige Vollstrecker. Ganz gewöhnliche Deutsche und der Holocaust*, Berlin 1996.

Goldhagen, Daniel Jonah: *Die katholische Kirche und der Holocaust*, Berlin 2001.

Görtemaker, Manfred, Safferling, Christoph: *Die Akte Rosenburg. Das Bundesministerium der Justiz und die NS-Zeit*, München 2016.

Grüttner, Michael: *Brandstifter und Biedermänner*, Stuttgart 2015.

Haffner, Sebastian: *Anmerkungen zu Hitler*, München 1978.

Harding, Thomas: *Hanns und Rudolf. Der deutsche Jude und die Jagd nach dem Kommandanten von Auschwitz*, München 2013.

Heer, Hannes: *»Hitler war's!« Die Befreiung der Deutschen von ihrer Vergangenheit*, Berlin 2005.

Hilberg, Raul: *Die Vernichtung der europäischen Juden. Die Gesamtgeschichte des Holocaust*, Berlin 1982.

Hilberg, Raul: *Anatomie des Holocaust. Essays und Erinnerungen*, herausgegeben von Walter H. Pehle und René Schlott, Frankfurt am Main 2016.

Hillermeier, Heinz (Hrsg.): *»Im Namen des deutschen Volkes!« Todesurteile des Volksgerichtshofs*, Darmstadt und Neuwied 1980.

Hitler, Adolf: *Mein Kampf. Eine kritische Edition*, herausgegeben im Auftrag des Instituts für Zeitgeschichte München von Christian Hartmann, Thomas Vordermayer, Othmar Plöckinger und Roman Töppel, München, Berlin 2016.

Hochhuth, Rolf: *Tell 38*, Reinbek bei Hamburg 1979.

Jäckle, Renate: *Die Ärzte und die Politik. 1930 bis heute*, München 1988.

Jahntz, Bernhard, Kähne, Volker: *Der Volksgerichtshof. Darstellung der Ermittlungen der Staatsanwaltschaft bei dem Landgericht Berlin gegen ehemalige Richter und Staatsanwälte am Volksgerichtshof*, Berlin 1986.

Kater, Michael H.: *Ärzte als Hitlers Helfer*, Hamburg 2000.

Kellerhoff, Sven Felix: *»Mein Kampf«. Die Karriere eines deutschen Buches*, Stuttgart 2015.

Kellerhoff, Sven Felix: *Die NSDAP. Eine Partei und ihre Mitglieder*, Stuttgart 2017.

Kellerhoff, Sven Felix: *Ein ganz normales Pogrom. November 1938 in einem deutschen Dorf*, Stuttgart 2018.

Kellner, Friedrich: *»Vernebelt, verdunkelt sind alle Hirne«. Tagebücher 1939-1945*, 2 Bände, Göttingen, 2011.

Kershaw, Ian: *Der NS-Staat. Geschichtsinterpretationen und Kontroversen im Überblick*, Reinbek bei Hamburg 1988.

Kershaw, Ian: *Das Ende. Kampf bis in den Untergang – NS-Deutschland 1944/45*, München 2013.

Kießling, Friedrich, Safferling, Christoph: *Staatsschutz im Kalten Krieg: Die Bundesanwaltschaft zwischen NS-Vergangenheit, Spiegel-Affäre und RAF*, München 2021.

Klee, Ernst (Hrsg.): *Dokumente zur »Euthanasie«*, Frankfurt am Main 1985.

Klee, Ernst: *»Die SA Jesu-Christi«. Die Kirche im Banne Hitlers*, Frankfurt am Main 1989.

Klee, Ernst: *Persilscheine und falsche Pässe. Wie die Kirchen den Nazis halfen*, Frankfurt am Main 1991.

Klee, Ernst: *Das Personenlexikon zum Dritten Reich. Wer war was vor und nach 1945*, Frankfurt am Main 2015.

Klemperer, Victor: *Ich will Zeugnis ablegen bis zum letzten. Tagebücher 1933-1945*, Berlin 1995.

Koch, Hannsjoachim W.: *Volksgerichtshof. Politische Justiz im 3. Reich*, München 1988.

Koch-Hillebrand, Manfred: *Homo Hitler. Psychogramm des deutschen Diktators*, Berlin 1999.

Kulisch, Nicholas, Mekhennet, Souad: *Dr. Tod. Die lange Jagd nach dem meistgesuchten NS-Verbrecher*, München 2015.

Leggewie, Claus: *Von Schneider zu Schwerte. Das ungewöhnliche Leben eines Mannes, der aus der Geschichte lernen wollte*, München 1998.

Leo, Per: *Tränen ohne Trauer. Nach der Erinnerungskultur*, Stuttgart 2021.

Leßau, Hanne: *Entnazifizierungsgeschichte. Die Auseinandersetzung mit der eigenen NS-Vergangenheit in der frühen Nachkriegszeit*, Göttingen 2020.

Lommatzsch, Erik: *Hans Globke. Beamter im Dritten Reich und Staatssekretär Adenauers*, Frankfurt am Main 2009.

Longerich, Peter: *Goebbels*, Berlin 2010.

Longerich, Peter: *Hitler*, München 2015.

Meienberg, Niklaus: *Es ist kalt in Brandenburg. Ein Hitler-Attentat*, Berlin 1990.

Messerschmidt, Manfred, Wüllner, Fritz: *Die Wehrmachtsjustiz im Dienste des Nationalsozialismus. Zerstörung einer Legende*, Baden-Baden 1987.

Müller, Ingo: *Furchtbare Juristen. Die unbewältigte Vergangenheit der Justiz*, München 1989.

Müller-Turpath, Karla: *Reichsführers gehorsamster Becher. Eine deutsche Karriere*, Berlin 1999.

Neitzel, Sönke, Welzer, Harald: *Soldaten. Protokolle vom Kämpfen, Töten und Sterben*, Frankfurt am Main 2011.

Ohler, Norman: *Der totale Rausch. Drogen im Dritten Reich*, Köln 2015.

Ortner, Helmut (Hrsg.): *Hitlers Schatten. Aktuelle Reportagen*, Frankfurt am Main 2009.

Ortner, Helmut: *Der einsame Attentäter. Georg Elser – der Mann der Hitler töten wollte*, Darmstadt 2013.

Ortner, Helmut: *Der Hinrichter. Roland Freisler – Mörder im Dienste Hitlers*, Darmstadt 2013.

Perels, Joachim, Wette, Wolfram (Hrsg.): *Mit reinem Gewissen. Wehrmachtsrichter in der Bundesrepublik und ihre Opfer*, Berlin 2011.

Reichel, Peter, Schmid, Harald, Steinbach, Peter (Hrsg.): *Der Nationalsozialismus – Die zweite Geschichte. Überwindung, Deutung, Erinnerung*, Bonn 2009.

Rietzler, Rolf: *Mensch Adolf. Das Hitler-Bild der Deutschen seit 1945*, München 2016.

Rosenfeld, Gavriel D.: *Hi Hitler! Der Nationalsozialismus in der Popkultur*, Darmstadt 2021.

Sachslehner, Johannes: *Hitlers Mann im Vatikan. Bischof Alois Hudal*, Wien 2019.

Schade, Margot von: *Gerettetes Leben. Erinnerungen an eine Jugend in Deutschland*, München 1988.

Schley, Fridolin: *Die Verteidigung*, Berlin 2021.

Schlink, Bernhard: *Vergangenheitsschuld. Beiträge zu einem deutschen Thema*, Zürich 2007.

Schwarberg, Günther: *Der SS-Arzt und die Kinder vom Bullenhuser Damm*, Göttingen 1988.

Schwarberg, Günther: *Die Mörderwaschmaschine*, Göttingen 1990.

Schwarberg, Günther: *Der Juwelier von Majdanek*, Göttingen 1991.

Schwinge, Erich: *Bilanz der Kriegsgeneration. Ein Beitrag zur Geschichte unserer Zeit*, Marburg 1979.

Schwinge, Erich: *Verfälschung und Wahrheit. Das Bild der Wehrmachtsgerichtsbarkeit*, Tübingen 1988.

Steinbach, Peter, Tuchel, Johannes: *Widerstand im Dritten Reich 1933-1945*, München 1994.

Steinke, Ronen: *Fritz Bauer oder Auschwitz vor Gericht*, München 2013.

Stresau, Hermann: *Von den Nazis trennt mich eine Welt. Tagebücher aus der inneren Emigration 1933-1939*, Stuttgart 2021.

Stresau, Hermann: *Als lebe man nur unter Vorbehalt. Tagebücher aus den Kriegsjahren 1939-1945*, Stuttgart 2021.

Strohm, Christoph: *Die Kirchen im Dritten Reich*, München 2020.

Ueberschär, Gerd R. (Hrsg.): *Orte des Grauens. Verbrechen im Zweiten Weltkrieg*, Darmstadt 2003.

Ullrich, Christina: *»Ich fühl' mich nicht als Mörder!« Die Integration von NS-Tätern in die Nachkriegsgesellschaft*, Darmstadt 2011.

Ullrich, Volker: *Adolf Hitler. Biografie*, Frankfurt am Main 2019.

Vermes, Timur: *Er ist wieder da*, Köln 2012.

Von dem Knesebeck, Rosemarie (Hrsg.): *Filbinger gegen Hochhuth. Die Geschichte einer Vergangenheitsbewältigung*, Hamburg 1980.

Vultejus, Ulrich: *Kampfanzug unter der Robe. Kriegsgerichtsbarkeit des Zweiten und Dritten Weltkrieges*, Hamburg 1984.

Wachmann, Nikolaus: *kl. Die Geschichte der nationalsozialistischen Konzentrationslager*, München 2018.

Welzer, Harald: *Täter. Wie aus ganz normalen Menschen Massenmörder werden*, Frankfurt am Main 2005.

Welzer, Harald, Moller, Sabine, Tschuggnall, Karoline: *»Opa war kein Nazi«. Nationalsozialismus und Holocaust im Familiengedächtnis*, Frankfurt am Main 2015.

Wildt, Michael: *Die Ambivalenz des Volkes. Der Nationalsozialismus als Gesellschaftsgeschichte*, Berlin 2019.

Winkler, Willi: *Das braune Netz. Wie die Bundesrepublik von früheren Nazis zum Erfolg geführt wurde*, Berlin 2019.

Wolf, Hubert: *Papst & Teufel. Die Archive des Vatikans und das Dritte Reich*, München 2008.

Wüllner, Fritz: *Die NS-Militärjustiz und das Elend der Geschichtsschreibung. Ein grundlegender Forschungsbericht*, Baden-Baden 1991.

# ABDRUCKNACHWEISE

**Die Gegenwart der Vergangenheit**
Erweiterte Fassung des Vortrags »Von der Pflicht des Erinnerns«, gehalten auf dem Kongress der Japanischen Juristenvereinigung ERJC am 17. Dezember 2017 in Tokyo.

**Die zweite Karriere des Roland Freisler**
Erschienen in: *Pressenza Press*, Berlin, 6. Oktober 2021.

**»Aus Gründen der Abschreckung …«**
Erweiterter und aktualisierter Originalbeitrag auf der Grundlage dokumentierter Todesurteile des Volksgerichtshofs, in: Helmut Ortner: *Der Hinrichter*, Darmstadt 2013.

**Der Mann am Fallbeil**
Der Text erschien unter dem Titel »Der Mann am Fallbeil: Johann Reichhart – Ein deutsches Henkersleben« zuerst in Helmut Ortner: *Das Buch vom Töten – Über die Todesstrafe*, Springe 2013, sowie in korrigierter und aktualisierter Überarbeitung, in: *Focus*, 22. Oktober 2016.

**»Mein geliebter Führer!«**
Erschienen in: *faust-Kultur*, 23. November 2021.

**Allein gegen Hitler**
Der Text erschien zuerst unter dem Titel »Der Mann, der Hitler töten wollte«, in: *Cicero*, Heft 11, 2009. Überarbeitet und aktualisiert, in: *Frankfurter Rundschau*, 8. November 2019.

**Keine Stunde null**
Unter dem Titel »Schutt, Schuld und Scham – Die Deutschen, der Krieg und die Stunde null«, in: *Frankfurter Rundschau*, 8. Mai 2020.

**Ein ehrenwerter Herr**

Erstveröffentlicht unter dem Titel »So machten Nazis nach dem Krieg Karriere«, in: *The European*, 29. Juli 2021.

**Mein Nachbar, der KZ-Mörder**

Erstveröffentlicht unter dem Titel »Ungesühntes SS-Verbrechen«, in: *Unsere Zeitung* (Wien), 26. Juli 2021.

**Ein furchtbarer Jurist**

Erschienen in: *faust-Kultur*, 23. Juni 2021.

**Auschwitz in Detmold**

Erweiterter und aktualisierter Text, erstveröffentlicht unter dem Titel »Herr Hanning steht vor Gericht:«, in: Helmut Ortner: *Dumme Wut, kluger Zorn*, Frankfurt am Main 2018.

**Verkannte Helden**

Erschienen in: *Ossietzky*, Heft 9, 2021.

**Entnazifizierte Juristen**

Erschienen unter dem Titel »Deutschlands braune Gesetzgeber«, in: *Frankfurter Rundschau*, 31. Juli 2021.

**Er ist immer noch da! Popstar Hitler**

Überarbeiteter Text, erschienen unter dem Titel »Der 08/15-Hitler – Die Banalisierung des Bösen und wie der Mann mit dem Bart zu einem Popstar wurde«, in: *The European*, Heft 4, 2014.

# DANK

Regine Luise Strotbek für das sorgfältige und kompetente Lektorat. Ulla Bayerl für ihr verlegerisches Engagement, vor allem aber Luise Erna K., ohne ihre Großzügigkeit hätte dieses Buch nie ein Buch werden können.